Cuimian Liaofa

催眠疗法

郑日昌　傅纳　朱仙桃◆主编

开明出版社

前言

Preface

提到催眠，人们无不对其充满好奇。门外汉们会惊讶于催眠何以能够如此轻易地操纵或改变个人的体验，而学习催眠技术的学生则觉得这个领域充满了挑战。

我对催眠感兴趣发端于上世纪 80 年代。1985 年，我通过考试，受国家教育部派遣，以访问学者身份先后去美国教育考试服务中心（ETS）、匹兹堡大学、美国大学入学考试（ACT）中心学习二年。1986 年，我有幸参加了由圣地亚哥艾瑞克森学院主办的第二届催眠与策略干预年会，初次感受到了催眠的神奇和玄秘，遂对其萌发了浓厚兴趣。但由于我当时主要研修方向是心理测量与心理咨询，指导教授均不从事催眠研究，故没有更多接触催眠的机会。

回国后我一直承担本科生和研究生心理测量与心理咨询两门课的教学及大、中、小学生心理健康教育方面的研究工作（全国教育科学“八五”、“九五”、“十五”教育部重点课题）。在国内，我最早接触到的催眠是上世纪 80 年代后期社会上流传的催眠大师马维祥的催眠演示录像带，并聆听过一次马老师的催眠课。我自己只是在心理咨询课堂上对催眠做简单介绍，或在个别咨询案例中偶尔用一点催眠法，更多的是在治疗学生考试焦虑时运用最基本的催眠放松技术，并开发放松磁带多种。

1997 年，经教育部有关部门批准，我再次获得出国深造一年的机会。从互联网上了解到，澳大利亚心理学会会长、新南威尔士大学心理学院院长麦康基（Kevin M. McConkey）教授是国际知名催眠专家，主编或参编催眠著作多部，遂通过电子邮件与其联系，表达访学愿望。麦康基博士欣然应允，热情相邀，于是笔者以高级访问学者的身份成为新南威尔士大学的客座教授。

临床心理学是新南威尔士大学心理学院的优势学科，尤以员工心理援助计划（EAP）和催眠治疗见长，除一般咨询室外，另有催眠治疗室多间。在访学过程中，笔者不但选修了麦康基教授为博士班开设的催眠治疗课程，参加过多次催眠疗法工作坊和催眠案例研讨会，而且观看了数十张催眠治疗和催眠研究的录像带，收获多多。麦康基还将其自著和与人合著的催眠教材或专著《临床催眠手册》（*Handbook of Clinical Hypnosis*）、《催眠与体验：现象和过程探讨》（*Hypnosis and Experience*：*The Exploration of Phenomena and Process*）、《犯罪调查中的催眠、记忆和行为》（*Hypnosis*，*Memory and Behavior in Criminal Investigation*）赠送给我，并介绍我加入澳大利亚催眠学会和国际催眠学会。

1998 年初，同在新南威尔士大学心理学院做博士后研究的好友朱小平博士来北京考察调研，我请他将在澳大利亚很流行的员工心理援助计划（EAP）的理念和资料介绍给我的学生。我的两位当时在读的研究生以年轻人的睿智，看到了 EAP 在中国的发展前景，硕士一毕业便创办了中国第一家 EAP 专业服务机构。经过十余年的打拼，机构如今已颇具规模，不但赢得了很好的社会声誉，而且获得了可观的经济效益。近几年，我曾多次应该机构之邀，为中国移动、中国电信、南方电网等多家大型企业管理者和员工举办压力与情绪管理工作坊，不同程度地运用了催眠放松技术。

2004 年，笔者受中组部派遣，去刚刚成立的中国浦东干部学院任访问教师，历时近七年，除开设了领导者（包括党政官员和大型企业领导者）心理调适课程外，还运用催眠原理协助该院创建了专门用于为领导者减压的音乐放松室，得到中组部和中央高层领导的肯定。此外，我还多次去中央党校、国家行政学院、中国纪检监察学院、国防大学、中国大连高级经理学院讲授压力与情绪管理课程，也都适当穿插了催眠放松环节，受到各级领导的普遍欢迎。

本书是在笔者多年催眠研究和临床应用基础上，依据在多处催眠培训班和工作坊上的讲稿修改补充而成的。之所以称作编著，是因为书中内容有编有著，书中所引催眠案例，有些是作者本人所为，更多的是引自国外催眠专家的著作，特别是艾瑞克森（Milton H. Erickson）和麦康基教授的著作，除在书中一一注明外，还要借本书出版之机，向书中所有提到的国内外专家学者表示诚挚的谢意。

全书主要由我本人执笔，两位弟子协助做了一些编纂工作。傅纳博士除参与第七章的部分撰写外，还负责编写各章内容提要、学习重点、重要术语、问题与思考及参考资料等；朱仙桃硕士除参与了第六章的部分撰写工作外，还协助收集整理了大量催眠资料。此外，北京师范大学教育学部研究生夏斌、王盼盼、郭莉莉、高万敦、宋旭红、袁娜、郭晶、鲍婧、贾取、文姹紫、袁榕蔓、赵琼英等参与翻译了部分国外资料，在此顺致谢意。

避免江湖气，增强学术性，是本书作者在写作时坚持的原则和努力方向。这不是一本催眠的科普读物，因此不用一些离奇古怪的催眠现象吸引读者眼球，而是遵循理论与实践紧密结合的思路，系统阐述催眠的原理、方法与应用。特别是用较大篇幅介绍了催眠感受性的测试方法，各种催眠诱导、加深技术，当代影响最大的艾瑞克森的催眠治疗理论，催眠的临床应用以及催眠治疗的研究方法。因此，将本书作为临床心理学本科生或研究生的教材以及心理治疗、心理咨询从业人员的参考书可能更适合一些。

笔者虽年近七旬，但在催眠研究领域还只能算一名新兵。限于作者水平，书中谬误之处在所难免，恳请海内外专家、各方同道和读者诸君批评指正。

郑日昌

于北京师范大学京师园

催眠师誓词

我×××谨以至诚，郑重宣誓：我决心认真学习催眠，助人助己，绝对不用来从事不道德与犯罪行为，永远以求助者的利益为第一考虑，不为个人谋取私利。我一定努力训练自省的能力，随时观照自己的言行，随时修正自己，发现自己的问题就努力处理，把自我人格修整得光明澄澈。我要努力提高洞察真相的能力，帮助人看清内心缠绕的葛藤，运用积极的语言和各种正能量，引导人与人互动顺畅，使内心更阳光，使生活更幸福，使社会更和谐。

目录

Contents

第一章　催眠治疗的历史

【本章提要】

本章详细地介绍了催眠治疗在西方和中国发展的历史。通过本章的学习不仅可以明晰催眠治疗发展的脉络，更有助于对催眠治疗的理解。借用艾宾浩斯的一句话，“心理学有着漫长的过去，但只有短暂的历史”，催眠治疗也是一样，有着漫长的过去，但只有短暂的历史。在阅读本章后即会有同感。

【学习重点】

1. 催眠治疗在西方发展的四个阶段
2. 中国现代催眠治疗的发展

【重要术语】

催眠　动物磁性学说　南锡学派　潜意识理论　神经语言程式学

第一节　催眠治疗在西方的发展史

研究任何一门学问，都要了解它的历史。只有洞察其过去，才能更好地理解现在，才能更好地展望未来。

无论在东方还是西方，对催眠现象的研究和催眠在医学领域的应用都有着悠久的历史。催眠治疗在西方的发展历史大体可分为四个阶段：早期神秘阶段、科学探索阶段、深入研究阶段、现代应用阶段。

一、早期神秘阶段

（一）原始宗教的影响

催眠实际开始的时间早于任何有记载的历史。由于催眠是一种自然发生的现象，人类运用催眠起于何时确实已不可考。以催眠作为治疗的工具，至少可追溯至文字出现之前的史前时代。原始部落的祭典活动、巫术治病以及所有的宗教仪式都包括某些催眠元素在内，那种以鼓声、吟唱、舞蹈的形式敬神祈福所引起的意识恍惚状态就是一种催眠现象。对相应仪式的考古研究分析指出，这些诱导过程通常是通过语言的抑扬顿挫、眼睛的凝视和肢体的僵持得以发挥作用的。

几乎所有的古代文明社会都熟悉这种或那种催眠诱导技术。古埃及、古罗马、古印度、古希腊及巴比伦时代都有使用催眠治疗疾病的记载，并认为催眠是一种神力。

历史上最早有关催眠术的记载（尽管当时还没有催眠这个词）是埃及第四王朝、公元前376年巴比鲁斯所描述的：在古埃及，“睡神庙”是由焚香和吟诵仪式让病患产生出神入神现象，施术者即暗示症状将会消失，患者将获痊愈。在古希腊及古罗马时代就有数百间所谓睡眠治病的神庙，病患在“睡神庙”里接受治疗，施术者综合使用诸如音乐、药物、单调的重复言语等多种方法，使患者进入恍惚状态，但当时不叫作催眠而称为“巫术”。

这种把催眠神秘化的现象，直到现代还在某些落后国家、民族或偏僻乡村存在，如巫师驱鬼或巫婆神汉“跳大神”治病，对患者在某种程度上就是一种催眠。

（二）梅斯迈的磁性学说

催眠治疗的先驱并非是医生，而是一位天主教神父加斯纳（Gassner）。在18世纪，患病被认为是“中邪”，需要把邪恶驱赶出躯体才能重获健康。教父在教堂里举行仪式，声称上帝通过他来驱赶病人身上的邪恶。

近代催眠疗法之父是出生于德国，先后在奥地利、法国、英国、意大利等国行医的精神科医师梅斯迈（Franz Anton Mesmer，1734—1815）。在他生活的年代，正是牛顿力学风行于世的时候，他借鉴牛顿的力学理论，认为行星的磁力会影响人体的功能，一些人之所以精神错乱，是由于体内磁力失常所致。他认为教父之所以能够治疗的关键并不是“驱邪”，而是手中拿着的金属十字架的磁性所产生的作用。他对现代催眠术的重大贡献是创立了动物磁性学说（animal magnetism）。他宣称自己体内具有某种能治病的特殊磁力能量，并能将此磁力能量借着金属传达到人体，调整人体的不平衡，达到治病的效果。当时梅斯迈术成为一股风潮，轰动整个欧洲大陆。后来由于人们质疑他的学说和盈利活动，他很快便陷入强烈的科学审查压力之下，几个主要的科学调查组的调查结论是该理论毫无科学依据。实际上，梅斯迈初期利用磁铁后来又用故弄玄虚的神秘装置在受术者身上产生的生动效应，不过是想象、暗示的作用以及对施术者崇拜迷信的结果。

二、科学探索阶段

虽说催眠的现象已伴随我们数千年了，然而对于催眠的研究，却只是存在于近两百年左右的事情。

（一）早期实验研究

葡萄牙牧师、巴黎修道院院长法利亚（Jose Castodi de Faria，1755—1819）最初是动物磁性说的倡导者，后来成为科学研究催眠的第一位实验者。他发展了梦游症理论，将催眠比喻为睡眠，认为受术者是进入了一种“透明的睡眠”状态。他是最早指出催眠的发生是由于受术者自身的“精神易感性”而不是磁性作用的人员之一。他认为在违反个人意愿的状态下，受术者是不会进入恍惚状态的。换句话说，在两百年前人们就知道催眠并不能控制任何人。他还发展了固定凝视法，这项技巧到现在仍然被广泛流传，而且非常好用。

艾里奥松（John Elliotson）是英国伦敦大学医学院的教授、伦敦皇家医学暨外科手术协会主席。1837 年，他在实验中发现患者在催眠状态下进行重要外科手术会没有痛苦。催眠能止痛，这是催眠疗法被科学界接受的重要原因。

在前人和自己多年探索的基础上，帕西格（Marquis de Puysegur，1751—1851）总结了现代意义上催眠术的三大基本特征：

1. 被催眠者的注意力集中在催眠师身上。
2. 被催眠者无条件地接受催眠师的指令。
3. 被催眠者在被催眠状态下会出现遗忘。

（二）“催眠”术语的提出

英国曼彻斯特外科医师布雷德（James Braid，1795—1860）作为近代学者，研究动物本能在治疗上的应用，发现了催眠这种治疗心因性疾病所产生的神奇效果（实际上是动物的自愈能力）。他于 1842 年写了关于催眠的第一本书，将梅斯迈所谓的“动物磁性学说”更名为“催眠”（hypnosis）。“Hypnos”是古希腊第三代的神，是主管快乐与自在之神，又称为睡眠之神。但布雷德认为催眠状态并非是真正的睡眠，而是精神（注意力）的集中。他认为诱发催眠的原理，乃是来自于专注固着在单一的点或是单一的想法之上。他让受术者紧盯着略高于眼睛上方的一个点，几分钟后，受术者的眼睛就会因疲劳而闭上。他起初称此为“神经催眠”（neurypnology），后来简称为催眠，再后来又建议以精神集中状态来代替，将其命名为“单一观念”（monodeism）。他的一些关于催眠的观点到现在仍有意义。特别是他发明的一种能发光的透明器物——催眠球，至今仍为现代催眠师所使用，即让受术者凝视水晶球，并结合语言诱导，使其进入催眠状态。

比布雷德晚些的法国著名神经科专家夏柯（Jean-Martin Charcot，1825—1893）专注于神经系统失调的研究。他认为催眠是一种癔病现象，只会发生在精神病患者身上。他于 1878 年开始，在巴黎的塞尔佩萃（Salpetriere）医院以癔病妇女为对象研究催眠，认为催眠状态是一种和癔病发作相似的状态。很多人接受了他的观点，将其称为塞尔佩萃学派，成为与此前的梅斯迈学派和后来的南锡学派三足鼎立的催眠学派。后来，他以“创伤后应激障碍”（post traumatic stress disorder，PTSD）的研究闻名于世。

三、深入研究阶段

（一）南锡学派的暗示理论

催眠引起了19世纪科学家们的广泛兴趣和争议，他们从而进行了更加深入的学术研究。

法国医生利比奥特（Ambroise-Auguste Liebeault，1823—1904）认为催眠是直接暗示的结果。他的催眠方法是深深地注视受术者的眼睛，暗示受术者变得越来越困，然后发出消除症状的直接暗示。他提出医师及患者的关系对催眠现象的发生及其治疗效果有重大的影响。

法国南锡（Nancy）大学医学教授伯恩海姆（Hippolyte Bernheim，1840—1919）是利比奥特的学生和仰慕者。他强调对催眠的心理学解释，将其视为暗示导致的一种强迫性状态，并认为催眠是睡眠的特殊形式，是催眠对象的注意力集中在催眠者的建议上，从而强化了催眠过程的心理特性。他不但证明了催眠现象的发生与暗示有关，而且指出每个人都在某种程度上具有对暗示的感受性，因此无论精神病患者或正常人都可以进入催眠状态。以他为代表的南锡学派对梅斯迈的物理学理论和夏柯的神经学理论给予了严厉的批判。但是，伯恩海姆后来认为，在清醒状态下进行暗示能取得同样的效果，因而他在各种医疗行为中不再使用催眠术，并把这种新的方法称为“心理疗法”。

药剂师库埃（Emile Coue）是自我暗示之父。他相信没有所谓暗示，只有自我暗示，用另外一种说法就是，所有的催眠都是自我催眠。

（二）弗洛伊德的潜意识理论

在近代，对催眠理论影响较大的是19世纪末的精神分析创始者、著名心理学家及精神科医生西格蒙特·弗洛伊德（Sigmund Freud，1856—1939）。他在年轻时曾向南锡学派和夏柯学习催眠，并运用催眠治疗歇斯底里（hysteria）患者及帮助患者释放心里封闭的情感。1895年，弗洛伊德与同事兼朋友布鲁尔（Joseph Breuer）合著了《歇斯底里症研究》一书，结论是歇斯底里症的实质是压抑被伤害体验。布鲁尔通过催眠来证实这一理论，而作为不成功的催眠师，弗洛伊德则发展了精神分析理论来阐释该结论的可靠性。弗洛伊德将人的心理现象分为意识、前意识和潜意识；他认为潜意识中既有许多病态信息，也有丰富的自愈潜能，催眠就是脱离表浅意识状态而与深藏意识沟通并影响潜意识的有效方法。

弗洛伊德曾与荣格（Carl Jung）一起研究催眠术。由于二人都只会用权威性直接暗示的催眠术，病人经常产生抗拒，效果并不理想，最后他们都宣布催眠术没有医疗价值。弗洛伊德发展出了自由联想法，而放弃了催眠的使用。后来由于弗洛伊德心理分析的盛行，催眠治疗几乎销声匿迹，仅靠着江湖人物的催眠术表演苟延残喘，直到第二次世界大战，催眠术才再次获得科学界和医学界的重视。

奇克和莱克伦（Cheek & LeCron，1968）对弗洛伊德有过如下评论：

弗洛伊德

弗洛伊德在19世纪90年代开始进行催眠实践，与他一起工作的普通科医生布鲁尔是当时最好的医学催眠师之一。弗洛伊德几乎不怎么了解催眠，是一个糟糕的催眠操作者，并且还对催眠抱有错误的观念，即必须要进入深度催眠状态才能达到良好的治疗效果。弗洛伊德的受试者只有十分之一能进入深度催眠，这令他的挫败感非常强烈。而布鲁尔医生的治疗效果则要好得多，他们之间有过很多竞争和敌对，弗洛伊德对此不能容忍，所以他放弃了催眠，寻找其他方法并发展出自由联想和释梦。

虽然弗洛伊德对心理治疗和心理知识的贡献是巨大的，但是他放弃催眠这件事却是有害的，因为它阻碍了催眠治疗的发展近五十年。今天许多精神科医生和大部分分析师都对催眠不怎么有兴趣，他们对催眠所知甚少却相信它没有价值，因为弗洛伊德开始使用并且最终放弃了它。他们中的许多人笃信催眠治疗仅仅通过暗示令症状解除，正如伯恩海姆应用的那样。因此，催眠治疗的效果通常被认为只是暂时的，虽然伯恩海姆和当时其他内科医师已经明确地证明这种观点是错误的。（转引自：吉利根. 艾瑞克森催眠治疗理论［M］. 王峻，谭洪岗，吴薇莉，译. 北京：世界图书出版公司，2007.）

尽管弗洛伊德后来放弃甚至反对催眠治疗，而主要依赖自由联想、释梦和移情分析、阻抗分析，但他的潜意识理论对催眠和催眠治疗的发展仍有巨大的推动作用。

受弗洛伊德潜意识理论影响，另一位催眠研究者雅内（Pierre Janet，1859—1947）把催眠定义为一种“解离”（dissociation）的心理过程，即意念系统从正常的人格中分离出来并独立运转的过程。他把催眠状态描述为受术者下意识（subconscious）地而不是有意识地执行认知功能的一种状态。这里所说的下意识即弗洛伊德说的潜意识，而不是无意识（unconscious）。除此之外，他还认为，催眠中存在受术者有意取悦催眠师的“角色扮演”成分。雅内的理论影响了很多心理学家，甚至美国心理学奠基人詹姆斯（William James，1842—1910）也对其理论十分推崇。

（三）催眠研究热的降温

埃尔曼（Dave Elman，1900—1967）是一位在美国专门教导医学界人士的催眠治疗师，他学习催眠的动机来自于8岁时一位舞台催眠师在短短的时间内止住了父亲癌症的疼痛。他发展出埃尔曼诱导法（Elman induction）与重复诱导法（rapid induction），是能够在极短的时间内引发深度催眠的技巧。他撰写的《催眠治疗》（*Hypnotherapy*）一书，被称为催眠圣经。

催眠是科学和艺术的综合体，在学术研究之外，催眠还会被当成一种表演和观赏的艺术。在20世纪30—50年代催眠被普遍用在舞台表演及电影与电视中。其中有几部关于催眠的电影极大地影响了民众对催眠的认知，导致现代大多数人对于催眠的认知都是错误的。

20世纪前半叶，由于行为主义的崛起，加之弗洛伊德对催眠的排斥，以及影视作品中对催眠神秘色彩的过分渲染，使得对催眠和催眠治疗的学术研究热急剧降温，妨碍了催眠理论的进一步发展和应用。

四、现代应用阶段

（一）催眠热的重新兴起

第二次世界大战结束后，许多士兵因战争受到创伤，产生极大的精神困扰。当时心理治疗既费用高昂又时间漫长，而催眠因其在治疗战争神经症患者、牙科病人和产科疾病方面的经济和快速有效受到了极大的重视，从而使催眠的研究特别是应用进入了新的快速发展期（Hilgard，1965）。

20世纪50年代，美国和英国等国家的医学界均正式承认催眠是一种有效的治疗方法，因而该方法被越来越多的临床医生所采用。1958年，美国医学协会（American Medical Association，AMA）认定，催眠可以作为心理及医疗的辅助工具。

现代很多国家的大学都有催眠学科，并将其归类于“自然疗法”或“另类疗法”，在欧州、美州、大洋州、亚洲许多发达国家，催眠都得到很大的发展。人们对于催眠并未止步于学说的研究，各国都将其广泛应用于医疗、心理及精神治疗、协助培训人才等。

很多牙科医师在治疗中使用催眠麻醉，一些国家的牙医与医疗协会认可催眠的使用，例如，英国医学协会与英国催眠协会就许可将催眠使用在医疗上。

美国心理学会于1945年在总会之下特别设立了催眠心理学分会。德国、英国、法国、意大利、加拿大等国也相继在心理学会下专设催眠研究学术分会或单独成立了催眠学会。1958年，美国医学协会发表声明支持催眠治疗与医学上的催眠使用。同年国际催眠学会成立，推动了世界各国对催眠心理现象的原理及催眠术应用的研究。在欧美国家的影响下，日本也在1963年成立了催眠学会。

（二）艾瑞克森对当代催眠学的贡献

当代世界上最具影响力的催眠大师是艾瑞克森（Milton H. Erickson，1901—1980），他是正规的精神科医师，最早研究精神分析，后又研究催眠，成为第一个在美国国会对议员演讲催眠的催眠师。他被称为美国催眠治疗领域的泰斗，也是运用催眠快速解决心理问题的翘楚，因此是举世公认的医疗催眠大师。催眠术在最近几十年再度兴起并越来越火热，在助人专业领域中被作为一种重要的心理治疗的工具，主要应归功于艾瑞克森，是他在此领域付出了毕生的精力。

艾瑞克森

艾瑞克森17岁时罹患严重的小儿麻痹症，几乎丧命，却因病而发展出绝佳观察与沟通能力，洞悉人的行为及行为背后的心理动机。怀赤子心并富幽默感的他不但使用自我催眠的技术帮助自己复健，后来还投注全部精力于催眠治疗。他终生献身于探索催眠现象，在他整个职业生涯中发表了100多篇与其兴趣有关的各种主题论文。艾瑞克森是一个创新者，他经常在治疗中采用不同的方式来帮助来访者产生改变。他认为催眠是一种帮助人们拓展其自我觉察的限制的有效途径。

艾瑞克森认为催眠是一种两人或多人之间相互的关系。催眠状态（包括“意识”和“潜意识”）是自然的，是一种特殊的学习状态；当身份处于混乱（即解离）的情况时，催眠状态就出现了，目的是为了重新建立身份；一些社会或心理仪式就是人为化的催眠。

讲故事是艾瑞克森的专长，也是他在心理治疗过程中采取的主要模式。在他颇具启发性的治疗故事中，常穿插一些鲜为人知的医学、心理学及人类学珍闻，通过间接暗示巧妙引导来访者在不知不觉中进入催眠状态，从而改变意识，矫正偏差行为。这种方法可避免来访者过多注意或检验自己，减轻其对是否能被导入催眠状态和是否能达到预期治疗效果的疑虑，可消除来访者对催眠的恐惧和有意无意的抵抗。很多人将这种间接暗示的新型催眠诱导方法称为现代催眠，而尊艾瑞克森为现代催眠治疗的先驱。

在艾瑞克森成长的年代，精神分析取向的治疗在医疗和心理学领域还处于统治地位。解释人类行为的复杂理论与刚性治疗程序相结合使得心理治疗需要花费很长时间，变得十分昂贵，因此对多数人来说是可望而不可即的。大多数的治疗师要求，至少是间接要求来访者适应治疗师的世界观，而这恰恰不可能是来访者当时有兴趣做的事情。艾瑞克森开始挑战传统的观念，不再把主要精力放在寻找问题原因和幼年创伤上，而是努力通过催眠在尽可能短的时间内解决来访者的问题。

神经语言程式学（neuro linguistic programming，简称NLP）的两位创始人格林德（Grinder）与班德勒（Bandler）对艾瑞克森推崇备至，因此在他们的临床应用上，常可见到艾瑞克森的惯用手法。班德勒（1975）和格林德（1979）基于艾瑞克森的沟通模式，于20世纪70年代发展出了NLP快速心理治疗模型。神经语言程式假定，个人是通过处理外部感觉信息绘制心理世界地图的，这些信息来自于听觉、视觉、动觉的输入并在特殊的参考框架基础上进行处理。他们的模型预测，个人用一个主要的或偏好的方式（例如听觉或视觉、运动觉）来制作这种现实地图。使用、改变或扩大来访者的主要信息处理系统的治疗有助于更有效地发展亲和关系，并增加来访者改变的可能性。

1980 年，艾瑞克森去世后，他的亲密同事和追随者皮尔森（Robert Pearson）在其葬礼上做出了如下极高评价：

“艾瑞克森孤军对抗整个精神医疗界，而他终究战胜了所有反对的声浪。”

有关艾瑞克森催眠治疗的理论和方法在第五章将做详细介绍，此处不赘。

第二节　催眠治疗在中国的发展概况

催眠和催眠治疗在我国同样有着漫长的历史和广泛的应用。

一、我国古代和民间的催眠术

自有人类以来，催眠现象就以令人眼花缭乱的不同形式表现出来。中华民族历史悠久，在我国浩如烟海的古代文献中不难看到对催眠现象的记载。

依据传说，神农氏不但是远古中国的农具发明家和种植业的开山鼻祖，还是中国最早的医师、药剂师和催眠祖师爷。

战国时期庄子的《齐物论》里谈到的“庄周梦蝶”，就可以说是一种催眠现象。

三国时期的关云长中了毒箭后华陀帮他疗伤，那个年代根本没有现代的麻醉剂或止痛药，有学者推测，华陀很可能使用了催眠麻醉技巧，使关公在刮骨疗毒的时候减轻了疼痛。

当代催眠大师、年近八旬的马维祥老先生在亲笔签名赠送给笔者的《中华经络催眠术》（2010）一书中对我国古代的催眠现象有翔实介绍。

如周穆王看到西极天国神仙下凡，能入烈火、能穿金石等神话故事，都可能是催眠后幻觉的表现，只是将当时存在的催眠神奇现象，运用故事的笔法传播。

《唐逸史》（《仙传拾遗》）中讲述了唐明皇夜游月宫的故事：开元中秋夜，明皇于宫中玩月，罗公远奏曰：“陛下莫要至月中否？”乃取杖掷之，化为大桥，其色如银。请上同登，行至大城阙，曰：“此月宫也。”《初刻拍案惊奇》说唐明皇在月宫中看见了一块“广寒清虚之府”的金字匾额，又从宫中仙女处习得并谱成《霓裳羽衣曲》。这虽是民间传说中的文字记载，但也许是罗公远使用了催眠术，使唐明皇在心理暗示下出现了各种神奇的幻觉。

我国儒家的一些书籍中也有类似催眠术的描写，认为催眠现象是“怪力乱神”的巫术现象。

我国催眠术的应用也同国外一样，最早见于寺庙中，神职人员常运用催眠术进行占卜、消灾祛疾，外出传教时也有类似的应用催眠术技巧。他们不但使用自我催眠进入催眠状态，成为神的化身，也常应用集体催眠的方法，使教徒们集体进入催眠状态后，使他们能感受到神的存在，聆听神的旨意，以此消除所存在的心理问题和心中的困扰。

古代武林中的“定身术”用双眼凝视对方，口中念念有词，手指划动，可使对方呆滞地直立一处，并接受施术者的指令，这与目前的催眠暗示后呈现的状态十分类似。

在我国民间所存在的巫婆装神弄鬼的骗人把戏，应该是自我暗示后失神样的癔症性意识恍惚状态，或类似催眠状态，但这并不是神魔的力量，只不过是自我暗示后的意识变异表现，当然更不可能为人祛疾治病了。

四川民间流传一种“请扇子神”的游戏，在炎热夏季，以请扇子神消暑清凉取乐。其方法是令受试者专注凝视一把旧扇，聆听施术者的“咒话”，少时受试者就昏昏若睡样，有睡意绵绵、神情恍惚、头昏眼花感，会顿感凉爽，体验到指令所述的身体处于极乐仙境中，看到仙女的舞姿，并与群仙饮酒同乐，完毕后施术者再指令请扇神离去，受试者则随指令清醒，可回忆起仙境游乐的佳境，心情愉快。

“降青蛙神”是我国民间男童的一种集体催眠游戏。夏秋季节，明月当空的夜晚，一群孩童席地围圆而坐，选一名十岁男童居圆中，嘱静坐闭目，聆听群童请青蛙神指令，并焚香暗示神灵附在其身上，不久男童进入迷茫状态，当该童体验到青蛙神已降临其身时，就会像青蛙一样四肢着地，学着青蛙在圆中跳跃翻滚，学着青蛙叫，当表演结束，群童再烧符念咒请青蛙神退去，该童就会清醒如初，倍感轻松，而对这一过程一无所知。

“请竹篮神”则是女孩在夏季玩耍的一种游戏。群孩围圆而坐，挑选一名女童，手持旧竹篮，竹篮顶部缚系一根竹筷，坐在群女中央，全神贯注地聆听群女唱歌请神，注视焚香的缕缕青烟。经唱歌暗示竹篮神降临，该女孩逐渐进入恍惚状态，呆滞地坐着，让群女提问，以竹篮上的竹筷摇动作为回答是否的信号。如问“竹篮神很漂亮吗?”“她穿着一身花衣服吗?”“你认识她吗?”“她像你一样很愉快吗?”“她同样叫人喜欢吗?”“她很聪明吗?”针对这些问题该女孩不知不觉地摇动竹篮，竹筷也会随之而动。游戏毕群女又唱歌，送神离去，少时该女孩就会清醒，并觉愉快。

上述各种请神娱乐，实际上都是运用暗示进入催眠状态，从中获得轻松愉悦。

二、我国现代催眠治疗的发展

马维祥先生指出，我国现代催眠术起始于19世纪后期。1909年由余萍客、刘钰等人首先创立了“中国心灵俱乐部”，后改为中国心灵研究会，开展心理与催眠术的研究工作，出版有关催眠的书籍和刊物60多种，如《催眠术》、《催眠术讲义》、《电镜催眠术》、《催眠疗病学》、《催眠学问答》等，培训了大批学员。

鼎盛时期研究会会员多达八万余人，可说是我国催眠史上灿烂辉煌的时期。但同时也出现一些败类滥用催眠术的事件，损害了催眠术的良好形象，因此催眠受到社会抨击，催眠术声誉急剧下降，加之连年战乱，使心灵研究会和有关刊物处于停滞状态。

新中国成立后，受极“左”思潮的影响，心理学多次遭到批判，作为心理治疗方法的催眠术其命运也可想而知。1978 年，中国共产党十一届三中全会胜利召开，特别是全国科技大会后，迎来了中国科学的春天，为催眠治疗的发展提供了阳光雨露，催眠作为一门有效的心理治疗技术迅速发展起来。1986 年 10 月第一期催眠讲习班在山东泰安成功举办，来自全国各地五十余名医务工作者参加了学习。

最近二十多年，随着改革开放进程的加快，当代西方最新的催眠技术开始引进我国，不但欧美、澳大利亚、日本等地催眠专家来华讲学，与港台同行的交流也越来越多，极大地促进了我国催眠治疗事业的发展。

当代中国，道行最深、影响最广的催眠大师非马维祥先生莫属。这里特别值得一提的是他 2010 年出版的《中华经络催眠术》一书。马老将中医经穴治疗理论与现代催眠技术结合，创立了中华经络穴位催眠术，为诱导催眠提供了新的手段，更为催眠治疗效果的提高及疗效的巩固提供了新的技术。笔者在该书的推荐语中赞其是“精神治疗领域的一朵奇葩”，当然更是我国现代催眠治疗发展史上的一座丰碑。

目前，催眠术在我国医学界、心理学界以及教育、司法、体育和商务工作中得到了广泛的应用。我们期盼的是尽快成立全国性的催眠学研究会或催眠学会，并尽快建立有关催眠的行业规范，完善相关法律，使催眠治疗事业在中国健康发展。

【建议参考资料】

1. JORE R，MALDONADO，SPIEGEL D. Hypnosis［M］//TASMAN A，KAY J，LIEBERMAN J A，et al. Psychiatry. 3rd ed. New York：John Wiley & Sons，Ltd，2008.

2. BERNARDY N C，LUND B C，ALEXANDER B，FRIEDMAN M J. Prescribing trends in veterans with posttraumatic stress disorder［J］. The Journal of Clinical Psychiatry，2012，73（3）：297 – 303.

3. 傅荣，吴雅文，徐雅玲. 实用催眠治疗手册［M］. 南昌：江西科学技术出版社，2002.

4. 马维祥. 中华经络催眠术［M］. 厦门：厦门大学出版社，2010.

5. 吉利根. 艾瑞克森催眠治疗理论［M］. 王峻，谭洪岗，吴薇莉，译. 北京：世界图书出版公司，2007.

6. CARDEÑA E，KRIPPNER S. The cultural context of hypnosis［M］//LYNN S J，RHUE J

W，KIRSCH I. Handbook of clinical hypnosis. 2nd ed. Washington，DC：American Psychological Association，2010.

7. HILGARD E R. Hypnotic susceptibility［M］. New York：Harcourt，Brace & World，1965.

8. 奈特. NLP 入门［M］. 郑日昌，译. 上海：上海人民出版社，2006.

【问题与思考】

1. 催眠治疗在西方的发展历史中经历了哪些阶段？
2. 催眠治疗的先驱是谁？科学研究催眠的第一位实验者是谁？
3. 弗洛伊德的潜意识理论对催眠理论的发展产生了哪些影响？
4. 学习完本章后，你认为催眠能够使我们做出违反自己意志的事吗？

第二章　催眠治疗的原理

【本章提要】

为什么会有那么多人觉得催眠神秘？是因为催眠现象发生的机制长期不被知晓。本章对此进行了深入的讲解。首先，详细地介绍了不同学者对催眠的定义、对催眠的误解、应树立的正确催眠观念、催眠现象的理论阐释和催眠的相关状态。在此基础上，又介绍了催眠的类别、催眠的重要术语，如意识变异状态、暗示、受暗示性、催眠感受性、体验性专注、念动反应、解离等。人们之所以觉得催眠神秘，是因为催眠状态下出现的各种现象，如退行作用、催眠后暗示、催眠幻觉、感知觉的改变、催眠梦、催眠后遗忘、前世回溯等，本章对此一一进行了介绍。催眠治疗作为心理治疗的一种方法，大体要经历准备、诱导、利用、结束四个阶段，催眠治疗如同其他心理治疗的方法一样有其具体的步骤，催眠治疗的效果取决于催眠环境因素、受术者身心因素、催眠师的个人因素、催眠双方的关系等，本章对此也都进行了具体的介绍。

【学习重点】

1. 催眠的定义
2. 催眠现象的理论阐释
3. 催眠的重要术语
4. 催眠状态下的各种现象
5. 催眠治疗的具体步骤

【重要术语】

意识变异状态　暗示　受暗示性　催眠感受性　体验性专注　念动反应　解离　退行作用　催眠后暗示　催眠幻觉　催眠梦　催眠后遗忘　前世回溯

第一节　催眠是什么

在社会上，人们对催眠有多种误解，为了匡正视听，这一节我们着重讲讲如何从科学角度理解催眠。

一、催眠的定义

催眠现象的神秘和复杂导致了对催眠的多种定义。

布赖恩（W. L. Bryan）认为，催眠是一种正常的、生理的、意识的变更状态，它与清醒状态相似，尽管并不相同。它的产生所需要的两个基本条件是注意的相对集中和周围区域的抑制。催眠状态有三个主要特征：增加心理过程的集中；增加身体的松弛；增加对暗示的感受性。

埃尔曼认为，催眠是运用直接或间接提示，来诱导出暗示敏感度增高的状态，绕过了心灵的批判机制，选择性地注意被给予的暗示。

艾瑞克森认为，催眠是一种“注意力焦点的缩小”。

英国医学协会（1965 年）对催眠的定义是：由他人引起被催眠者注意力的暂时变动状态，在这种状态下，对象可以自然地或由言语及其他的刺激产生多种不同的现象，如意识和记忆的改变、暗示性的增高，并出现一些非同寻常的反应和观念。

《简明大不列颠百科全书》（1986 年版）对催眠的定义是：催眠是类似于睡眠，但对刺激尚保持多种形式反应的心理状态。被催眠者似乎只与催眠者保持联系，自动地、不加批判地按照暗示来感知刺激，甚至引起记忆、自我意识的变化。暗示的效果还可能会延续到催眠后的觉醒活动中。

美国心理学会催眠心理学分会常务委员会（Executive Committee of the American Psychological Association Division of Psychological Hypnosis，1993）为催眠做了如下定义：催眠是一种程序，在实施过程中由健康专业或研究人员对求询者、病人或个体施与暗示，使之能体会到感觉、知觉和行为的改变。催眠诱导内容决定催眠实际内涵。尽管有多种诱导方法，但绝大多数内容都是让受术者感到放松、平静以及进入良好状态的暗示；还有训练受术者进行想象和体会愉快的内容。

综合各家之言，本书作者认为，所谓催眠就是通过言语或非言语诱导，使人注意力集中、意识变得狭窄、受暗示性增强的过程。

作为名词，催眠是生理上放松的状态；一种特殊的清醒状态；处于想象力活跃的状态；高度易受暗示的状态；与自己的潜意识接触的一种方式。

简而言之，催眠是一种改变了的意识状态，主要表现为四重状态：受暗示性增高态；意识领域狭窄态；觉醒领域选择态；注意功能受限态。

作为动词，催眠是通过各种言语或非言语诱导进入上述生理、心理状态，即将意念导向体内或将注意力放在主观感受上的活动过程。通俗地说，通过某些连续、反复的刺激，尤其是语言的引导，使人们从平常的意识状态转移到另一种比平常更容易接受暗示的意识状态，这个过程就叫催眠。

二、对催眠的误解

长期以来，人们对催眠有各种各样的误解，例如，认为催眠就是睡眠；催眠作用是由催眠师投射给被催眠者的；只有患病或意志软弱的人才具有被催眠性；催眠术本身就是心理治疗；催眠是危险的；在催眠状态下，个人隐私会完全暴露。

实际上，催眠并不是睡眠状态、无意识状态、盲从状态、心智低下状态、受人控制状态、自我失控状态。

目前，催眠学者大多认为催眠状态是一种比较专注的意识状态，它既非睡眠状态，也不是清醒状态，而是一种变异的意识状态。被催眠者所感受和经历的，通常是意识状态的变化。

在催眠状态时我们的意识与潜意识是同时起作用的，是一种注意力集中的自我觉知状态。大多数人在日常生活中都有类似经验，如开车、做白日梦、看一本引人入胜的小说、全神贯注地欣赏一部电影，皆是一种自然的催眠状态，这又被称为“浅度自发性催眠”。

三、正确的催眠观念

树立正确催眠观念，有助于克服对催眠的好奇感和恐惧感。

第一，进入催眠状态，并不是睡着了，除非进入很深的催眠，不然，你的意识仍然很清醒。

第二，不必担心在催眠中会醒不过来，也许有些人会因为在催眠状态下很放松，很舒服，所以不想太早脱离，这时候，不妨好好睡上一觉，睡足了，自然就会醒来。催眠对于帮助安眠的效果很好。

第三，在一般意识状态下，人们很难进入潜意识的世界。但是，在催眠状态下，人们的注意力非常集中，很容易接受引导而打开潜意识的记忆库或给潜意识输入积极、正面的信念或能量。

第四，我们的潜意识具有惊人的能力，它储藏人类所积累的智慧，它控制我们身体所有的自动运作。催眠可以帮助我们清除潜意识里的负面想法，让潜意识发挥最好的功效。

第五，催眠效果主要是由语言的引导、暗示来达成的，与超能力、气功、魔术、法力毫不相干，催眠没有什么神秘色彩。

第六，几乎每一个人都能被催眠，只是程度不同而已。比较容易进入催眠状态的人大多智商比较高，比较具有想象力，比较能够放松自己，性格比较稳定，而且比较能够接受新鲜事物，对环境的适应能力比较好。经验丰富的催眠师可以让95%的人进入催眠状态。

第七，人们对催眠术的反应是各不相同的。有些人体会到知觉状态的改变；其他人则描述处于催眠状态时，没有什么特别感觉，只是注意力非常集中，由此感到内心的宁静和放松。不管这些描述的程度如何，绝大部分人都认为体验催眠是件令人愉快的事情。

第八，有些人对暗示非常敏感，另一些则不一定。个体敏感性因对催眠的恐惧或错误观念的影响而削弱。并不是每个人都可以在第一次就被深度催眠，但是催眠是可以被训练的，可以通过打坐冥想、瑜伽练习让自己更容易进入催眠状态。

第九，与大部分书籍、电影和电视所描绘的不同，进入催眠状态并不会失去对个人行为的控制，而依然保持对自身状态的感知能力，对做何种反应保持充分的选择权利。

第十，催眠能使人们更容易体验暗示的作用，但不能强迫他们这样做。催眠的受术者即使进入恍惚状态时，在认知上也仍然是一个积极的参与者，是一个积极处理获得的信息的个体。

第十一，催眠中的人会以不同于清醒状态下的逻辑看待事物。与线性的、因果的理性逻辑相比，催眠逻辑更具联想性，更加具象化，更少限制性，可以使看似矛盾的事物或“双赢”关系同时存在，因而有助于探索更广泛的治疗可能性。

第十二，除非给予特别的遗忘暗示（部分遗忘或完全遗忘），通常情况下，被催眠者术后能回忆催眠中发生的事情。

第十三，催眠导致的意识改变是一种瞬间状态，是临时的，而不是心理功能的永久性改变。

第十四，催眠是自然而然的，不是与其他心理过程截然分开的人工状态，不是“全”和“无”的现象。

第十五，催眠治疗是一个体验的过程，学习的过程，舒服地产生一种状态的过程，在这种安全情境中，无意识能够自动地、有效地运作。催眠治疗的过程就是进入我们的潜意识，不受时间、空间所限，能回忆任何时空发生的事情，在意识觉察到的灵光一闪间，体验到刹那的直觉、智慧、创造力与透彻绵密的转化过程。

第十六，催眠是人本身就拥有的能力，提供了在不同的体验层次了解自己的机会。催眠不仅可以开发人的潜能与强化人格优点，更能启发内在的自我康复系统，能有效运用你潜意识的力量，创造美好的生命。

第十七，接受一位遵守职业道德的专业催眠师的催眠不会有任何危险，绝对是安全的。正如汽车本身并无危险，除非由不合格的人员驾驶。

第十八，催眠不是巫术，更不是迷魂散或麻醉药，如果你没有意愿，没有人能强迫你被催眠。

第十九，除非你有足够的安全感，否则，在催眠状态你不会暴露隐私或秘密，依然可以说谎或隐瞒。

第二十，每一种催眠说到底都是自我催眠，任何人都能够学会。

四、催眠的相关状态

睡眠、禅定以及生活中某些状态与催眠状态或者关系密切，或者十分类似，有必要对其相互关系加以讨论。

（一）催眠与睡眠的区别

1. 睡眠是生理疲劳的结果；催眠是心理诱导的结果。

2. 睡眠受生物节律影响；催眠可人为控制。

3. 睡眠时对客观世界无反应或有反应而不自知；催眠中与外界有联系。

4. 睡眠能叫醒或推醒；催眠必须运用特定指令解除。

5. 睡眠能解除疲劳；催眠可帮助治疗身体或心理疾病。

6. 睡眠个体肌肉放松；催眠个体肌肉可紧张可放松。

7. 睡眠与催眠脑电图不完全相同。

人的脑波可以粗略分为五种：

γ 波：每秒 30—50 赫兹；是个体处于高度紧张、愤怒或兴奋状态时出现的脑电波。

β 波：每秒 13—30 赫兹；是个体处于日常生活状态，或轻度焦虑状态时出现的脑电波。

α 波：每秒 8—12 赫兹；是个体在心情平静放松、闭目养神或是刚醒来时的脑电波状态，此时意识清醒而身体处于完全松弛状态。

θ 波：每秒 4—7 赫兹；是较轻的睡眠状态，或是所谓“禅定”、气功状态，常见于个体疲倦时，大脑缺氧或轻度麻醉时也可出现。

δ 波：每秒 3 赫兹以下；是深沉的睡眠状态，大脑器质性病变或深度麻醉时也可能出现。

在催眠状态下五种脑波同时存在，但主要是 α 和 θ 波，是介于清醒和睡眠之间的脑波，是每个人每天都会经验的意识状态。如果受术者经历被追杀、被火烧或极度愤怒时，脑波会上升到 β 波或 γ 波。

当代生理学和脑科学研究发现，睡眠第一阶段包括缓慢的眼动期以及减慢的 α 波，而人在做梦时则处于快速眼动期。这使得我们对于清醒和睡眠之间的状态有了更多的了解，从而可以通过观察脑电波和眼动模式来判断是否进入催眠状态以及进入的深度，这就克服了人们口头报告的局限性。

（二）催眠和禅定的关系

禅定的主要目的是通过平息心神以进入某种境界来健身；催眠是通过放松调动潜意识解决问题或达成某个具体目标。禅定主要靠自我调节和修炼；催眠可以自我实施，但更多时候是由他人实施。催眠和禅定所进入的状态是相似的。

庄子曾经说过：“静然可以补病。”医学研究表明，人在通过催眠或禅定入静、大脑出现 α 波时，脑中会分泌内啡肽，而且体内负责消灭病毒的 T 细胞也比较活跃。内啡肽有激活免疫细胞的功能，能够补充神经和腺体的能量，增加身体对疾病的免疫力。

（三）生活中的催眠状态

日常生活中人们经常会体验到与催眠状态类似的状态，例如：做白日梦；陷入沉思；专注阅读；演奏乐器；聆听歌曲；片刻的迷茫；大吃一惊时；深受感动时；受骗上当时；迷信某人时；凝视火焰或云朵；举行庄重仪式时；陶醉地游戏或运动；注视旧照片而沉思；观看电影戏剧下意识流泪。

一般说来，有节律的重复的声音和运动（如吟唱、祈祷、自言自语、跳舞、跑步、摇动、深呼吸等），注意力集中于某种声音或图像，以及通过按摩等方式放松肌肉等，都能使人的生物节律同步化、心理过程单一化而进入某种程度的催眠状态。

一些人被煽动而失去理智，被蛊惑而头脑不清，被忽悠而上当受骗，此时都可以视作催眠状态。因此，传销大师往往都可以被称作是“催眠大师”。

五、催眠现象的理论阐释

在催眠术发展的早期，人们对催眠现象的解释赋予许多神秘色彩，随着当代生理学和心理学，特别是脑科学的发展，慢慢拂去了蒙在催眠上的神秘面纱，从而对催眠现象和催眠治疗可以做出更加科学的解释。

（一）生理学解释

经典条件反射学说的创立者、俄国著名生理学家巴甫洛夫（Ivan Petrovich Pavlov，1849—1936）认为，催眠实际上也是一种条件反射，诱导人进入催眠状态的语言就是一种条件刺激，这种单调重复的语言，能使大脑皮层产生选择性抑制，也就是局部睡眠。他明确指出：“假如抑制毫无妨碍地扩散到整个大脑皮层，那就是平常的睡眠；假如只有大脑皮层的一部分受到抑制，那就是通常所谓的催眠状态。”他认为催眠状态是介于觉醒与睡眠之间的一种状态，是暗示所导致的一种“不完全睡眠状态”。这些暗示使大脑皮层的一些区域兴奋，其他部分抑制，从而使受术者将注意力集中于催眠语而与外界分离。他甚至发现，实验室的狗接受一种单调重复的刺激，也会渐渐入睡或出现四肢僵直状态。

现代脑科学研究表明，处于催眠状态的脑电图（EEG）和脑血流图，既不同于睡眠状态，也不同于清醒状态时的脑电图和脑血流图，说明在催眠过程中大脑神经可能有生物物理变化和生物化学变化。

神经生理学的微观研究进一步表明，催眠对中枢神经的影响是通过改变大脑皮层和皮层下脑干网状结构与边缘系统的交通关系实现的。罗伯特（Robert，1960）通过脑电研究发现，催眠状态是由一种发生在丘脑网状结构的电阻塞引起的。

采用催眠麻醉实施开颅手术，当医生碰到病人脑内海马区域时，病人很快脱离催眠状态，再进行催眠诱导使其进入催眠状态，再度刺激海马区域，病人又会醒来。

上述研究表明，脑神经回路受阻是催眠的生理基础，而海马区域则是此种神经回路的重要部位。

当代科学认为，催眠是一种自然现象，具有多种功能。自发催眠和睡眠一样对人具有保护性，在生物学上是必需的。因此，催眠现象一定有其生物进化上的特殊意义。

（二）心理学解释

当代大多数催眠理论家摒弃了关于催眠的物理学和神经学解释（即梅斯迈的理论和夏柯的理论），转而更多地支持心理学观点，强调暗示、想象、动机、解离和角色扮演的作用。但同心理学中对催眠的广泛应用相比，心理学对催眠现象和催眠治疗的理论阐释仍显得十分不足。

心理学通常认为，催眠状态是心理暗示直接诱导的结果，是心理暗示引起的想象；想象作为一种内部心理过程是催眠的关键环节，而诱发催眠状态并起到治疗作用的是心理暗示。

有些心理学家用联想重复、条件反射、习惯化等学习理论的原则来解释催眠现象。赫尔（Clark L. Hull，1933）在《催眠与暗示》（*Hypnosis and Suggestibility*）一书中指出，催眠现象是和其他习惯相似的习得性反应。韦岑霍费尔等人（Weitzenhoffer，1933，1937）也将习惯消退和驱力减退等学习概念引入催眠过程的讨论，并认为催眠能力是可以通过练习来提高的。

心理动力学者用弗洛伊德精神分析学派的概念解释催眠现象，认为催眠状态是心理上向较少批判和防御的原始状态的退行和对催眠师的移情（Gill & Brenman，1959）。弗洛伊德把心灵比喻为一座冰山，浮出水面的是少部分，代表意识；而埋藏在水面下的大部分，则是潜意识。意识心智掌管着我们的逻辑、分析和线性的思维；潜意识心智涉及的是习惯、信念、整个生命历程的记忆、情绪反应、生理反应以及身体自动的运作。依据当代心理学特别是脑科学的研究，人的大脑有88%以上的部分是属于潜意识主导的区域。换言之，我们每天大部分的心理活动都是受潜意识的支配而不自知。由于潜意识心智运作着我们日常生活的身体、感知和情绪活动，因此，通过催眠实现意识和潜意识协同工作，就可以整合内在所有的资源，从而使行为发生改变。

希尔加德（Ernest R. Hilgard，1976，1977）把雅内的解离概念与认知心理学的理论结合，认为催眠状态是摆脱了通常意识的计划及监控功能，降低了判断力，而获得的一种分离体验。他还认为每个人都有一系列认知系统，人体能被催眠的原因是体内存在感受催眠的认知系统，催眠师必须和该系统建立联系后才能进行催眠。

巴伯（Barber，1969）的认知行为观点认为，是受术者“针对实验情景的积极态度和动机，以及由此产生的对暗示主题自发思考和想象的期望”，导致了催眠体验的发生。任何有意愿的个体都可以进入状态，因而不需要正式的诱导和仪式来引发催眠体验，最重要的是建立和谐关系，激发起受术者的动机。

美国心理学家萨宾（Theodore R. Sarbin，1950，1956）强调催眠情境的社会心理特性，指出人可以在不同的社会环境下扮演不同的角色（role-playing），催眠也是一种社会环境，人进入催眠状态时是在扮演一种“被催眠者”角色，做该角色中的人应该做的事，即像一个“被催眠者”那样行为。而受术者卷入角色的程度，则可能有很大差别。

心理学界普遍认为，催眠状态是注意力的高度集中，是注意范围缩小使意识变得狭窄，对周边事物的辨别能力下降，从而不加抵制地接受自己或他人给予的心理暗示。泰勒根和阿特金森（Tellegen & Atkinson，1974）认为，全神贯注（absorption）与催眠能力有重要的相关。

总的看来，按照心理学的观点，催眠状态是一种特别的学习状态，是一个重构自我的过程。由于催眠状态下意识的批判能力下降，减少了心理防御，使意识与潜意识的沟通得以实现，从而能无阻碍地输入正能量和积极信息，充分挖掘利用潜意识中的无尽资源，开发自身潜能，清除潜意识中各种致病情结和消极观念，使心理动力平衡，达到治疗效果。

（三）生理心理综合解释

长期以来，对催眠现象的单一解释和简洁陈述是理论家们追求的目标，但却给从业者的临床实践带来不必要的限制。艾瑞克森深知催眠现象的复杂性和多维性，受许多重要情境变量、个人变量和人际关系变量的影响。因此，当有人要求他对催眠过程的实质做出明确解释时，他总是拒绝这样做，并解释道：“不论我说它是什么，都将会扰乱我对其诸多可能性的认识和利用。”（Erickson，1977）

当代科学认为，催眠状态的产生是一个复杂的生理、心理过程，因此采用一种更为成熟的综合性解释模式。

心理学家和生理学家的研究共同表明，心理暗示通过大脑接收器的分析加工和储存，引起意识活动的改变，进一步引起了神经生理和内分泌的变化，以及植物性神经系统的相应调整，从而导致大脑和躯体功能的改变。

虽然这种解释更为全面，但距离解开催眠机理之谜仍有很长的路要走。尽管如此，在催眠的神秘面纱彻底揭下之前，并不妨碍催眠疗法在各个领域特别是临床工作中的广泛而有效的应用。

对“催眠是什么”的千古谜题，目前只能回答到这种程度。

第二节　催眠的门类和术语

为了更好、更深入、更全面地理解催眠，有必要先了解催眠的主要门类和常用术语。

一、催眠的类别与门派

催眠种类众多，百花齐放，门派各异，百家争鸣。本节只做简略介绍。

（一）催眠的类别

催眠的方法各异，名称繁多，至今无统一的分类标准。

按不同施术方式、时间和条件等因素，可对催眠的类别大致划分如下：

根据施术人员不同，可分为自我催眠和他人催眠。

根据暗示条件不同，可分为言语催眠和操作催眠。

根据意识状态不同，可分为觉醒催眠和睡眠催眠。

根据进入速度不同，可分为快速催眠和慢速催眠。

根据受术人数不同，可分为个别催眠和集体催眠。

根据地理距离不同，可分为近体催眠和远距催眠。

根据配合程度不同，可分为合作性催眠和非合作性催眠。

根据深浅程度不同，可分为浅度催眠、中度催眠和深度催眠。

根据诱导因素不同，可分为自然催眠、人工催眠和药物催眠。

（二）催眠的门派

根据催眠师在催眠中作用的大小，可将催眠师分为独裁派、标准派和合作派。独裁派强调催眠师在催眠中的决定作用；标准派强调受术者对催眠的感受性对催眠效果的重要影响；合作派强调催眠师与受术者的相互作用是决定催眠成败的关键。以上三个门派的区别在后面第五章会详加讨论，这里从略。

根据催眠师经常采用的方法，可将催眠师分为以下几个门派：放松催眠派、操作催眠派、间接催眠派、自我催眠派。

1. 放松催眠派

此门派将催眠等同于放松训练，催眠时并不让受术者进入太深的催眠状态。

最简单的做法是通过调息（腹式呼吸）来放松入静，消除心慌气短的紧张状态。

更复杂一点的方法是采用雅各布森（E. Jacobson）创立的渐进式放松训练，即让受术者依次放松头、颈、肩、臂、肘、手腕、手指、胸、腹、背、腰、臀、大腿、小腿、脚腕、脚趾等，并暗示肢体有温暖感、沉重感、疲劳感，再暗示其在催眠中和催眠后变得很轻松。

此种以放松为主的催眠疗法，不但能直接减轻或消除失眠、焦虑、恐惧、疼痛等症状，而且有助于改善和提高自由联想能力和自我省察能力。

2. 操作催眠派

此门派主要通过操作器物或肢体接触来实施催眠，如让受术者凝视手指、笔尖或水晶球等导致视觉疲劳，或用手指按压受术者身体某个部位而使其进入催眠状态。

马维祥先生创立的经络穴位催眠法就属于典型的操作性催眠。

3. 间接催眠派

此门派的代表人物是艾瑞克森，他通过讲故事、打比喻等方法，提供间接心理暗示，有效克服了受术者对催眠的恐惧和抵抗，让受术者在不知不觉中进入催眠状态。

当今，这种间接暗示法受到越来越多催眠师的推崇，并被称为现代催眠而得到广泛采用。

4. 自我催眠派

埃米尔·库埃认为，所有催眠在本质上都是暗示作用，而真正起作用的是自我暗示。所以，无需他人诱导，只要自己全身心放松，就能很好地接受暗示，达到治疗效果。

舒尔茨（J. H. Schultz）创立的自律训练法，即通过手足沉重、手足变暖、心率稳定、呼吸顺畅、腹部变暖、额头变凉六个环节的自我暗示，不知不觉进入催眠状态，再结合个人问题给予积极心理暗示。

除了上述根据催眠师以哪种催眠方法为主对门派所做的划分之外，还可以根据所受专业训练和工作场所的不同，将催眠师分为学院派和江湖派。前者受过系统专业训练，主要服务于学校、医院和其他专业机构；后者往往无师自通或自学成才，游走于江湖，靠催眠秀谋生。

二、催眠的重要术语

（一）意识变异状态

意识变异状态（altered state of consciousness）是一些科学工作者和大部分临床催眠师应用的术语，指由催眠导致的不同于觉醒、睡眠和冥想的一种状态。

对于“变异状态”（altered state）这个术语，在学术界存在一些争议。例如，金伯格（Zinberg）反对“altered”这个词，他认为这个词的含义代表了偏离正常的一种状态。金伯格更倾向于使用“alternate”（“替换”或“替代”）这个词，因为它更清晰地表明了“意识的不同状态因不同的原因出现在不同的时候，没有哪一种状态可以作为标准”。从这个角度来看，我们通常的意识状态就可以简单地归为“替换”或“替代”状态的一种类型。不管怎样选择术语，都表明我们通常的意识状态并不代表意识的一般标准。我们在清醒状态（一般意识状态）

下经历的很多现象都是常见的，但是就因为我们对它们过于熟悉了，因此就都没把它们也当作是一种轮换状态。金伯格的“alternate”概念明确地表明催眠与一般意识状态的交替性与可逆性。催眠受试者甚至能够经常意识到自己清醒的意识有中断。

“意识变异状态”这个概念过于简单且不易测量，因此它难以被心理学家们接受。此外，绝大部分科学工作者确信，催眠的本质以及什么是可以应用催眠达到的目标是无法用“状态”这一术语来简单解释的。

（二）暗示

暗示（suggestion）是指人不自觉地、下意识地受了自己、别人或环境的影响。受自己影响叫自我暗示，受别人影响叫他人暗示，受环境影响叫情境暗示。杯弓蛇影、望梅止渴就是心理暗示作用的典型表现。暗示可以是积极的，也可以是消极的，可以影响人的情绪和行为，甚至让生理发生改变，因此能影响人的健康。

在催眠中的暗示是指用语言和非语言的刺激或诱导促使受术者自动、无须努力以及非自愿地按照催眠师的指令去想象和行动。

（三）受暗示性

受暗示性（suggestibility）是人的一种个性特点，指的是个体对暗示的反应能力。这是个科学的概念，受暗示性高并不意味着个体意志薄弱，它与个体运用想象的能力有关。积极的心理暗示有助于人保持愉快的情绪，有助于事业的成功和生活的幸福。

（四）催眠感受性

催眠感受性（hypnotizability）指通过量表和测试评估个体对暗示的敏感性，是指经过标准化的催眠诱导程序，受术者通过标准测试项目的多少和对标准方法做出反应的多少，分为高、中、低敏感性三种。

在催眠感受性量表中，催眠诱导的标准程序是有效催眠的操作样本。虽然催眠有多种诱导方法，但这个测量感受性的方法要求催眠诱导采用标准的程序，遵照量表中的暗示和指导语进行操作。

催眠感受性在统计曲线上呈正态分布。感受性极高和极低的人均为少数，大部分人有中度敏感性，在医学、口腔或心理治疗中能有效利用催眠达到治疗目的。低敏感者需经过训练，方能采用催眠解决相应问题。许多临床催眠治疗并非只有高度敏感的个体才能奏效。

许多人对催眠易感者的人格特质感兴趣，但研究结果令人失望，只发现催眠敏感性与个人的想象能力有关（Tellegen & Atkinson，1974）

研究表明，同一个人对不同暗示指令（听觉、视觉、嗅觉、味觉、触觉、动觉等）的感受性也会有不同，所以在催眠时要尽量使用受试者敏感的指令。

（五）体验性专注

体验性专注（experiential absorption）指的是在催眠状态中受术者的注意力完全沉浸在某一特定情境中，并持续一段时间。

人在清醒状态时，由于各种外界刺激的不断干扰，注意力很难集中。而在催眠时，受术者往往意识不到无关刺激，即使意识到了通常也不会分心去注意它们。

（六）念动反应

所谓念动反应（ideomotor response）是指通过意念的暗示，使身体某部分不自觉地做出某种动作或改变，此时个体经历的是无须意识努力的非自主的反应。大多数导入催眠的程序都是基于意念动力学的原理，即意念可以不受意识过程的控制而独立地转变成动力。因此，认识这种反应是理解催眠的关键，念动反应是解释常规催眠能力的核心。

例如，闭上眼睛想象手上重物增减使手臂下降或上升，这既是一种测量催眠感受性的方法，也是受术者进入了催眠状态的标志。

念动反应是许多常规标准的催眠反应中的重要组成部分，而且大量的内部过程从传统的意义上讲与催眠状态密切相关。

（七）解离

解离（dissociation）是指意念系统从正常的人格中分离出来，下意识地而不是有意识地执行认知功能的一种心理过程和状态。

在催眠状态下，个体可以完全与当下现实分离并转移到所选择的时空背景中去。比如可以在主观上将年龄退行到过去或者进入未来；可以扭曲时间，像体验一小时那样去体验一分钟（时间延长），也可以像体验一分钟那样去体验一小时（时间压缩）；可以产生出对根本不存在的东西的幻觉，也可以对实际存在的东西视而不见、听而不闻。

这种催眠状态下的解离现象，与某些精神疾病的症状十分相似。但在解离状态下时空关系的灵活性，却蕴含着巨大的治疗价值，使人们能够重新建构和认识过去，改变当前观点和对未来的信念，从而解开在清醒状态下捆绑人的各种元素，消除痛苦体验。

第三节　催眠的神奇现象

人们之所以对催眠感到神秘，与催眠中发生的一些神奇现象有关。

一、退行作用

退行作用又称年龄回溯，是指在深度催眠状况下，被催眠的人的意识状况会退回到过去某一个生活阶段，融入过去的经验中，重现当时事件或经历，发泄当时积压的情绪，其言语、思想、行为、观念都保持过去的样子。具体可采用以下方法：

直接暗示：让受术者把自己看成几岁的小孩。

间接暗示：让受术者回忆小的时候是怎样的。

隐喻暗示：让受术者想象时间河流或隧道以及通过回翻日历等方法回到过去。

环境暗示：让受术者通过听儿歌、做游戏、叫小名、看旧宅等方法回到过去。

在年龄回溯的状态下受术者并不是真的回到了过去某个时间，例如，他们可以正确拼出自己以前不会拼写出的单词，听得懂催眠师使用自己后来学习的语言发出的指令。

关于年龄回溯问题在本书第四章有一节专门加以讨论。

二、催眠后暗示

催眠后暗示是指催眠师在催眠状态中暗示被催眠的人，要他在清醒之后的某个时间或看到某个讯号的时候，去做某一件事情。所以，很有可能，许多你以为是自己的想法、自己的见解，其实，只是你在不知不觉当中，被别人或社会或某些团体给催眠了！

例如，催眠中暗示你晚上出门时背后有只小狗，你出门后会下意识地觉得背后有狗，并不时回头看。

又如，催眠中暗示你下午去街边小卖店买瓶啤酒，你午休后真会去买，并觉得自己真的想喝啤酒。

三、催眠幻觉

催眠幻觉又称催眠联想，是指在催眠师的暗示下，被催眠的人通过联想出现幻觉。他们跟着催眠师的指导语，一些与现实不符的感觉如同真实存在的一样生动地呈现出来。

一个经典的幻觉体验来自于斯坦福催眠感受性测试的一个项目，指导语让受术者对蚊子或者苍蝇产生幻觉，在这个项目中受术者的反应包括了对视觉、听觉和触觉的错误感知。

简而言之，所谓幻觉指的就是与现实不符的感觉，包括正向幻觉和负向幻觉。正向幻觉是无中生有，看见、听见或感觉到不存在的事物。负向幻觉是视而不见，听而不闻，对存在的事物没有反应。

例如，希尔加德和他的同事们（E. R. Hilgard et al，1976，1977）所收集的证据指出，有一些被催眠的人，通过书写或口头报告的形式表明自己正经历痛苦，尽管在清醒状态下并没有口头报告表明任何痛苦的表现和感受。

在希尔加德（1965）的另一项研究中，受术者被告知他们将会在盒子中看到两盏灯，而事实上只有一盏。结果表明，几乎半数的受术者认为另外那盏灯也是真的，一些受术者确实被这种暗示的体验所欺骗。该研究发现，受术者是否出现幻觉及幻觉体验的强度，与一个人对催眠的感受性密切相关。资料显示专注和想象的过程在催眠幻觉中扮演着重要的角色（E. R. Hilgard，1970；Sheehan，1979）。

下面是一段幻觉暗示的指导语：

在我将要让你睁开眼睛的时候，保持深深的放松和沉沉的催眠。当你睁开眼睛的时候，你将会看到一个人坐在椅子上，在你的左边。你记得这个人，你之前见过她，并且在开始的时候同她有过短暂的交谈。当你睁开眼睛的时候她将会坐在椅子上面，在你的左边，就像开始时她见到你一样。她将会坐到椅子上面，在你的左边。你记得她有着长长的棕色的头发并且穿着橘黄色的衬衣和黑色的宽松裤。这个人坐着并且开始与你交谈，坐在椅子上面，在你的左边。一会儿我将会让你慢慢地轻轻地睁开眼睛，去看你左边的椅子。她将会在那里，你将会看到她坐在那里，现在请你睁开眼睛然后告诉我你看到了什么。

一个受术者报告说："我可以很清楚地看见那个人坐在那里，穿着蓝色的衬衣和系着皮带的牛仔裤。"事实上，幻想体验中的那个人是穿着橘黄色的衬衣和黑色的宽松裤，所以这个受术者报告的个体感觉中有极大的虚构成分。

而另一个受术者报告她听见了那个人走进房间，听到了开门的声音。

还有一个受术者在催眠后的讨论分析时说："在催眠师那样说的时候，我觉得非常虚假，我明知道那是假的，可还是能看见她，因为她在我的脑海里。"虽然现实信息对这个受术者体验有比较大的影响，但是通过对催眠师暗示的想象解决了这个冲突。

可见，对同一段指导语人们产生的幻觉体验并不完全相同。

当然，幻觉不只是简单地发生在催眠中。它可以而且的确在意识的各种状态中发生，可能由冥想、药物中毒或者是精神分裂引起。但催眠状态中的幻觉，与它们是不完全相同的。例如，在白日梦发生时，我们通常知道自己是在做白日梦。但在催眠中，我们虽然不会完全与自己日常经验相脱节，但有时甚至可能意识不到自己的意识发生了改变。

四、感知觉的改变

在催眠中受术者会体验到各种感知觉的变化。常见的有以下几种。

（一）肌肉运动知觉的改变

受术者可能感到身体变得沉重和温暖，或者感到肌肉僵硬，同时伴有轻飘飘的或与身体断开了的感觉。有时会产生对身体各部分的知觉扭曲，如可能感到头部异常大，手离开身体浮在空中等。偶尔还会体验到身体旋转等各种前庭系统方面的变化。

（二）视觉的改变

闭着眼睛的受术者通常会沉浸在生动的视觉意象中。睁着眼睛的受术者如果盯着某个单一刺激而没有移动或眨动，有时可能会或产生隧道视觉或管状视野，即视线外周都是黑暗或模糊不清的。受术者对颜色的知觉也会改变，或者变成黑白亮色，或者变成各种不同的颜色。如果看着催眠师，还会看见催眠师的脸变成了另一个熟悉或不熟悉的人。深度催眠中的受术者还可能体验到类似照相正片或底片的幻觉。

（三）听觉的改变

受术者经常会选择性地注意催眠师的声音，而听不到其他的声音。同时，催眠师的声音可能听起来离得更近或更远。而且，受术者对催眠师的非语言信号，如音调、节奏、呼吸、方位等会非常敏感。如果催眠师以难听刺耳或起伏过大的方式讲话，或讲话速度过快或过慢，同受术者本人的内在信息处理速度不协调，受术者在进入或保持催眠状态上就可能会有困难。

上述感知觉方面的变化既可以出现在催眠状态中，也可能出现在某些精神疾病患者身上，还可能在有一般心理障碍的正常人身上发生。如一位妇女不管什么时候只要有其他女人在她丈夫身边，都会体验到强烈的嫉妒并产生对该女人的隧道视觉。在催眠状态中，她被教会以自尊的方式去利用隧道视觉，将视野集中在自己丈夫身上，从而产生了安全的和愉快的情感体验。

五、催眠梦

在各种催眠现象中，另一个受到研究人员和临床工作者广泛关注的是催眠梦。

催眠梦是指在催眠体验中的人报告自己受暗示后所做的梦。如果一个被催眠的个体被催眠师指示梦特别的主题，几乎 40% 的人会在随后报告说他们很强烈地体验到了暗示中的内容。在临床工作中，催眠梦可以对有价值的诊断和治疗起到一定的作用。

研究显示，全神贯注和富于想象，以及易受催眠影响的个体所采用的各种不同的认知方法，有助于促进催眠梦的发生并加深催眠梦的体验。

希尔加德指出，不应该将催眠梦过多地与夜间梦相比较，因为催眠是不同于睡觉的，催眠梦和睡眠梦在生理基础方面就是不同的。催眠梦的时间和内容都是催眠师所指定的，而且受术者知道自己将会报告他的催眠的梦境。许多研究表明，在梦的内容以及生理反应方面，催眠梦和睡眠梦的体验是有很大差别的。但也有研究者认为，自然的梦和催眠的梦十分相似。例如，有一些证据说明快速眼动通常伴随着夜晚的梦境，也伴随着一些催眠梦。塞思道特（Sacerdote）认为，尽管没有相同的心理基础存在于催眠梦和睡眠梦中，但也许在一些生理方面有相同之处。

巴雷特（Barrett）把那些从相同的研究对象中收集来的催眠梦和睡眠梦以及醒着的梦（白日梦）加以比较，发现了催眠感受性对于决定不同梦的内容类型的重要性：那些有能力进入深度催眠的受术者，在催眠梦和睡眠梦（不包括醒着的梦）的长度、情感主题、角色、环境和交谈等方面具有一致性；而对于中等易感的个体，催眠梦多数在内容上既不同于睡觉时的梦，也不同于醒着的梦。她的研究表明，催眠感受性也许与梦的类型和其他方面有相互作用。

下面这段关于催眠梦境的暗示改编自韦岑霍费尔和希尔加德（Weitzenhoffer & Hilgard，1962）研发的斯坦福催眠感受性量表C式（SHSS-C）：

我们对探索什么是催眠以及催眠对人们的意义非常感兴趣。通过催眠时产生的梦境去探索是最好的方法之一。现在，我们要求你休息一会儿，然后你将要做一个梦，一个真实的梦，就是那个你晚上睡觉时做的梦。当我对你说话开始变得缓慢的时候，你将要开始做梦。你将要做一个关于催眠的梦，你将会梦见催眠的意义是什么。现在你将要睡着，沉沉地沉沉地睡着，与你晚上睡觉时十分相似。你将要开始做梦。

某位受术者报告梦境说，她“和一个怀疑催眠的朋友在一起，并且将要去欧洲旅行，人们试图去催眠她的朋友”。在催眠后讨论分析时，该受术者说她真的打算与朋友去欧洲旅行，之前她经常做这样的白日梦。

而另一个受术者的描述却是，“所有我曾经看到过的和所有我体验过的催眠都进入我的脑子里，以一种非常混乱的状态发生”。

可见，受术者在一定程度上会个性化梦境体验，这些体验往往包括了他们晚上和醒着时的梦境。

还有一位受术者是梦到看一个舞台催眠的示范表演，他说“图像很清晰，我可以清楚地看见我坐在那儿，和谁在一起，甚至在休息的时候我吃了些什么”。这说明，生动的想象在催眠梦体验中扮演了一个重要的角色。

六、催眠后遗忘

催眠后遗忘又称催眠记忆丧失，也是催眠的一个有趣的现象。从历史看来，催眠记忆丧失不但提供了对催眠进行客观观察和理论研究的动力，也为其他领域的心理探究提供了直接的可用工具。对于在催眠中的记忆丧失的性质的观测有可能会为现代心理学开拓出一系列重要的研究主题。比如，催眠后记忆丧失与对记忆的精神病理学研究具有一定的相关性。

催眠后遗忘现象一般是指受术者在被催眠后接受催眠师的暗示，暂时性不能记住一些事情。催眠后记忆丧失似乎与其他功能性记忆丧失有关，比如，突然忘记一个朋友的名字，或者忘了是否看过一部特别的电影，这些经历都类似于催眠后记忆丧失。催眠后记忆丧失同一些临床症状，如歇斯底里症、失忆症等也有某种相似之处。

催眠后遗忘仅是发生在催眠状态下的一种记忆丧失。希尔加德列举了很多种被称为催眠后记忆丧失的现象，如催眠后回忆记忆丧失（对催眠这一事件的记忆丧失或对于在催眠过程中所学的资料的记忆丧失）、催眠后来源性记忆丧失（保留了学习资料的记忆但是忘记了学习情境）、催眠后部分记忆丧失（只忘记了关于催眠事件的一部分）等。

在一项对自发催眠后记忆丧失和引导性记忆丧失的分析中，希尔加德和库珀（Cooper）报道说，7%的个体表现出了自发的记忆丧失，而35%的个体表现出引导性记忆丧失。

希尔加德指出，当催眠师特意引导记忆丧失时，潜在的影响引导结果的变量是比较容易确定和运用的。因为这一引导能够很容易被删除，所以这种记忆丧失是可逆的，很容易被恢复。几乎所有的标准化催眠感受性量表都有记忆丧失测试项目。

比如在哈佛团体催眠感受性量表 A 式（HGSHS-A）或者斯坦福催眠感受性量表 C 式（SHSS-C）中，测量催眠后记忆丧失在催眠结束前进行，催眠师经常引导受术者去忘记发生在催眠中的每一件事情，直到他们被告之能够想起来为止。催眠结束之后，受术者被要求去详述他们的测试体验，催眠测试项目及结果由催眠人员记录。接下来，遗忘引导语通常会通过一种预先安排好的取消提示而消除，而受术者会被要求报告任何与测试环节相关的附加记忆。

催眠后记忆丧失通常是通过受术者在催眠后、引导者取消命令前记住的题目数量来评估。比如，在 SHSS-C 中，如果在被告之“现在你能够记起所有的事情”之前，受术者只能够回忆起三个或者更少的项目，就算有催眠后记忆丧失。

这一标准能够有助于区分正常性遗忘的作用和引导后导致的遗忘的影响。以记忆丧失指令取消后记忆的恢复情况作为指标，可以区分出以下四种记忆丧失：记忆完全丧失（完全忘记和完全不能恢复）；假的记忆丧失（完全忘记但能够恢复）；记忆部分丧失（部分忘记和部分不能恢复）；记忆没有丧失（没有忘记）。很明显，一个好的测量催眠后记忆丧失的工具不应只是关注忘记的项目数，也应关注能够恢复的项目数。这样做才能将普通的自发遗忘与引导后催眠遗忘区别开来。然而，令人遗憾的是目前常规的衡量催眠后记忆丧失的标准都是受术者在取消指令出现之前记住的项目数。

有研究者（Kihlstrom & Evans）报告了 691 名受术者在 HGSHS-A 测试中，以

及 391 名受术者在 SHSS-C 测试中记忆的项目数。在这些受术者中，能够记起三个或者更少的项目的被认为是通过了遗忘测验。数据显示，在 HGSHS-A 的测试中有 31% 的个体，在 SHSS-C 的测试中有 32% 的个体符合这一标准，而这一通过率与两个量表的常模数据是一致的，表明只有不到三分之一的个体会积极反应 HGSHS-A 和 SHSS-C 中的遗忘引导语。然而，对特殊人群的研究表明有更高的比例。比如，精神分裂症患者对两个测试中的遗忘引导语有 78% 和 100% 的正向反应率，而他们的记忆恢复比率却比较低。这表明与遗忘的特定引导语无关的因素可能会很明显地决定这些个体的反应。

尽管学者们一致认为，记忆丧失是某些受术者确实存在的一种真实体验，但对于它的解释却见仁见智，莫衷一是。

研究表明，催眠后记忆丧失尽管不是记忆功能的永久性丧失，但还是可以持续一定时间。麦康基等人（McConkey，Sheehan & Cross，1980；McConkey & Sheehan，1981）让受术者观看自己的催眠录像，发现对于记忆丧失个体来讲，好像都不能够在测试项目出现之前回忆出来。两个研究得出的一致结论是，一些催眠记忆丧失个体面对他们之前测验的录像时能够报告他们关于催眠行为的记忆，却记不得他们当时的体验。在一项研究中（McConkey，Sheehan & Cross，1980）有 37.5% 的记忆丧失个体，在另一项研究中（McConkey & Sheehan，1981）有 31.3% 的记忆丧失个体，都很明显地提到了行为记忆与体验记忆之间的区别。正如一位个体所说："当我看录像时，我能够记起这些事情，但我却记不起我的感受。我仅仅是坐在这里看录像。"

七、催眠秀

在催眠现象中，最吸引公众眼球的是催眠秀，即五花八门的催眠表演。事实上，在催眠过程中的众多经验事件确实是很有趣的。

笔者常常在每次催眠培训开始之前，让学员分组轮流扮演催眠师和受术者，相互做催眠人桥试验（即头脚各搭在一把椅子上，腹部上站立一人），只要受试者按要求摒住气、绷紧腹部肌肉、忍住不笑，无一例外都能取得成功，以此破除对催眠秀的神秘感和对一些江湖催眠大师的盲目崇拜。这种人桥试验就是毫无意义的催眠秀，是许多所谓催眠大师到处表演的花样之一。

催眠秀指的是把催眠技术舞台化、庸俗化了的各种催眠术花哨表演。催眠秀中有真的催眠的成分，也有与催眠无关的花哨表演和故弄玄虚的夸张因素。虽然这种表演有助于扩大催眠的影响，让更多人了解催眠术的神奇，了解在催眠状态下会出现什么样的生理反应和心理反应，但催眠秀与催眠治疗毫无关系。催眠秀多半是对催眠一知半解或略识一点皮毛的江湖人士的哗众取宠行为。催眠表演的现场，人越多效果越好，因为这里面很容易找到受暗示性强者，且在集体压力下，很容易产生从众效应和面子效应。真正造诣深的催眠专家是不屑于进行催眠秀表演的。

八、前世回溯

这是美国耶鲁大学医学博士，曾任耶鲁大学精神科主治医师、迈阿密大学精神药物研究部主任、西奈山医学中心精神科主任的魏斯（Brian L. Weiss）创立的一种近乎荒诞的催眠治疗方法。他声称在临床工作中发现，利用潜意识中的记忆，在催眠中可重新经历前世的经验，不但可以去除前世伤害对今生所造成的不良影响，更可以借由对前世的了解，重新规划今生未来的生涯。此种疗法虽然违反科学常识，明显具有生命轮回的宗教色彩，但也有人认为它打破了传统心理治疗的藩篱，是一种崭新、有效的治疗方法。（Edith Flore，1988）

有人用下面这幅漫画，形象地表现了前世回溯治疗的荒诞。

"在催眠状态下，你能回想起八辈子以前的自己，啊哈！你原来是只猫！"

魏斯先后出版了*Many Lives*，*Many Masters*（1988）和*Through Time Into Healing*（1992）两本书（我国台湾中译本分别为《前世今生——生命轮回的前世疗法》和《生命轮回——超越时空的前世疗法》），对其理论和方法做了系统全面介绍。

后现代主义哲学认为，理论都是人们用语言建构出来的，不存在绝对真实和绝对真理。我国改革开放的总设计师邓小平生前告诫我们："理论问题不争论。"笔者认为，既然"姓社姓资"、"白猫黑猫"的政治问题尚且可以不予争论，"唯物唯心"的理论问题当然也可搁置一边，仅从魏斯所创立的方法来看，它对我们仍有一定启发和参考价值。至于灵魂或生命轮回的有无和前世回溯的内容是否存在，我们既无法证实其真，当然也无法证实其伪。实践是检验真理的唯一标准，关键是这种治疗方法在临床上是否有效，真伪问题并不重要。人性是十分复杂的，有人敬畏法律，有人信仰神灵，法律和神灵都能管住一些人的行为。那些既没有法制观念又对神灵缺失敬畏的人便会无法无天，为所欲为。本节对前世回溯疗法做简要介绍，希望能对读者开阔眼界、解放思想有所帮助。

第四节　催眠治疗的程序及影响因素

催眠治疗是催眠师和受术者的互动过程，具有一定的发展阶段，并受催眠双方及环境等各种主客观因素的影响。

一、催眠治疗的程序

和所有心理疗法一样，要实施催眠治疗，首先必须建立良好的医患关系，取得受术者的信任，这是催眠治疗成功的前提。

（一）催眠治疗的主要阶段

催眠治疗的实施大体要经历准备、诱导、利用、结束四个阶段。

1. 准备阶段：此阶段的主要任务是收集有关来访者的年龄、民族、职业、教育背景、兴趣爱好、能力特长、婚姻家庭、宗教信仰、以往的治疗等信息，为了节省时间，此类信息一般可通过预约表格获得；了解来访者希望达到的目标或渴望发生的变化，以及妨碍这些变化发生的原因；了解来访者对催眠的大概认识和此前有关催眠的体验；通过有关催眠性质的交流，使来访者对催眠过程有正确的期待；与来访者建立和谐信任的关系，并就治疗目标达成一致。若来访者对催眠缺乏安全感或不愿被催眠，可用其他人做示范，或对想象中坐在来访者身边的人做催眠，以打消其顾虑。

2. 诱导阶段：此阶段的主要任务是通过系列互动，促使受术者产生专注体验和意识状态的改变。可以采用标准化的诱导语，也可以根据受术者的特定需要和独特交往模式，以及当时的体验灵活进行诱导，从而达到集中受术者注意力、弱化意识心理、进入无意识心理的目的。根据艾瑞克森的经验，在一次催眠会谈中，使受术者从清醒状态转入催眠状态的诱导，可能持续5—60分钟；在多次会谈的催眠治疗中，可能有2—8次会谈是做催眠训练，使受术者学会很容易地进入催眠状态（Erickson，1948）。

3. 利用阶段：此阶段的主要任务是利用催眠状态进行治疗。在催眠状态，人的评鉴能力降低，可以完全沉浸在体验性的现实中。当人们感到被保护和安全时，专注于催眠世界会有很好的治疗效果，因为这会激发新的思维和生活方式。治疗师可以通过隐喻性故事、年龄回溯、催眠梦等解离技术，帮助受术者摆脱束缚，整合或重组已有资源，产生新的体验，达到治疗日的。

4．结束阶段：此阶段的主要任务是把受术者带出催眠状态，并巩固催眠治疗的效果。在催眠的最后10—15分钟，可以给予受术者一些自我肯定暗示、催眠后暗示以及一般性或特殊性记忆缺失暗示，然后唤醒受术者。在催眠结束后，还要与受术者进行催眠体验的讨论；还可以布置家庭作业、进行自我催眠指导或其他非催眠治疗的策略指导，以巩固治疗效果。

（二）催眠治疗的具体步骤

具体说来，整个催眠流程可分解为以下七个步骤：

第一步，通过问诊，确定是否属于催眠治疗的适应范围。

第二步，通过术前谈话，消除受术者对催眠的疑虑、恐惧及过高期望。

第三步，通过催眠感受性测试，了解受术者对催眠暗示的敏感程度。

第四步，通过各种诱导技术，使受术者进入催眠状态。

第五步，通过催眠加深技术，使受术者进入治疗所需要的催眠状态。

第六步，结合分析疗法、行为疗法、认知疗法等治疗技术对患者进行心理治疗。

第七步，采用催眠唤醒技术，使受术者恢复到正常意识状态。

二、催眠效果的影响因素

影响人工催眠效果的因素很多，主要包括催眠现场的环境因素、被催眠者的身心因素、催眠师的个人因素以及催眠双方的关系因素等。

（一）催眠环境因素

1．光线和色彩的影响：光线要柔和，强光或阳光会扰乱被催眠者。墙壁和灯光色彩以冷色调（绿色、蓝色等）与中性色系（如灰色）为佳，暖色调及鲜艳色系的颜色，如红色、橙色、黄色，因过于刺激而不适用。

2．温度和气味的影响：室温以21—25摄氏度为最佳，要避免太冷、太热。稳定而略为温暖的环境适合催眠的进行。突然的强风、强烈的气味（如刺激性的辛辣刺鼻食物、香烟及霉味）不利于催眠进行。

3．声音和音乐的影响：柔和的轻音乐作为背景，能使人产生镇静与松弛的效果；当然，也可以不需要音乐的配合。催眠师的声音是非常重要的影响催眠效果的因素。

4．氛围的影响：可视情况使用无香精味道的蜡烛或具有镇定作用的精油作为辅助催化道具。闪烁的烛光本身就是圣洁的象征，具有神秘的能量，是很好的催眠诱导工具。

一般说来，催眠室以小房间为宜，室内光线不要太亮，落地灯比头顶灯好。受术者可以坐在沙发上接受催眠，但沙发最好是高靠背的，以便支撑头部。受术者也可以躺在舒适的小床上接受催眠。在催眠室的天花板上，装一个金属圆钉，离受术者的眼睛大约6尺，作为催眠时用的固定目标。催眠时，戴眼镜的受术者可以继续带着，但隐形眼镜最好摘下。催眠师坐在受术者左边的小桌旁，以便在桌上做记录。催眠师的位置应在受术者的视线之外。催眠室内至少有一把备用椅子。催眠诱导需要计时，备用一个计时器。催眠室必须保持安静，避免喧闹声、楼道走步声、水管用水声等噪声。

安全舒适、外界刺激最小化的物理环境是保证催眠效果的必要条件，但并不是最重要的条件。有经验的催眠师，例如艾瑞克森，即使在嘈杂的环境下，也照样能使受术者进入催眠状态。

（二）受术者身心因素

1. 身体舒适度的影响：坐姿舒服，确定其背部有椅背支撑。必要时给予背垫及脚垫。双脚不可交叉。双手可置于椅子的扶手或大腿上，或放在身体两侧。服装、领带、衣领、腰带、鞋子若是太紧，请松解。

2. 身体、精神状态的影响：身体不适、湿冷、发烧、疼痛、疲累、醉酒、服用药物、情绪亢奋等，均不适合催眠。

3. 对于催眠抗拒的影响：受先前催眠经验（错误技法、舞台催眠、业余催眠等）的不良影响、害怕失去控制、个人内心冲突、对于能否成功治疗缺乏动机或动机不足，都会导致催眠效果下降。

4. 催眠感受性的影响：催眠感受性越强，催眠效果越好。

催眠感受性同以下因素有关：

（1）年龄因素

儿童的催眠易感性较强，7—21岁催眠感受性随年龄增长，以后随年龄增加而越来越不容易被催眠，40岁以上成人的感受性最差。

（2）性别因素

人们通常认为女性比男性的催眠易感性高，但有些事实并不支持这种观点。

（3）遗传因素

很少有迹象表明催眠易感性与遗传基因有关，虽有资料显示催眠易感性包括遗传因素，但其他研究却不能重复相应结果，一般认为，催眠易感性是一种相当复杂的现象，它与遗传的关系不可能太大。

（4）生理因素

有研究显示利手和脑电图α波特征与催眠易感性有关，但目前无明确定论。

（5）智力因素

比较容易进入催眠状况的人大多智商比较高，比较具有想象力，比较能够放松自己，性格比较稳定，而且比较能够接受新鲜事物，对环境的适应能力比较强。

（6）人格因素

人格因素和催眠易感性之间存在相关性，但这种相关性并不太大。

（7）动机因素

从直觉上来说，来访者的被催眠期望和强烈动机将有利于催眠，但事实并非如此，动机强烈，受暗示性并不一定高。

（8）职业因素

临床发现，数学家、科学家、工程师、机长、律师、会计师等喜欢独立思考的人，通常不易被催眠；长期处于单调的工作环境者容易被催眠，因为相同的工作使注意力集中在一特定区域；习惯于接受命令的军人和宗教信仰很深的人也容易被催眠。

（三）催眠师的个人因素

催眠师的专业水平、临床经验及人格特点、服务精神等都会影响催眠治疗的效果，这是不言自明的。在本书第八章中对此将会有更详细的阐述。

（四）催眠双方的关系因素

催眠师与被催眠者建立合作关系，这是催眠成功的最重要的前提。

许多被催眠者往往错误理解催眠状态，认为自己会在催眠中失控，任由催眠师摆布，为此而恐惧、焦虑，对催眠过程产生过度的防御和阻抗。所以作为催眠师必须要以温和、理解、关心和尊重的方式与被催眠者相处，只有这样受术者才会减弱防御，产生必要的信任气氛。

催眠师与被催眠者保持最佳身体距离，有助于建立良好合作关系。所谓最佳身体距离，是指与他人交谈时距离多远感到最舒服。如果催眠师和受术者之间坐得近于这个距离，会让人感到紧张；坐得太远，又会弱化可以增强催眠反应的“亲密接触体验”。

最佳身体距离因人而异，因文化而异。催眠师面对一位来访者，可以在谈某些无刺激性的话题时，小心而有意地接近对方来识别这个距离。接近到了某种程度来访者会轻微紧张（表现在呼吸或身体姿势等方面），那说明已经触犯了最佳身体距离的界限，催眠师可以稍微退回一点，来建立适合的距离。

必须牢记，催眠是一桩相互合作的事情，而不单是催眠师对病人做的事。催眠师个人的魅力和适当的举止是催眠气氛中不可缺少的因素之一。

【建议参考资料】

1. RIEMANN D, SPIEGELHALDER K, NISSEN C, et al. REM sleep instability: A new pathway for insomnia? [J]. Pharmacopsychiatry, 2012, 45 (5): 167 - 176.

2. 魏斯. 前世今生——生命轮回的前世疗法 [M]. 谭智华，译. 台北：张老师文化事业股份有限公司，1993.

3. 魏斯. 生命轮回——超越时空的前世疗法 [M]. 黄汉耀，译. 台北：张老师文化事业股份有限公司，1994.

4. BARBER T X. Hypnosis：A scientific approach［M］. New York：Van Nostrand Reinhold，1969.

5. HILGARD E R. Neodissociation theory of multiple cognitive control systems［M］//SCHWARTZ，SHAPIRO D. Consciousness and self-regulation：Advances in research（Vol. 1）. New York：Plenum Press，1986.

6. HILGARD E R. Divided consciousness：Multiple controls in human thought and action［M］. New York：Wiley，1977.

7. SHEEHAN P W. Hypnosis and the process of imagination［M］//FROMM E，SHOR R E. Hypnosis：Developments and new perspectives（2nd ed）. New York：Aldine，1979.

8. BARABASZ A，CHRISTENSEN C. Hypnosis concepts［M］//BARABASZ A，OLNESS K，BOLAND R，KAHN S. Medical hypnosis primer：Clinical and research evidence. New York：Routledge/Taylor & Francis Group，2010.

9. HULL C W. Hypnosis and suggestibility：An experimental approach［M］. Norwalk，CT：Crown House Pub Limited，2002.

10. 格桑泽仁. 你，正在被催眠［M］. 北京：世界图书出版公司，2009.

【问题与思考】

1. 催眠的定义是什么？
2. 催眠与睡眠有什么区别？
3. 关于催眠现象的理论阐释有哪几种？
4. 催眠治疗的具体步骤有哪些？
5. 你认为自己容易进入催眠状态吗？有哪些特质可以说明？

第三章　催眠感受性测试

【本章提要】

催眠感受性是指受术者对催眠暗示的敏感程度，或者进入催眠状态的难易程度。本章详细地介绍了各种测试催眠感受性的方法。首先具体介绍了各种测试催眠感受性的量表，包括斯坦福催眠量表、哈佛团体催眠量表、创造性想象量表、儿童催眠量表、卡特尔16种人格因素问卷。其次介绍了这些量表的性质、内容、计分方法、分数解释，以及应用情况等。除了采用量表测试催眠的感受性，还可以采用其他方法对催眠的感受性进行测试，本章从催眠感受性的自我测试和催眠感受性的临床测试两方面对此进行了介绍。通过本章的学习，不仅能够了解如何通过暗示感受性的测试进行催眠感受性的自我测试，还能够了解如何使用催眠感受性的临床测试。

【学习重点】

1. 斯坦福催眠感受性量表
2. 哈佛团体催眠感受性量表
3. 创造性想象量表
4. 儿童催眠量表
5. 催眠感受性的自我测试
6. 催眠感受性的临床测试

【重要术语】

催眠易感性　被催眠能力　催眠感受性　催眠感受性量表

第一节　催眠感受性的量表测试

从20世纪50年代以后，心理学界和医学界普遍认为，个体的催眠感受性是一种具有稳定性并可加以测量的心理特质。催眠的感受性是正态分布的（E. R. Hilgard，1965），至少在实验室（与临床相对）环境下的测量得到的结果是这样的。

对催眠感受性进行测量的方法很多，主要分为量表测试和临床测试。

量表测试主要针对催眠易感性（hypnotizability）、被催眠能力（hypnotic capacity）和催眠感受性（hypnotic susceptibility）等方面进行测试。

因为人们对不同暗示的感受性并不相同，所以在量表中必须采用多种任务以测试其不同的感受性。

测量催眠的量表有很多，总体来讲，都是侧重于行为和经验，可能是临床特征或者依赖于受术者的客观报告，通常是根据行为表现的细节给予客观评分。之所以采用行为量表，主要是为了测量的可靠性，避免主观性。但在这样做的过程中难免失去了临床测试的灵活性。

国外早期的催眠感受性量表主要有弗里德兰德－萨宾量表（Friedlander-Sarbin Scale，1938）、艾森克－弗诺量表（Eysenck-Furneaux Scale，1945），现在常用的标准化催眠感受性量表是斯坦福催眠感受性量表（Stanford Hypnotic Susceptibility Scale，SHSS）和哈佛团体催眠感受性量表（Harvard Group Scale of Hypnotic Susceptibility，HGSHS）（Weitzenhoffer & Hilgard，1959）。

一、斯坦福催眠量表

（一）斯坦福催眠感受性量表

韦岑霍费尔和希尔加德（Weitzenhoffer & Hilgard，1962）编制的斯坦福催眠感受性量表在催眠评估上是一个里程碑，它为后来各种特殊应用的催眠量表的发展开通了道路，例如，在此基础上开发了更加适合儿童的催眠感受性量表以及更适合在临床上而不是在研究中应用的量表。

量表使用标准闭目感应技术，测试任务涉及从简单的观念运动项目（如手臂降低）到积极的幻觉、失忆和催眠后暗示等。实际上该量表是对弗里德兰德－萨宾量表的重新修订和标准化。

斯坦福催眠感受性量表有 A、B、C 三个版本，SHSS-A 包括以下 12 个测试项目：

1. 身体后倒。
2. 凝视目标后闭眼。
3. 手臂下降（左）。
4. 手臂不动（右）。
5. 手指连锁。
6. 手臂僵直（左）。
7. 双手移动（靠拢）。
8. 语言抑制（姓名）。
9. 幻觉（苍蝇）。
10. 眼僵（眼皮粘住）。

11. 催眠后暗示（换椅）。

12. 催眠后遗忘。

根据观察受术者的行为表现评分，每个项目得分为合格或不合格，按 1 或 0 计分。最高得分为 12 分。

该量表的特点是能全面评估受术者由催眠所引起的感知觉和记忆改变的能力。测试时间大约需要 1 小时。

SHSS-B 和 SHSS-A 是等值的形式（复本），12 个项目中有 9 个是相同的，其他的也是测试同样的功能。二者均最适合催眠筛选，适用的催眠任务广泛。

SHSS-C 旨在扩展 SHSS-A 和 SHSS-B 的动机以更好地反映其测试项目中的幻想和认知。在 SHSS-C 中，某些项目被适合特定目的的调查任务替换。SHSS-C 和 SHSS-A 有很高相关（r = 0.72）。（E. R. Hilgard，1978，1979）测试项目如下：

1. 手降低（右）。
2. 分别移动手。
3. 蚊子幻觉。
4. 味幻觉。
5. 手臂僵硬（右）。
6. 做梦。
7. 年龄回溯。
8. 手臂固定（左）。
9. 对氨丧失嗅觉。
10. 幻听。
11. 负面视觉幻觉。
12. 催眠后遗忘。

每个项目也按合格或不合格计 1 或 0 分，最高得分 12 分。

SHSS-A 和 SHSS-B 在临床上不太受欢迎，因为它们关注的是学术研究而不是测验的临床目标。SHSS-C 是在实验环境中对个体催眠反应最好的评估方法，它的缺点是对于临床使用来说时间太长了，其中的一些挑战性的项目在临床上用起来也很尴尬。SHSS-C 的修订版本早已完成，目的是克服临床实践中产生的问题，以适应个体调查和临床需要。

（二）斯坦福催眠感受性剖析图

斯坦福催眠感受性剖析图（Stanford Profile of Hypnotic Susceptibility）是对斯坦福催眠感受性量表的发展，目的是通过细节评估对催眠感受性作出更精确的诊断，它比以前的斯坦福量表更适用于临床。这个量表比 SHSS-A 和 SHSS-C 还要难，在特点上是以认知为主，事实上比 SHSS-C 更重认知，尽管这个量表有两个版本，但它们不是严格意义上的等值型，它们之间是彼此互补的。两种版本都和

SHSS-A、SHSS-C 有着高度的相关，尽管与后者内容不同，引导语、催眠深度和时间也不同。

（三）斯坦福成人临床催眠量表

斯坦福成人临床催眠量表（Stanford Hypnotic Clinical Scale for Adults，SHCS-A）主要是用于发现一些适合心理咨询的与临床项目高度相关的个体。该量表的项目是从 SHSS-A、SHSS-B、SHSS-C 中修订而来的，目的是通过一些最可能在临床中应用的程序，了解受术者特殊的认知能力。数据显示，较短的 SHCS-A 得分与较长的 SHSS-C 的相关为 0.72，说明两个量表具有较高的相容效度。

SHCS-A 具体项目包括：

1. 一起移动双手（也可以一起放下手）。
2. 做梦。
3. 年龄回溯。
4. 后催眠暗示（清理喉咙或者咳嗽）。
5. 失忆症。

项目得分是基于行为和经验的评估，通过得 1 分，最高得分是 5 分。

二、哈佛团体催眠量表

（一）哈佛团体催眠感受性量表 A 式

哈佛团体催眠感受性量表 A 式（Harvard Group Scale of Hypnotic Susceptibility，Form A，HGSHS-A）的特点是受术者自己评分，用于集体催眠，是由斯坦福催眠感受性量表（A 式）变化而来的，可由受术者自己评分，因此既可以单独施测，也可同时测试几十人，测试时间为 70 分钟左右。该量表与斯坦福催眠感受性量表有很高的相关，是目前存在的团体评估的最好的标准化测验。它的主要优点是可同时施测大量受术者，比较省时和经济；它的主要缺点是在自我评分的时候很容易受团体中其他人的影响。

HGSHS-A 具体项目包括：

1. 垂头：头往前垂下。
2. 闭眼：眼睛感到沉重并闭上眼睛。
3. 左手下沉：左臂感到很沉重并往下沉。
4. 右手固定：右臂感到很沉重并无法移动。
5. 十指紧锁：无法分开锁住的双手十指。
6. 左臂僵硬：左臂变得僵硬并无法弯曲。
7. 双手合掌：伸展手臂双手结合在了一起。
8. 交流抑制：摇头表示“不”感到困难。
9. 苍蝇幻觉：赶走令人烦心的苍蝇。

10．睁眼困难：睁开眼睛感到很困难。

11．催眠后暗示：当出现击掌的声音时触摸椅子左边的扶手。

12．催眠后遗忘：回忆催眠中的事情暂时感到很困难。

计分标准：

1．垂头：头向前垂下大于2英寸计1分，少于2英寸计0分。

2．闭眼：在暗示左手下沉之前眼皮已经闭上计1分，没有闭上计0分。

3．左手下沉：左手臂降低大于6英寸计1分，少于6英寸计0分。

4．右手固定：移动右臂少于1英寸计1分，大于1英寸计0分。

5．十指紧锁：手指没有完全分开计1分，否则计0分。

6．左臂僵硬：左手手臂弯曲少于2英寸计1分，大于2英寸计0分。

7．双手合掌：结合双手之间的距离少于6英寸计1分，大于6英寸计0分。

8．交流抑制：不能摇头来表示"不"计1分，否则计0分。

9．苍蝇幻觉：做出了一些外在的面部难受的反应或者赶走苍蝇的动作计1分，否则计0分。

10．睁眼困难：眼睛仍然是闭着的计1分，眼睛睁开了计0分。

11．催眠后暗示：至少局部地做出了可观察到的触摸椅子左边扶手的动作计1分，否则计0分。

12．催眠后遗忘：共包括9个项目（第3至第11项），回忆少于4个计1分，多于4个计0分。

HGSHS-A共包括催眠引导和反应手册两部分。催眠引导部分包括催眠引导语和12个暗示，可用录音带播放，时长约为1小时。反应手册分为主观印象、客观外在反应、主观内在反应、其他主观体验和对全过程的主观评价5部分，回答反应手册时间为10分钟左右。

1．主观印象部分是由受术者根据自己在催眠过程中的体验来判断是否通过了12个暗示，"通过"计1分，"未通过"计0分。

2．客观外在反应部分列出了除催眠后遗忘外的11个暗示，受术者只需要根据自己的外在行为回答，选项A计1分，选项B计0分。第12项催眠后遗忘则根据受术者在反应手册开始部分回忆起来的项目数量来计分。共包括9个项目（第3至第11项），回忆少于4个计1分，多于4个计0分。对于这9个项目，并不是必须提到它的准确名称，根据受术者的描述确定它是属于哪一个项目。客观反应部分得分大于9分者为高暗示性个体，小于3分者为低暗示性个体。

3．主观内在反应部分再一次列出了12个暗示项目，每个暗示有6个选项，分别代表受术者对暗示做出回应的6个层面的意识状态。

4．其他主观体验部分包括8个对催眠体验的描述，由受术者根据自己的主观体验在0（一点也不）到3（非常）四级中做选择。

5. 对全过程的主观评价部分为受术者给自己进入催眠的深度在1（完全没有被催眠）到10（深度催眠）之间评分。

（二）哈佛团体催眠感受性量表B式

哈佛团体催眠感受性量表B式（HGSHS-B）和HGSHS-A是等值的形式（复本）。但是，HGSHS-B的应用不是很广泛。

通过主成分分析方法得到的结果在所有研究的样本中是兼容的，且与彼得斯等人（Peters，Hanens，Lunday & Landy，1974）分析HGSHS-A的结果是一致的，都得到三个因素，分别是挑战、念动、认知。项目中与挑战因素有关的是手臂固定、手指锁定、手臂僵硬、交流抑制；与念动因素有关的是头下垂、闭眼、手下沉、双手合掌；与认知因素有关的是幻觉、催眠后暗示、催眠后遗忘。

三、创造性想象量表

创造性想象量表（Creative Imagination Scale，CIS）是一个较为现代的催眠感受性量表，由威尔森和巴伯（Wilson & Barber）于1978年编制。该量表既可以用于实验研究，也可以用于临床工作；既可用于个体施测也可用于团体施测。

CIS采用了一个完全建立在受术者体验基础上的评分系统，而没有从任何方面去测量行为。主要从认知方面强调对事物的体验，以一种极其精确的方式将易受暗示的行为量化。

该量表包括动作的和认知的项目，但是特点上偏向认知，主要关注于个人体验。具体包括以下一些项目：

1. 抬起左胳膊。
2. 抬起右手。
3. 手指麻木。
4. 水幻想。
5. 嗅觉和味觉幻想。
6. 音乐幻想。
7. 温度幻想。
8. 时间扭曲。
9. 年龄回溯。
10. 身体放松。

每个项目均在0—4量表上自我评分，最高得分为40分。

四、儿童催眠量表

（一）儿童催眠感受性量表

儿童催眠感受性量表（Child Hypnotic Susceptibility Scale，CHSS）是由伦敦

和库珀（London & Cooper）于1963年编制的。它由两个部分组成，第一部分是在SHSS-A和SHSS-B基础上编制的，包括12个项目；第二部分是在SHSS-A，SPS-Ⅰ和SPS-Ⅱ基础上编制的，包含10个项目。它的特别之处在于采用了主观和客观结合的评分系统。测验的信度是0.92，它与SHSS-A的相关较高（r = 0.67）。适用于5—12岁和13—16岁的儿童。这个量表很长，包括了动作和认知等多种维度。全部项目如下：

1. 身体扭动。
2. 闭眼。
3. 放下手。
4. 胳膊不动。
5. 手指相扣。
6. 胳膊僵硬。
7. 两手合并。
8. 失去知觉（名字）。
9. 视觉幻象（苍蝇）。
10. 眼睛不动。
11. 催眠后暗示。
12. 失忆。
13. 催眠后暗示（重新引导）。
14. 视觉和视觉幻象（电视）。
15. 冷幻想（很冷）。
16. 失忆。
17. 味觉幻想。
18. 听觉幻想。
19. 视觉幻象（兔子）。
20. 年龄回溯。
21. 做梦。
22. 唤醒和催眠后暗示。

量表可以在很广的范围内使用，有两种版本，一个是用于5—12岁的儿童，另一个适用于更大一些的13—16岁的儿童。二者在引导语方面有一些不同。

（二）斯坦福儿童催眠临床量表

斯坦福儿童催眠临床量表（Stanford Hypnotic Clinical Scale for Child，SHCS-C）主要适用于4—8岁的儿童，比CHSS要短，没有正式的程序介绍，测试建议使用想象的程序。编者称它与咨询技术直接相关，量表主要适用于焦虑的和不成熟的儿童，允许受测的儿童睁开眼睛而不是闭着，编者发现非常年少的儿童特别喜欢睁开眼睛而不是标准的闭眼放松指导。主要数据显示，这个量表和现存的催眠量表是有着高相关的，SHSS-A 和该量表的相关为 0.67。

在 SHSS-A 中有些被用于儿童的测验。由于 SHCS-C 是一个缩减版的量表，会遇到和之前斯坦福量表相同的困难。但是缩减后的这个量表版本更适合儿童，因为儿童的注意力是有限的。

五、卡特尔 16 种人格因素问卷

卡特尔 16 种人格因素问卷（Sixteen Personality Factor Questionnaire，简称 16PF）是由美国伊利诺伊州立大学及能力测验研究所的心理学家卡特尔编制的，是用因素分析法编制问卷的典范。这一问卷能在约 45 分钟的时间内测量出受测者 16 种主要的人格特质，适用于 16 岁以上的青年和成人。16 种人格因素的名称及字母代号见表 3－1。

表 3－1　16 种人格因素的名称及字母代号

代号	因素名称	代号	因素名称	代号	因素名称	代号	因素名称
A	乐群性	F	兴奋性	L	怀疑性	Q_1	实验性
B	聪慧性	G	有恒性	M	幻想性	Q_2	独立性
C	稳定性	H	敢为性	N	世故性	Q_3	自律性
E	恃强性	I	敏感性	O	忧虑性	Q_4	紧张性

在卡特尔 16 种人格因素测试中，乐群性、兴奋性、敏感性比较高的人，他们的受暗示性高，比较容易受催眠诱导而进入催眠状态；而那些以怀疑性、紧张性为人格特征的人，就很难进入催眠状态，但是对于怀疑性和恃强性都高的人，可以采用反向催眠引导语。

第二节　催眠感受性的其他测试方法

一、催眠感受性的自我测试

作为催眠爱好者，可以采用下面一种更为简单易行的自我催眠感受性测试。

暗示感受性测试

1. 闭上眼睛，想象一部你所看过的电影，你可以清楚地描述你最喜爱的演员在里面的表演吗？

A. 当然可以　　B. 有点含糊　　C. 办不到

2. 当你看到电影或电视里的悲苦情节时，你会哭吗？

A. 常常哭出来　　B. 偶尔会　　C. 从不会

3. 你曾有一段美好时光，你可以回想得起来吗？

A. 历历如昨　　B. 马马虎虎　　C. 记不起来了

4. 你曾经开车在高速公路上，错过了该下的叉道吗？

A. 不只一次　　B. 一次　　C. 从没有

5. 如果你不会开车，你是不是曾经过于专注而忘了时间？

A. 常常　　B. 偶而　　C. 从没有

6. 一般来说，你上床需多长时间才能睡着？

A. 大约十分钟　　B. 将近半小时　　C. 至少一小时

7. 你还记得上次恋爱时的感觉与情形吗？

A. 很清楚　　B. 有点印象　　C. 记忆模糊

8. 你是最后一个下公交车的人，你发现公交车上有个装满钱的皮包，假设你的动机是纯正的，你会：

A. 把它交给司机　　B. 送交警方　　C. 拿着，设法联络失主

9. 你做白日梦吗？

A. 常常　　B. 偶而　　C. 几乎没有

10. 想想你曾有的光荣事迹，记得起来吗？

A. 当然　　B. 有点困难　　C. 几乎完全想不起来

计分与解释：

每答一个 A 得 10 分；B 得 5 分；C 得 0 分

- 55—100 分：你的想象力丰富，信任他人并常保持顺其自然的态度；你是最适合做自我催眠的人，而且会从催眠中收获良多。
- 25—54 分：你善于分析事理，有时不妨捐弃一些太过理性的部分，这样自我催眠就会容易多了。
- 0—24 分：你是非常理智的人，而且凡事皆一手掌握；你必须学着自我催眠，那么一定能有所获。

上述测试很明显是对成年人中催眠行为的评估，而这个计分方法在很大程度上是主观的，而不是客观地基于经验的。（参见 Johnson，1979；Ruch，1975；Shor & Easton，1973；Orne & McConkey，1981）

二、催眠感受性的临床测试

临床测试又称经验性测试，是人们更常用的对催眠感受性的多种检测方法，可供临床催眠师灵活使用。通常需要受试者想象自己在做某种运动，但实际上并不做这种运动，只是通过想象对暗示做出观念运动的反应。有时也可采用对不同感觉系统下指令，来观测或由受试者口头报告其反应。

做测试前先让受试者调整呼吸，处于放松状态，然后听从指令。

1. 上肢悬浮：双手悬空平放，闭上双眼，心中想象左手挂有一个氢气球；右手上有一个很重的铅球。过一段时间（约 10 秒）后，睁开双眼，双手不要动，看看双手如何。

2．手掌相吸：双手悬空，掌心相对，闭上双眼，想象两只手是强力磁铁互相吸引。过一段时间（约10秒）后，睁开双眼，双手不要动，看看双手如何。

3．身不能动：闭上双眼，暗示“你身体发沉，僵硬，不能站立”。持续45秒，5秒后让受试者站立。

4．垂头试验：坐着，双眼睁开，注视正前方。然后，主试者命令他们闭眼，想象自己的头越来越沉重，逐渐向前方垂下。

5．躯体摇摆：要求受试者双脚并拢，躯体直立，微闭眼睛，催眠师站立在前面或后面，双手放在他的臂部左右摆动，受试者毫无抵抗或经过几次摆动后，出现躯体自行摆动的倾向。

6．站立后仰：让受试者身体向后倒，催眠师用双手接。此测试既可考察受试者的催眠感受性，又可考察其对催眠师的信任程度。

7．手臂摆动：受试者直立，两手自然下垂。催眠师握住对方一只手，告诉他“现在我让你的手臂上下摆动。你不要用力，由我来摆动，一切听其自然”。然后催眠师便摆动其手，反复数次，在摆动过程中，催眠师逐渐减少用力程度，暗示性高的人，便可能自觉不自觉地摆动起来，暗示性低的人，摆动幅度就小。

8．柠檬幻觉：请受术者想象手上有一个好大的柠檬，拿出一把水果刀切一半，仔细地看看这一半柠檬反射的闪光，并且注意它的色泽，能感觉出它的重量和它的纹理，接着将它塞到嘴中用力地咬，吸进柠檬汁，感觉整个口腔都是柠檬汁酸酸的味道，甚至流到手上和衣服上，黏黏的，感觉到手指上的柠檬汁，闻到了柠檬的清香，听到自己吞口水的声音，好酸好酸。若受试者脸上的表情就像是吃了很酸的东西一样，说明其感受性高。

9．失语：闭上双眼，不断暗示“你的喉咙、嘴巴动不了了，说不出话来”，持续45秒，5秒后与受试者交谈。

10．宠物对话：闭上双眼，在想象中抚摸你的宠物（或其他喜爱的东西），与宠物对话，采用一问一答的形式。

方法多多，不一而足。下面是一段经验测试的指导语：

我希望你向上举起你的右侧的胳膊和手。保持住这个姿势，然后注意你的右胳膊和手的感觉。我希望你想象自己正在举着一个很重的东西，而且当你想着这个东西时，你的手感觉到越来越重，更重，更重，越来越重。当你想着那个很重的物体时，它开始向下压你的手臂，越来越低，越来越重，现在变得非常重。你的整个手臂变得越来越重。那个重物将你的手臂压得更低，越来越低，越来越低，越来越重，越来越重。现在可以了，放松你的手臂让它舒适地放到你的腿上休息。你的胳膊和手再也不那么重了，再也不用举着那个重物了。你的胳膊和手臂，回到了原来正常的状态，非常的安静和放松。

催眠感受性的测试方法还有很多。运用之妙，存乎一心。这里不更多列举。

佩里（Perry）指出，没有证据表明能将低敏感性的受术者转化为高敏感性个体。一些执业者宣称，任何人在临床中都是可以被催眠的，唯一的问题是如何引导。然而，对催眠感受性的个体差异确实在临床中存在，因此有必要在催眠前加以测量（Bowers，1976；Perry，Gelfand & Marcovitch，1979）。

【建议参考资料】

1. 方莉，刘协和. 斯坦福团体催眠感受性量表的信度与效度分析［J］. 中国临床康复，2004，8（15）：2822－2825.

2. ORNE M T，MCCONKEY K M. Toward convergent inquiry into self-hypnosis［J］. International Journal of Clinical and Experimental Hypnosis，1981，29（3）：313－323.

3. PERRY C，GELFAND R，MARCOVITCH P. The relevance of hypnotic susceptibility in the clinical context［J］. Journal of Abnormal Psychology，1979，88（5）：592－603.

4. WEITZENHOFFER A M. Review of the children's hypnotic susceptibility scale［J］. American Journal of Clinical Hypnosis，1963（5）：336－337.

5. WEITZENHOFFER A M，HILGARD E R. Stanford hypnotic susceptibility scale，Form C［M］. Palo Alto，CA：Consulting Psychologists Press，1962.

6. MAHON E J. The uncanny in a dream［J］. Psychoanalytic Quarterly，2012，81(3)：713－725.

7. KUMAR V K，FARLEY F. Structural aspects of three hypnotizability scales：Smallest space analysis［J］. International Journal of Clinical and Experimental Hypnosis，2009，57（4）：343－365.

【问题与思考】

1. 国外早期的催眠感受性量表主要有哪些？
2. 斯坦福催眠感受性量表的 A、B、C 三个版本有哪些区别和联系？
3. 哈佛团体催眠量表 A 式有哪些优点和缺点？它与哈佛团体催眠量表 B 式有什么区别？
4. 催眠感受性临床测试的指令主要有哪几方面的内容？
5. 你对自我的“暗示感受性测试”结果如何？说明了什么？

第四章　催眠治疗的技术

【本章提要】

本章共有七节，是按照催眠治疗的过程来介绍催眠治疗的技术的。催眠治疗的过程包括诱导、加深、治疗和唤醒，每一步都有具体的方法。第一节介绍了催眠的诱导技术，细致地讲解了诱导的目的、准则和方法，同时介绍了多种催眠诱导语；第二节、第三节详细地介绍了催眠深化与唤醒技术，包括加深催眠状态的方法、催眠深度分级、催眠深度测试、催眠状态的漂浮、治疗指令技术、催眠唤醒技术等内容，并举例进行了说明；第四节介绍了催眠治疗的基本技术，即放松，通过本节的学习，能够熟练掌握如何进行自律式放松、渐进式放松、冥想式放松；第五节深入浅出地讲解了年龄回溯的操作方法、年龄回溯的真实性、年龄回溯的理论解释，并加以案例说明，有利于从科学的角度理解和学习年龄回溯；第六节讲述了团体催眠的方法，以及团体催眠的作用与局限；第七节介绍了多种自我催眠的方法，如艾瑞克森的自我催眠法、“成功树”自我催眠法。本章内容多、专业性强、案例翔实，通过本章的学习，有助于以科学、谨慎的态度对待催眠治疗和操作催眠治疗的技术。

【学习重点】

1. 催眠诱导准则
2. 诱导语示例
3. 加深催眠状态的方法
4. 治疗指令技术
5. 催眠唤醒技术
6. 各种放松的方法
7. 年龄回溯的操作方法
8. 年龄回溯的理论解释
9. 团体催眠的方法
10. 自我催眠的程序
11. 艾瑞克森自我催眠法
12. “成功树”自我催眠法

【重要术语】

诱导　加深　指令　唤醒　离抚法　混合状态　解离状态　轻度催眠状态　浅催眠状态　深催眠状态　强直状态　神游状态　梦游状态　完全催眠状态　催眠状态的漂浮　非治疗性催眠后暗示　治疗性催眠后暗示　复活再现论　欺骗幻觉论　“成功树”自我催眠法

第一节　催眠诱导技术

每次催眠治疗大体都要经过下面的流程：

诱导：一种放松入静过程（凝视、调息、意念放松等），使受术者逐步进入催眠状态。

加深：在诱导放松的过程中进一步入静，使受术者进入更深的催眠状态。

指令（治疗）：为达到某一目的而不断地重复某一字句，或者告诫受术者平时意欲去做而又难以做到的事。

唤醒：让受术者从恍惚中复苏过来（倒计数），结束催眠状态，恢复自我意识。

本节首先介绍催眠诱导技术。

一、诱导目的

实际上，每个人都具有自行进入催眠状态的能力。所谓诱导，指的是以人为方式导致催眠现象的出现。

每次治疗的催眠诱导阶段的主要目的是使受术者感到放松，按程序进行操作，调整受术者的注意，使其从关注外界转向关注自我，关注个人躯体感受胜过关心催眠师诱导语的含义，使受术者的意识变得狭窄，放弃批判评估和逻辑思考，出现受暗示现象。

二、诱导准则

催眠师首先要创设情境，让受术者愿意和能够将常规的意识过程放置一边，去探索新的存在方式。然后用自然的沟通让受术者沉浸于自己的体验中，从而进入催眠状态。

为了产生有效的催眠诱导，必须时刻牢记以下三条准则：

1. 引起和保持受术者的专注。
2. 接近和发展受术者的无意识过程。
3. 绕过和弱化受术者的意识过程。

三、诱导方法

所有催眠诱导都是让受术者注意力聚焦，聚焦的方法可以利用外部线索，也可以利用受术者内部线索。有多达几百种方法被用来诱导催眠，如固定眼球、注视有规律移动的目标、摆动身体、催眠师接触被催眠对象身体造成某种暗示效应、激发肢体麻木和瘫软等。大多数传统的催眠仪式要求催眠师首先把受术者的注意力集中在一个外部物体上（如水晶球、节拍器、催眠师的眼睛、墙上的一个黑点或图钉等），然后再把注意力转移到个人内部（如肌肉、呼吸、某种意念或意象等）。

下面是一些催眠师常用的诱导受术者进入催眠状态的方法：

1. 凝视法：凝视灯光、摆锤、笔尖、水晶球、催眠师手指等。
2. 抚摩法：抚摩或按压身体某些部位进行暗示。
3. 忆想法：回忆曾经达到过的高度放松状态。
4. 耀眼法：运用手电强刺激进行催眠。
5. 旋眼睛法：转动眼睛进入催眠。
6. 深呼吸法：通过腹式呼吸诱导进入催眠。
7. 意念守定法：吸气和呼气时心中重复说“一”字。
8. 渐进放松法：从头到脚逐步放松肌肉。
9. 语言诱导法：描述一种美好的景色并暗示身体温暖疲软。
10. 四目对视法：让受术者与催眠师两眼对视。
11. 注视鼻梁法：让受术者注视催眠师的鼻子。
12. 紧张—放松交替法：让受术者四肢和身体各部分肌肉交替进行紧张和放松。

总之，在不违背伦理、法律和社会习俗的前提下，应用任何单调重复的刺激，都可以使受术者进入被催眠状态。

四、诱导语种类

（一）未来式指导语

例如：“你现在看我手中的铅笔，这样你将会渐渐感到眼皮疲劳，最后闭上眼睛。”

（二）现在式指导语

例如：“你的眼皮正在变得越来越重，非常重，非常重。”

（三）过去式指导语

例如：“实际上你像刚才我说的那样，你的眼皮已经很重了，已经很重了。”

五、诱导语示例

(一) 眼皮诱导

你躺在一片美丽、迷人的海滩上，在暖暖的阳光下，你随意伸展四肢，享受阳光的洗礼，无事烦心，无处可去，你就放松地躺在这里，闭上眼睛，慢慢地沉入梦乡中，睡个深沉、舒服的好觉，睡得平和安详。感觉温暖的阳光照在眼皮上，阳光有种安抚、令人放松的作用，你觉得眼皮上暖暖的，有种舒服轻松的感觉。你的眼睛沐浴在温暖的阳光中，觉得好舒服，好温暖，完全地放松。温暖的阳光让你眼部的肌肉完全放松，现在你的眼皮觉得很温暖，很放松，瘫软无力。你的眼皮是这么的温暖，放松，瘫软无力，现在你再也睁不开眼睛了，眼睛好像黏住一样，你的眼睛现在被封死了，它们又温暖，又放松，瘫软地提不起一点劲，你的眼睛被封死了。你可以尝试去打开眼睛，但是你办不到，因为你的眼睛被封死了，再试一次，要打开自己的眼睛，但是，你办不到，因为它们好像被封死一般，紧紧闭着。好，你已进入催眠状态。

(二) 聚焦诱导

请选择一个舒服的姿势坐好，然后，在你上方的天花板，略高于头顶上方的位置，选择一个点，不论是真实的或是想象的点都可以，并且将你的视线固定在那儿，专注在那个点上。很好，持续专注在那个点上，当你这么做的时候，你会感到越来越放松。做个深呼吸，然后，慢慢吐气。这样做，可以让你深深地沉入椅子中。如果可以的话，持续地将视线固定在那儿，直到你的眼睛疲劳，好像失去焦点。对，深呼吸，更加地放松。可能你会注意到，你的视线开始变得模糊了，你的眼皮自然而然地变得沉重。你的眼睛盯着那点看，变得越来越疲倦，随着你的眼睛变得越来越疲倦，会慢慢失去焦点。你感到眼皮越来越重，直到你感到累了，才轻松地把眼睛闭上。当你感觉到眼睛疲倦的时候，你就可以闭上你的眼睛，深深地放松下来。对，你持续地专注在这个点上，感觉到你眼皮的重量。直到你感觉到眼睛疲倦时，你就可以闭上你的眼睛，深深地放松下来。感到你眼皮的重量，当眼睛变得越来越疲倦的时候，感觉到眼睛变得像金属，越来越重，变得像金属，越来越重，很快地，你会发现它们变得很重，以至于你想睁开却很吃力，于是比较舒服地把眼睛闭上，让眼睛轻轻地闭上，深深地放松下来……

(三) 钥匙诱导

我希望你在椅子上以最舒适的姿态坐好，完全地放松，尝试着把你所有的事情都抛到脑后，只听我所说的话以及我需要你关注的事情。我希望你专注于你身体的那种放松的感觉。尽力去放松，体验那些我刚刚告诉你让你去关注的事情。我希望你看着这些钥匙，我希望你近距离地看着他们。我将从1数到10，当我数数的时候，你继续盯着看那些钥匙，你的眼睛感觉越来越疲倦。现在专心地看，并集中于我告诉你关注的那些事情，1，2，你感觉现在越来越放松。你继续看着那些钥匙，3，4，越来越放松，集中于那些我要你关注的事情，感觉现在更加的放松，5，越来越放松，感觉你沉浸在那种放松的感觉中。你的双眼变得非常的疲倦，马上就要闭上了，6，7，8，随着你放松的感觉不断地增加，你的双眼变得很重很重，当你的双眼准备好闭上的时候，你就让它们闭上吧。现在双眼已经闭上了，眼睛闭上了，越来越放松，进入更深更深的舒适、愉快和放松的境界。当我数到10，你将完全进入催眠状态，9，10，现在更深更深，集中于完全放松的感觉，你将能进入到比现在更深的催眠状态。

（四）地毯诱导

请看我的手指，你看着它们并且很专注，持续看它们，看着它们。在你看着它们的时候你的眼睛渐渐地觉得累，眼睛将会很累并且闭住，就像它们很累一样，让放松的感觉遍布你的全身。当我开始数数的时候眼睛变得疲惫；你的眼睛将会疲惫，很累，它们将要闭住。看我的手指，当你感到累的时候请闭上你的眼睛；1，2，越来越疲惫，3，越来越疲惫。所有的疲惫和放松遍布你的全身，让你进入到非常放松的状态；4，5，现在很好，很舒服。现在你去想象你在一张地毯上面，向前或向后地移动着，这是一个愉快的体验，这是个享受的体验。你躺在地毯上面，向前或向后移动着。随着我从1数到10，你将会进入到很深的放松状态。继续向前或向后移动着，愉快地，舒适地，向前或向后移动着，越来越放松。放松将会延续到你的手，你的腿，你的身体，越来越放松，越来越放松。6，向前或向后移动着，越来越放松。7，8，马上你就会被催眠，在数到10的时候，你会进入沉沉的催眠。9，10，现在已经进入深深的催眠状态之中。

（五）快速诱导

有时可采用眼睛紧闭法（eye catalepsy）进行快速诱导。催眠师将右手拇指放在受术者的两眉中央，施加轻微的压力，然后说：

我就要由5往回数到1，当我数数的时候，你的眼睛将会闭得紧紧的，以至于你愈是试着想要睁开它们，它们就闭得愈紧。5，你的眼睛紧紧地往下闭起来了；4，闭起来，上眼皮紧紧黏着下眼皮；3，就像是用强力胶黏在一起了；2，它们紧紧地扣在一起了，你越是试着睁开它们，它们就闭得越紧；1，张不开了。好，现在试着睁开眼皮，但是你发现它们紧紧地黏在一起。（暂停一会儿，待眼睛闭上，若尚未闭上，继续重复以上的话。对不配合者，可反其道而行之。说："当我从1数到5，千万不要睁开眼睛！"）

六、标准催眠诱导语

下面是译自美国心理学会组织当代国际上最著名的催眠专家共同编写的《临床催眠手册》（*Handbook of Clinical Hypnosis*）中的标准催眠诱导语：

请让你自己感到放松。闭上眼睛，放松。做几次深呼吸，注意呼气的时候，你可以感到自己更加放松。我和你说话的时候，你可以继续放松……每一次呼吸，你都可以感到自己越来越放松。你很快就会体验到催眠状态。你可能会对什么是催眠状态感到疑惑，我向你保证，不论进入多么深的催眠状态，你仍然能够完全控制自己。即使进入很深的催眠状态，你仍然能够控制自己。我将会给你一些暗示，你自己决定是否遵从这些暗示。如果你不喜欢我的暗示，你可以忽视不做。如果你想按我的暗示去做，你会发现做起来要比你想的容易。因此是由你自己来选择做还是不做。让自己放松，现在可以安全进入催眠状态了。

我说话的时候，你会感到自己越来越放松。但是不论多么放松，你仍会听到我的声音，你将会对我的暗示做出反应。如果你觉得很不舒服，你可以调整一下你的身体，让自己重新感到舒适，而且这样做不会影响你进入催眠状态。如果你要和我说话，你可以轻易做到，而且不会影响你的催眠体验。

现在，你可能想进一步放松。你放松的时候，可能会觉得你的手指有一点点紧张……或者是你的脚趾……如果你这样做，就会感到十分舒适，因为你会体验到这是一种放松的感觉，有些人在开始进入催眠状态时就有这种体验。让你的身体放松，开始感到一种镇定……让平静的感觉扩散……抛开你所有的忧虑和烦恼，让它们渐渐远去，就像风中的云……消散……消散……放松……感到越来越平静……越来越平静……越来越舒适安全……没有烦恼……没有干扰……当你进入催眠状态时，感到越来越放松……进入深深的催眠状态，你能够体验到你想体验的一切感觉，深深地感受你想要体验的感觉……但是仅仅是你想要的……你自己的体验。

把注意力集中到你的脚趾……你的右脚趾……越来越放松的左脚趾。放松你的右脚趾……完会放松……放松你的左脚趾……放松你的脚趾……越来越放松……越来越放松。让这种放松的感觉从脚趾延伸到你的双脚，放松你的脚……越来越放松……你可以感到非常平静安逸。现在注意你的脚踝和小腿。我不知道你是否能够继续……放松……你可能会感到你的脚踝和小腿有一种温暖和舒适的感觉。放松你的腿……越来越放松……完全放松。

放松的感觉扩展到你的大腿，你的大腿越来越放松……继续放松，骨盆放松……越来越放松……放松腹部，完全放松。放松……放松，注意体验这种放松的感觉。你能感到腹部完全放松吗……你现在能感觉到吗？还是过一会儿才能感受到？让放松的感觉上升到你的胸部……让胸部所有的神经和肌肉完全地放松……放松……放松……平静放松的感觉慢慢扩展……感觉十分安定……你的身体和精神都非常放松安逸。现在放松你的后背、双肩……越来越放松……放松……完全放松。

放松的感觉扩展到你的胳膊、双手和手指。注意你的胳膊和双手的感觉。你的手指是感到更沉重还是更轻松？注意你的右上臂……右小臂……你的右手……

和手指……完全放松……越来越放松。现在注意你的左臂完全放松……放松……完全放松。我不知道你是否还能进一步放松。越来越放松……就像你希望的那样……像你希望的那样放松、那样舒适。

放松你的颈部的肌肉是不是会感觉更好呢？让我们来放松……放松……完全放松。放松你下巴的肌肉……放松，下巴所有的神经和肌肉完全放松。放松面部其他所有的肌肉……你的嘴……鼻子……眼睛……眉毛……眼皮……额头……所有的肌肉完全放松……放松……完全放松……平静……平静而放松……完全平静。

也许你愿意想象来到一个美丽的地方，放松。我希望你能想象躺在静静的沙滩上，阳光温暖而灿烂，蓝蓝的天空飘浮着几朵白云……你可以想象感到一阵和风……带着海边空气的咸味……你也可以想象来到任何一个你喜欢的地方。可能是一个你曾经去过的地方……或者是一个你想去的地方……或者仅仅是一个你想象中的地方……哪里都无所谓，重要的是你感到舒适……平静。不论是在什么地方，那里都是如此的美丽平静……在那里你就是你自己……在那里你可以感觉到完全的放松和满足。你可以想象你自己真的在那里……看，用你自己心灵的眼睛去看，看那些你可能看到的东西（就像你真的在那里）……感受你可能感受到的一切……倾听你可能听到的声音……闻到你可能会闻到的气味。

当你沉浸在你那个完美世界里的时候，我将从1数到10，每数一下，你都会进入越来越深的催眠状态……越来越能体验到你想要体验的感觉。1……进入催眠状态……越来越深……2……越来越接近中心并保持平静……3……4……越来越深……5……已经进入一半了……6……7……比以前更深……深到你能够体验到你想体验的一切……8……9……10……现在已经进入很深的催眠状态了……很深……完全只体验到你自己的存在……完全进入催眠状态。

现在我想让你进入更深的催眠状态……比以前更深。你每呼吸一次，就会进入更深的催眠状态……深到你能够做你在今天的催眠里需要做的一切……越来越深……深到你能够体验到你想体验的一切。

我将从5倒数到0，每数一下，你将会感到越来越清醒和有活力，数到1的时候，你能够睁开眼睛，数到0，你将完全清醒，感觉比我们开始前更好。5……4……3……2……1……睁开眼睛……0……完全清醒。

七、国外催眠大师诱导技术

（一）乌伊泰斯托利的催眠诱导法

催眠不成功多数不是由于技术上的原因，而是由于受术者的怀疑、恐惧心理使感受性下降，所以问题的关键是打消顾虑和怀疑。乌伊泰斯托利把治疗室分为两间，先在外面一间给助手进行催眠，让被催眠者看整个催眠过程，打消他们对催眠的顾虑，然后进入里面房间接受催眠。让接受催眠的人全神贯注地凝视催眠师的眼珠，室内光线昏暗，寂静无声，当发现受术者眼睛疲劳之后，治疗师则以两手放在他的前额上，轻轻地闭合受术者的双眼，由两额及两肩顺序实施抚下法，大约十多次，抚下由轻而重，由重而轻，逐渐进入催眠状态。

（二）伊司托罗的催眠诱导法

伊司托罗催眠不用语言，始终是悄寂无声，即所谓无声的催眠。在带领受术者进入催眠室之前就告诉受术者，进入催眠室后，你的任务就是闭目安睡。催眠室光线黑暗，受术者进入催眠室以后，无需催眠师的指令，就安静地躺在床上。催眠师便俯下身来，对受术者的额部频频吹气，然后再转移到眼部，通常一个小时左右便可进入催眠状态。催眠室内既无日光，又无灯光，这要依靠催眠师的听觉作用，静静地倾听受术者的呼吸声，若缓而长，整齐而无忽快忽慢的差别，说明进入到催眠状态；假如出现鼾声，便是混入了普通睡眠；倘若呼吸忽长忽短，并且伴有其他局促不安的现象，便表示没有进入催眠状态。然后将两手放在受术者的肩部，从肩部到指尖实施抚下法，再将其双手置于两肩之上，一面摇动，一面抚下去，受术者不久就可以进入比较深的催眠状态。

（三）近藤加山的催眠诱导法

近藤加山是日本催眠界的泰斗，他学习催眠术属于无师自通，自己看书，边学边干，成为催眠大师。他在实施催眠时，先让受术者将手掌摊开，然后在他的手掌上写一个字，并规定受术者不得偷看。其目的在于诱发起被催眠者的兴趣，帮助其排除杂念。然后催眠师与受术者对坐，要求受术者集中注意力凝视催眠师的眼睛，大约3—4分钟后，催眠师伸出右手，向受术者实施离抚法。所谓离抚法即指催眠师的手指不接触受术者的皮肤，从额部到脸部再到胸部，进行不接触的抚摸。实施6—7次以后，受术者的眼神就会逐渐疲劳，这时催眠师就用手指按其眼睑使之闭合。此后进行言语暗示：你的眼睛已经不想睁开，无论如何也没法睁开眼睛，你已经进入催眠状态。

（四）魏斯的放松与回溯诱导技术

以下的文字，取材自美国催眠大师魏斯制作的放松与回溯的录音带。他将录音带提供给病患，或是参与工作坊的人士，让他们在家继续练习。当然，录音带也可以由患者自己制作。在他的《生命轮回——超越时空的前世疗法》一书中，某些病患的故事和听这卷录音带有关。许多案例表明，听录音会带来不错的治疗效果。

你可以利用这种录音带，获得回溯经验或者让自己放松，使心境变得更加平静，以接触自己的深层智慧。

听录音带时，你可能立刻浮现栩栩如生的前世经验，或是经历关键类型的前世，或者，你开始时，只经历前世或中介生命里的某些片段影像。你可能发现自己置身于花园、寺庙或某种治疗的灵异空间，或者，你只是很放松，感觉愉悦、平静而已。不论有哪种体验，千万不可操之过急，让它自然发生，一次只体验一个经验。不论发生什么事，把它当成是一种意外的惊喜。务必记住，练习得越勤快，你的收获越大。

录音带并不是对每个人都有效。有些人必须多听几次，才能获得想要的体验。如果听不出结果，也不意味他无法回溯前世。"没有反应的人"可能需要更加专心，精神更加集中，或需治疗师指点。

制作录音带的目的是要引导你，因此，只有在你觉得很舒服，心里准备好探索前世时，才能听录音带。如果你认为，某些回忆可能让你不舒服，或是担心过去的创伤太过震撼，导致自己可能无法承受，那么，最好不要制作这卷录音带，或者，只制作前面指导放松身心的部分即可。

我在《生命轮回》一书中不断强调，自行回溯的危险性非常低。许多人可以毫无困难地处理或整合自己的回忆。事后，他们觉得状况更佳。录音带的效果很大，听它的时候，所谓的危险性顶多只是轻微的焦虑与内疚。若有这种现象，建议你去找治疗师解决问题。

制作录音带时，请用平静、和缓的声音念出以下的文字，当你见到"……"的记号时，请轻轻停顿。如果你看到括号内的说明，请停顿久一点（注意，只看括号内的说明就好，不必念出来）。

在你制作录音带之前，请先依照文字，读诵几次，体会其中节奏，找出让自己感到最舒服的读法。事先的练习可让你有更多的时间，从容制作录音带。

制作的时候不要太急、太匆促。整个练习的时间，依个人需要可长可短。

如果你找到安静、没有人打扰的地方，而且能让你放松心情，这时就可播放录音带。

千万不可在车子里播放录音带。

播放录音带之前，你可以把衣服较紧的地方放松，然后躺在床上或舒服地坐在椅子上，但不可以有使人分心或干扰人的外界刺激。脱掉鞋袜，摘下眼镜（或取出隐形眼镜），全身上下彻底放松，腿部不可交叠。如果你觉得有音乐配合更好，无妨小声播放轻音乐。

你也可以尝试别的方法，不必听录音带，请朋友在旁边把以下的文字慢慢念给你听。

放松与回溯

请闭上眼睛。

现在，注意你的呼吸。深呼吸，有规律地呼吸。慢慢把气吸进来，再慢慢把气吐出去。

做五个深呼吸，放松地深呼吸。从鼻子慢慢吸进来，再从嘴巴慢慢吐出去……放松（长长的停顿，可以做五次深呼吸）。

现在，每次呼气的时候，把身体内的紧张、疼痛、痛苦，全部送出来。

每次吸气的时候，顺便把平静的力量，吸进去。

你越来越放松。

现在，想象你全身的肌肉全部放松，感觉你全身的肌肉全部放松。

放松前额的肌肉，放松脸部的肌肉……

放松下巴的肌肉……

放松你的颈部，放松肩膀。放松颈部与肩膀的紧张压力。

放松你的手臂……

放松腿部……

放松背部的肌肉……

让你腹部的肌肉，彻底放松，然后你的呼吸会更加顺畅，更加深沉。

每次呼吸的时候，你会越来越放松，越来越放松。

想象头的上方有一道亮光，感觉头部的上方有一道亮光。亮光进入了你的头部。运用你的心灵，选择最喜欢的颜色，把颜色加进光里（停顿）。

光接触到的每一样东西，都变得很美丽。然后，光在你的身体里慢慢扩散，每一个组织，每一个器官，每一条肌肉，身体里面的每一个细胞都完完全全放松。所有的痛苦、疼痛、疾病，完全消失。

光越来越亮，你也越来越放松。你深刻感受到平静、宁静。

现在你看到整个光洒落下来，用心去感觉，或是想象整个光洒落下来，光从你的头部笼罩下来……笼罩你的前额……笼罩你的眼睛……你更加放松。

你看到整个光笼罩你的下巴……光从上而下笼罩着你……你进入深沉的放松状态。

光慢慢往下移动，笼罩你的颈部，颈部的肌肉，喉咙附近的肌肉，完全放松。

你越来越放松（停顿）。

想象这道光，感觉这道光，放松，放松你的每一条肌肉，每一条神经，放松你身上的每一个细胞。然后光笼罩你的肩膀……

光往下移动，笼罩你的手臂，笼罩你的手，笼罩你的每一根手指（停顿）。

想象整个光笼罩你的胸部，背部上方……然后进入心脏。光随着血液，流向身体的每一个部位……

光进入你的肺，散发着美丽的光辉……

你背部上方的肌肉，完全放松。

现在，整个光笼罩你的脊髓，从脑部流向脊髓末梢，光流向整个神经系统，流向身体里的每一寸肌肉，每一个细胞。

你越来越平静，越来越放松。

你觉得特别宁静，很美妙，很宁静（停顿）。

想象整个光笼罩你的腹部……笼罩背部下方，肌肉与神经完全放松……

现在，你看到光流向你的臀部……

流向你的腿部……流向双腿，流向脚趾头……现在，你的整个身体完全笼罩在光里……你沐浴在美妙，明亮的光里。

你觉得非常、非常平静。

现在，想象你的整个身体，完全被光笼罩、包围，你身在光环里。整个光会保护你，整个光会让你的皮肤完全放松……

你觉得更平静，更放松了。

现在，我要从五数到一。每数一次，你会觉得更加宁静，更加放松。数到一的时候，你将处于非常深沉的放松状态，你的心灵自由自在，没有空间与时间的限制。

你能够回想起任何事情。

五……

四，你觉得更平静，更放松了……

三，越来越深沉，越来越深沉……

二，就快达到了……

一……

你已经处于深沉的放松状态，现在或等一下如果你觉得有任何不舒服，请放心，一切都会控制得很好。

现在，如果你不想进行前世回溯，那么可以结束放松练习了。你只要睁开眼睛就可以了，你将立刻回复到正常状态，心理功能与生理功能完全恢复正常，你会觉得很舒服，很轻松，焕然一新。

如果你决定进一步回溯前世，请继续闭着眼睛，想象自己正从一道美丽的楼梯走下去（停顿）。

在楼梯的最底端，你看到一道打开的门，门外有光。

你觉得非常放松，非常平静。

你向门走去。你的心灵非常自由，没有空间与时间的限制。你会想起自己发生过的一切事情。

当你穿过门，走进光里，你就进入另一个时空。

让你的潜意识自行决定，让它选择进入今生或是进入另一个时空。

你可能回溯到过去，那个时代是你目前病症的根源，是你目前感情冲突的根源（长长的停顿）。

你从光里穿出来。首先，请看看你的脚，你有没有穿鞋子，穿什么鞋子……

接着再看看自己的身体……

看看你穿的衣服……

看看你的手……

看看你是什么样子……

是白天还是晚上……

你在室内还是室外……

努力找找看，你知不知道当时的年代（停顿）。

现在，请看看四周，观察附近的地形、建筑、植物，附近有没有人。如果附近有人，你可以和他们交谈，也许他们会回答你的问题。

找出你今生内心困扰的答案，找出你病症的根源（长长的停顿）。

多花一点时间探索这个前世。

如果你觉得有必要，你可以往前推进，或往后回溯……

如果你觉得焦虑，你可以漂浮在身体上面，只是观察就好，不必主动去感觉，或参与任何事情。

或者，如果你认为这样做，对你更好，你可以睁开眼睛，结束整个练习。

探索任何重大的事件。了解一切，用你的超越观点去探索，为什么发生这种事，有没有什么意义？

你现在了解整个来龙去脉了（长长的停顿）。

看看这一世的某些人，是不是和今生有关（长长的停顿）。

如果你愿意，走到这一世的尽头。经验死亡（长长的停顿）。

飘浮在身体上面，回顾这一世。你学习到什么教训（长长的停顿）？

现在，是回来的时候了。

等一下，我会从一数到五。数到五的时候，睁开眼睛，然后你会完全清醒，感觉非常舒服，非常清醒，整个人焕然一新。你的心理功能、生理功能，完全回复正常。你会记得所有的事情。每一次你做这个练习的时候你会越来越放松，越来越深沉。

一，身体的每一寸肌肉，每一条神经完全放松。

二，慢慢醒来，觉得非常舒服。

三，越来越清醒。

四，就要清醒了，感觉非常舒服。

五，睁开眼睛，完全清醒，全身非常舒服。

本书作者之所以对魏斯的催眠磁带全文抄录，主要是希望有更多催眠专家和催眠爱好者尝试这种回溯技术，以检验其是否真的有效。即使无法回溯到前世，甚至认为其十分荒唐可笑，仅仅将其作为一种自我放松方法来使用也是有价值的。

第二节　催眠深化技术

催眠深度体现了诱导和干预的程度。一个人在特定时间催眠的深度取决于一个人对催眠的感受性和动机强弱，也取决于催眠的时间和使用的诱导技术，还取决于催眠师的经验和技能水平以及同受术者的融洽程度（E. R. Hilgard，1981）。

催眠深化就是让催眠的状态更深沉的过程，深化的目标就是创造出更有助于接受暗示的心理状态。

一、加深催眠状态的方法

所有上面提到的催眠诱导方法反复使用都可以使催眠状态不断加深。例如：

1. 让受术者反复做深呼吸；
2. 连续听柔和的轻音乐或听单调的钟表声、滴水声等；
3. 从 1 到 10 再到 1 反复顺数、倒数数；
4. 反复运用肌肉松弛法；
5. 用言语诱导步行或乘电梯下楼；

6. 反复轻抚受术者身体（对异性要有第三者在场以避免“性骚扰”指控）；

7. 通过催眠和唤醒交替进行，达到加深催眠状态的目的；

8. 通过一次一次的暗示，每次都比上一次进入更深的状态，最后催眠深度会愈来愈深。

二、催眠加深技术举例

（一）倒数数法

现在，我从10倒数到1，我每数一个数字，都会让你的身、心都放松下来，体会到平静与舒服放松的感觉。10，开始放松了。9，放松，更加地松弛。8，放松的感觉，深深地进入你的肩膀，深深地进入你的手臂，深深地进入你的手肘。7，放松，更加地松弛。6，就快要到一半了。5，放松的感觉，深深地进入你的身体。放松，更加地松弛。4，放松，整个人都松开来。3，松开来，就快要完全地放松开来。2，完全地放松下来。1，放松的感觉深深地进入你的眼睛，深深地进入你的内心，深深地进入你的潜意识。

（二）下楼梯法

想象你在一个楼梯上，正一步一步地往下走，直到你走到最下面，你的脚步将越来越低，进入这种深深的放松和催眠的状态。1，现在继续往下走，越走越深，2，现在越下越深，越来越放松，越来越放松，你继续往下走。随着你听着我所说的，你开始注意我要你关注的事情，3，4，现在继续往下走，5，现在你已经到达了最底部，感觉深深地放松，深深地被催眠。你打开眼前一扇门，来到一个你生命中很特别的地方，你感觉很舒适、快乐的地方，在那里，你很快乐、很放松、很平静。

在使用下楼梯法之前，要先确定受术者不会害怕电梯或手扶梯。

（三）举手指法

下面的手指举起进阶测试不但能使受术者的催眠状态不断加深，而且可以用来检测其催眠深度。

手指举起进阶测试

请全神贯注于左/右手的食指，当你专注于食指时，它变得愈来愈轻，食指愈来愈轻，你入眠愈深，食指愈来愈轻。你的食指愈来愈轻，好像小鸟随风飞翔，又像有个灌了氢气的气球绑在你的手指上，轻轻地牵引你的食指上举，愈举愈高，愈来愈轻，愈来愈轻，愈轻愈高，愈高愈轻，随着手指高举，你入眠愈深。

【重复这个方法，直到手指高举为止，当手指举到最高时，进入下个步骤。】

食指的轻盈感，慢慢扩散到其他手指，你的左/右手的所有指头都变得愈来愈轻，所有的指头都慢慢举起来了，愈来愈轻，高举了起来，你也愈睡愈沉，感觉愈来愈轻松，所有的指头好像绑上汽球，慢慢地被牵引举了起来，愈来愈轻，愈轻愈高，愈高愈轻……

【继续，直到所有的指头都举起……】

现在，你的整只手，一直到腕部，开始慢慢地举起，轻盈感包围了整只手，你的左/右手慢慢地举起，愈来愈轻，你入眠愈来愈深，入眠愈深，手就愈轻，手愈轻，入眠愈深，愈轻，愈深，愈深，愈轻，手已经完全离开桌面。

【继续，直到手举起……】

你的手臂，轻盈感往上扩散，一直到你的手肘，你的前臂完全地举起，就像火箭往太空发射一样，你的前臂完全感觉不到任何重量，直直地举起，你也入眠愈来愈深，手臂愈来愈轻，举得愈来愈高，入眠愈深，愈深，愈高……

【继续，直到手臂举起……】

你的手被你的脸所吸引，你的手指慢慢向脸部移动，就像铁碰到磁石一样，你的手无法抗拒地向脸靠近，愈来愈近。当你的手碰到脸时，你将手放下，深深地入眠。现在手与脸愈来愈近，愈靠愈近，你准备放下手，进入深眠了，愈靠愈近，愈靠愈近……

当手指触脸后，放下手。

（四）手臂掉落法

请举起你的右手臂（催眠师抬起受术者的右手臂，直到其手臂伸直就像是梦游的人一样），你会发现这只手臂将会自己停留在这个位置一阵子（继续地支持着受术者的手臂，减少支撑直到手臂自己停留在那个位置）。很好，现在，当你的手臂开始感觉到沉重，并且开始想要掉落到你的腿上的时候，你会更深地放松。让你的手臂自然地放下，把这当作一个讯号，表示你正处在更深、更完全的放松状态。很好，让你的手臂放下的速度和你更深更完全放松的速度一致。很好，当你的手臂碰触到你的大腿的时候，你变得加倍的放松，（手接触腿）……很好……

三、催眠深度分级

催眠深度指的是受术者意识和无意识起作用的相对程度，大体上可分为以下三种水平：

1. 意识状态：亦称觉醒状态，以理性和现实定向的意识活动为主，尚未进入催眠状态。

2. 混合状态：在轻度和中度催眠状态下，受术者会体验到意识和无意识的交互作用，即处于意识和无意识的混合状态。此时，虽然能意识到外部刺激的存在，但不会积极主动地注意它们；内部对话可能会有，但是指令性和主宰性变少变弱了。

3．解离状态：在深度催眠状态下的受术者，完全沉浸在无意识过程中，会体验到各种我们在第二章中提到的催眠现象。

实际上，催眠深度是个连续体，只有程度的不同，而不是全或无的现象。即使觉醒中的人有时也会进入不同程度的催眠状态。有人用轮船、汽车、火车和飞机之间的区别来打比方，认为催眠深度更像是这几种交通工具每小时行驶的公里数，而不是这几种运输模式本身。这就是说，催眠深度不是几种截然不同的状态。

根据意识的参与程度，可将催眠深度粗略划分为轻度、中度、深度三种状态。

1．轻度催眠状态：全身肌肉放松，眼睛睁不开，感觉舒服，但对于催眠指令的反应不佳，常常会以为自己并没有被催眠。但心里防卫已渐渐降低，比较能说出平常不愿意流露的话，心情也比较平稳，适合进行一般的心理咨询。

2．中度催眠状态：感知觉变化，记忆缺失，痛觉丧失，身心放松，对于催眠指令反应良好，但意识清醒，甚至比平常更清醒。此时意识与潜意识搭起了一道桥梁，催眠师可以直接对潜意识下指令，潜意识可以直接把特定的讯息送到意识层面。心理治疗常常着重在当事人对于过往经验的重新诠释、人生经验的统整，需要清醒的意识状态来参与，所以中度催眠状态是最合适的。

3．深度催眠状态：全身完全麻木，对于催眠指令反应良好，但意识不清醒，甚至不知道当时四周的状况，沉浸在非常主观的个人世界里。当结束催眠时，很可能无法记得催眠中发生过的事情。更深度的催眠便是梦游状态。只有少数患者需要在这种深度催眠状态下进行治疗。

在临床心理治疗中，上述分级显得过于粗糙，有时根据专业需要，也可以对催眠状态做更细化的分级。

1．第一级：浅催眠状态（lighter level）。受术者不感觉被催眠，觉得完全清醒，只是简单肌肉放松和眼皮沉重。在此阶段可做减轻体重、戒烟等治疗。

2．第二级：深催眠状态（deepened level）。更加放松，浅睡，可操控受术者的较大肌肉，手臂强直。大多数心理咨询都可以在此阶段进行。

3．第三级：强直状态（cataleptic state）。可以完全控制所有的肌肉系统，例如，无法从椅子上站起来，无法走路，无法说出一个数字，但并不是忘了那个数字。此状态可用于局部止痛；舞台催眠师选择催眠对象至少要达三级以上；临床催眠治疗师的工作范围，大都在这前三级内。

4．第四级：神游状态（fugue state）。开始有失忆现象，受术者确实忘记数字、名字、地址等；手掌不觉得疼痛，只感到触摸。此阶段可做牙科小手术。

5．第五级：梦游状态（somnambulism）。浅度梦游状态，完全麻醉，不感觉疼痛，也不觉得被触摸，有正向幻觉，可以看到不存在的东西。

6. 第六级：完全催眠状态（plenary trance）。深度梦游状态，有负向幻觉，看不见、听不见确实存在的事物或声音。

上述催眠深度的分级主要是从以下四个方面确定的：

肌肉僵直（catalepsy）：前三级各有不同的程度。

暂时失忆（amnesia）：第三级只是无法说出数字；第四级则是完全忘记数字。

麻醉（anesthesia）：第四级是止痛，仍有触摸的感觉；第五级是麻醉，没有触摸的感觉。

幻觉（hallucination）：第五级是看到不存在的东西，正向幻觉；第六级是看不到存在的东西，负向幻觉。

四、催眠深度测试

催眠师通常根据受术者在暗示下出现以下几种状态的程度来判断催眠深度：眼皮胶粘；手臂僵直；数字遗忘；痛觉丧失；正性幻觉；负性幻觉。

通过这种催眠深度测试不仅可以让催眠师了解受术者入眠的深度，同时，运用这些测试做练习也可以让受术者进入更深的催眠状态。

前面介绍的手指举起进阶测试，根据手指举起的程度可以有效判断受术者的入眠深度。

测试催眠深度的量表主要有以下几种：

1. 伯恩海姆深度量表（Bernheim's Depth Scale）：将催眠的深度分为从1到9几个等级。重点关注与深度催眠相关的健忘症（Bernheim，1888）。

2. 利比奥特深度量表（Liebeault's Depth Scale）：分为6个等级，1—4等代表轻度催眠，5—6等代表深度催眠或者梦游症（Hilgard，1965；Liebeault，1889）。

3. 菲尔德催眠深度调查量表（Field's Inventory Scale of Hypnotic Depth）：包括38个项目的自我报告问卷，是对催眠深度的客观描述（Shor，1960）。

有经验的催眠帅可以根据受术者语言和运动抑制的程度来判断催眠的深度。一般说来，受术者语言和运动的增多，通常是催眠深度转浅的信号。例如，在椅子里变换坐姿的受术者，其催眠状态往往变轻了，这可能是正常的漂浮现象，也可能是受术者遇到某种困难。此时，治疗师必须重新转入诱导性交流。通常可以采用先跟后带的方法，比如，可以这样说："催眠状态有时深有时浅，你可以在较浅的催眠状态里待一会儿，稍事休息，思考点什么，然后再回到较深的催眠状态。"

五、催眠状态的漂浮

上述对催眠深度的划分都是相对的，受术者的催眠状态经常是有起伏的。例如，一个进入催眠状态的人，可能由深度催眠转入中度或轻度，甚至回到觉醒状态，又可能再次进入深度催眠状态。这种催眠深度的变化称作漂浮现象。

催眠治疗时必须关注催眠状态的漂浮现象，因为不同深度的催眠状态要求不同的诱导方法和治疗策略。开头的放松性诱导是使受术者由意识状态转入混合或解离状态，许多治疗程序只有在这种状态下才能介入，此时催眠师应该对一切有可能减轻催眠程度的因素保持敏感，因为一旦这种情况发生就会影响治疗程序的效力。但这并不意味着催眠程度越深越有利于治疗，许多催眠治疗程序只要求进入混合状态，只要受术者的意识过程不主动干扰催眠治疗即可。

此外，催眠师采用什么样的交流风格也要依受术者的催眠深度来决定。例如，对于意识状态下或混合状态下的受术者，最好用隐喻或故事等间接性暗示，以避免或减少来自受术者意识过程的干扰；而对于解离状态的受术者就可大大减少间接性交流，而采用直接暗示，因为此时受术者的意识过程并不十分活跃，对治疗程序的干扰很少，从而可以取得立竿见影的效果。

第三节　治疗指令与唤醒技术

一、治疗指令技术

当催眠状态进入适合治疗的深度后，催眠师可结合分析疗法、行为疗法、认知疗法等治疗技术发出治疗指令。

设计治疗指令必须遵循以下原则：

第一，指令是正面的，积极向上的。

第二，指令简单，易懂易行。

第三，指令目标明确，不含糊其辞。

第四，指令可验证，能观察到执行结果。

第五，指令符合经验法则，能使人信服。

第六，指令逻辑一致，不可自相矛盾。

催眠治疗指令可以是直接的，也可以是间接的。表 4－1 列出了直接暗示与间接暗示的举例。（此表转引自张志华老师《催眠入门实务研习》讲义，文字略有改动）

表 4－1　直接暗示与间接暗示举例

直接暗示	间接暗示
1. 当你放松的时候，你是这么地想睡，你只希望去享受，你的心思飘荡，然而，你的潜意识会注意聆听我说的每一句话。	1. 你可以睡着、放松，你能够享受你的每一个念头，然而，你不需要注意听我说的每一句话，让你的意识飘游着。

（续表）

直接暗示	间接暗示
2. 给自己一个深呼吸，从嘴巴释放掉，放松，放掉了，然后，进入更深。每一次的呼吸，都让你进入更加深沉的放松状态。吸进平静，吐出紧绷，感觉到更多的内在平静。	2. 一位旅人走在森林里，深深地呼吸着新鲜的空气，感受到大自然是那么的宁静和安详……踏出的每一步，每一次呼吸，都给了他一种内在的平静与自在。
3. 想象着好多彩虹般美丽的气球绑在你的左手臂，你想象着看到和感觉到的气球越多，你的手臂就变得越轻；而你的另一只手臂，感觉它就像是铅块一样的沉重，以至于根本无力举起来；当你想象着沉重和轻飘的时候，你注意到了在你的两只手臂之间的感觉是多么的不同。	3. 在你的一只手臂上，某些有趣的事情发生了，或许是某一只手臂可能感觉到轻飘，就像是被许多的气球往上拉一样……或某一只手臂，可能觉得是如此的沉重，而无法抬起，我不知道哪一种的感觉，对你的潜意识而言，比较容易让你察觉到注意到。你已完全感到两手的不同了。
4. 现在闭上你的眼睛，注意你的眼睛是如何地想要，就这么舒服地闭着，当你的意识心灵飘浮时，你的潜意识会聆听，并且对于我说的每一句话产生反应。	4. 对你的眼睛而言，继续保持睁开，已经越来越不重要了，不论你的意识听还是不听我说的话，而你的潜意识将会听见每一件我说的事情，并且能够让你产生反应。

下面是张志华老师《催眠入门实务研习》讲义中列出的一些常用积极治疗指令（个别文字略有改动）：

舒缓压力的暗示：

不管外在环境如何紧张，我感觉到内在的平静。

我越感觉到平静、放松，我的成就感就越多。

我可以很轻易地化解任何外来的压力。

现在，任何的状况我都会很平静、放松。

吸气时，吸进平静的力量。

吐气时，呼出紧绷的压力。

增强自尊的暗示：

现在，我爱自己、肯定自己。

我经常用温暖的关爱，来善待我自己。

在任何的情况下，我很容易地就维持着我对自己的正向感觉。

我完完全全地接受自己。

我是宇宙独一无二的生命个体。

减重塑身的暗示：

我可以轻易地维持我的正常体重________公斤，那就是我的体重。

我毫不费力地改变我对于饮食的观念与所订下的规则。

我总是选择吃有营养、低热量、高纤维的食物。

食物对我而言是赏心悦目的，

我总是慢慢地吃，并且品尝着嘴里的每一口食物。

我爱惜自己的身体，我喜欢自己。

我接纳自己的全部，包括家庭，还有我的长相、身材、体型。

所有屯积在我体内的垃圾情绪都会一天天排出我体外。

有助睡眠的暗示：

我总是一觉到天亮，而且感觉到平静。

每当我想要睡觉时，就能很轻易地进入睡梦中。

每晚我都带着微笑入睡，而且总是可以容易地整夜熟睡。

当我睡觉时，任何进入我脑海里的杂念，都像白云一样一朵朵飘过，很容易就消散了。

增进财富的暗示：

任何有关致富的机会，都会为我而生。

君子爱财，取之有道，我非常喜欢并善于赚钱。

从现在开始，我会一天比一天富有，我存折的数字会以加倍的速度增长。

我所做的有关财富方面的投资都会得到最好的报酬及收获。

我像一块充满磁力的磁铁，不断地吸引丰富的财富。

我的潜意识引导我过着幸福的人生及富裕的生活，我过着无忧无虑的生活。

我永远珍惜我的财富，我衷心感谢我所获得的财富。

二、催眠唤醒技术

当受术者进入催眠状态已有较长时间，达到足够的催眠深度，并取得一定的治疗效果，如感到躯体轻松、精神愉悦等，即可采用唤醒技术，让受术者恢复清醒状态。

一个人来找催眠师，是为寻求改变，是要自己的改变能展现于外部世界，而不只是在催眠椅上，这就要求催眠师在唤醒受术者之前给予催眠后暗示。

所谓催眠后暗示指的是，任何在催眠状态下对受术者提出的要求在催眠之后能够持续起作用的暗示。催眠后暗示分为非治疗性与治疗性两种。

非治疗性的催眠后暗示主要用于舞台表演以增加娱乐性，例如："当我将你由催眠状态之下唤醒之后，每当我弹手指，你会有强烈的渴望，想要摸下巴一次，如果你试着想要抗拒，你就会自动地微笑或是大笑出来。"这里必须提醒舞台催眠师注意的是，在催眠秀结束之前，必须将任何对受术者没有实质利益的催眠暗示解除，即使是受术者拒绝的暗示，也要正式地解除，以免产生不必要的后遗症。

治疗性的催眠后暗示通常是催眠治疗的必要环节，例如，对一位希望减肥瘦身的求助者可以给予下面的暗示：“每当你选择用喝茶或嚼口香糖来代替吃点心或巧克力，你会发现自己在身体上非常舒坦，心理上感觉非常的满意和愉悦。每当你看到冰激凌、炸鸡腿或闻到油炸的味道，再也引不起你的食欲。”

在正式唤醒前要再次使受术者产生高峰体验，间隔5分钟左右，就可以实施唤醒。大多采用与加深催眠时的正向数数相反的倒退数数的办法，通常是由10数到1，或从5数到0。除采用数字信号唤醒外，还可以采用操作信号（例如拍手、点穴等）或定时信号（生物钟）来唤醒。例如：

等一下，我会从5数到0，当我数到0时，你将会完全清醒。好，5，你开始从催眠中清醒过来；4，你觉得很舒服；3，你的头脑非常灵活，精力充沛；2，你的眼睛开始睁开了；1，眼睛完全睁开，完全清醒；0，你觉得全身舒畅，精神抖擞，容光焕发。

也可以采用更为简单的方法唤醒受术者，如说：“你在心里从1数到10，在每两个数目间，做一次深呼吸，数到10时，完全清醒，觉得非常舒服，神清气爽。”或说：“我们已经做完这次催眠，请做5次深呼吸，然后完全清醒。”

具体操作时要注意以下几点：

1. 先给受术者觉醒的观念，再慢慢施行觉醒法。

2. 一定要先解除催眠状态中各项活动的暗示，否则会造成不良后果。

3. 觉醒前必须给受术者再醒后精神愉快、身体舒适的正性催眠后暗示。

4. 如果是多次连续催眠治疗，在唤醒前最好建议：“以后你将会一次比一次更容易被催眠，也会一次比一次进入更深的催眠状态。”

5. 若醒后出现头晕目眩等不舒服感觉或其他不良反应，再次催眠时予以相应暗示，即可将其消除。

6. 如果是夜晚做催眠，请勿向受术者说：“你的头脑非常灵活，精力充沛。”因为这样有可能导致受术者失眠。

下面是另一段催眠唤醒语的示例：

现在我将要唤醒你，带你重新回到梯子，当你向上爬到梯子的最顶端，你将会醒来，感觉焕然一新。但是在我要你醒来之前，我想让你看一下那些钥匙。你看到它们了吗？每当你看到那些钥匙的时候，你将会很快很容易地回到你现在所处的这种催眠状态。现在醒来吧，顺着梯子一步一步地往上爬，1，醒来吧，2，3，马上就要到最顶端了，4，5，现在睁开眼睛吧，感觉焕然一新。现在睁开眼睛。你的感觉如何呢？

有个别受术者可能陶醉于催眠状态不愿醒过来，这时不妨说：

“你是要按时间交费的，你可以想待多久就待多久。”

“你觉得膀胱愈来愈涨，想上厕所的感觉变得非常的强烈。”

“你如果再不醒来，我会让你以后永远无法进入这种状态。”

第四节 催眠治疗的基本技术：放松

催眠治疗的基本技术是放松，放松的常用方法有以下三种：自律式放松、渐进式放松、冥想式放松。

一、自律式放松

首先找一个放松的姿势坐好或躺下。然后，轻松、自然、缓慢、均匀地呼吸。你唯一所使用的是呼吸的肌肉，尽可能地想象你能感觉到，每次空气的流进、流出。让每次的呼吸都一样。你呼吸的方式愈轻松，你整个人也就愈轻松。随着每次的吐气，你愈来愈轻松。当你比较放松之后，随着一吸、一呼的韵律，在心中默念下面的话各五遍。默念的时候，同时想象你已经拥有了你所默念的经验。

吸气时念：	吐气时念：
我的手和脚	愈来愈沉重
我的手和脚	愈来愈温暖
我的心跳	平稳又规律
我的呼吸	轻松又自在
我的腹腔	放松又温暖
我的额头	愈来愈清凉
我的内心	平静又安定

二、渐进式放松

1929年美国芝加哥医师雅各布森（Edmund Jacobson）发展出一套渐进式放松法（progressive relaxation）。透过全身肌肉循序渐进地紧绷与放松的对比，增进气血循环，让心跳规律与呼吸缓慢，平衡身体系统，提供细胞更多的营养，让身体与心灵得到舒缓与休息。此法既可作为催眠诱导法，也可用作催眠深化法。

请你慢慢地闭上眼睛，并且调整为最舒服的姿势，让自己放松下来。现在让你自己跟着我的声音和音乐一起进入深层的放松状态里。

深呼吸，吸气，吐气，你可以透过这样的呼吸，让身体更加放松下来。再吸气，吐气，越来越放松了。随着每一次的呼吸，想象放松的感觉，由胸腔扩散到全身各处。放松你的头部，放松你脸部所有的肌肉，放松你的额头、眼部四周的肌肉，放松你的鼻子、脸颊，放松你唇部的肌肉，放松你的舌头，让上下牙齿自然地分开，放松你的下颚，整个下颚放松着，让放松的感觉来到后脑，让头皮完全地放松，放松你的耳朵，让放松的感觉往下，到肩膀。让所有的紧张、不舒服从肩膀消失，让它消失。现在让放松的感觉，从肩膀扩散到你的胸部、手臂、腹部，一直到你的背部。背部放松，臀部放松，大腿、小腿、每一根脚指头都放松。让你全身的肌肉，完全地放松下来。如果还有一丝没放松的感觉，就让自己再一次地放松下来。感觉你的呼吸，感觉呼吸的脉动与频率，你发现自己的呼吸变得很深、很慢。让你的身体和心理合二为一，现在我会从十数到一，我每往下数一个数字，你就会更加地放松，更加地舒服、安详。十、九，越来越放松了。八、七、六，进入了更深的放松状态。五、四、三，更加倍地放松。二、一，完全地放松下来。你已经进入深层的潜能状态，也知道完全放松的美好。只要你还需要，你随时可以回来和我们一起探索潜能状态，体验它的美好。等一下，我会从一数到五。当我数到五时，你会完全清醒，精神抖擞，全身舒畅。一，你开始从催眠中清醒过来。二、三，眼睛完全睁开了。四、五，完全清醒，觉得全身舒畅。现在你可以伸个懒腰，让自己清醒过来，轻松地迎接未来的每一天。

三、冥想式放松

下面是笔者在为党政军官员、政府公务员、企业老板、白领等举办压力应对与情绪管理工作坊时，经常采用的冥想放松指导语。

请你舒适地坐好，背靠椅子，两手放在膝盖上，闭上眼睛，集中注意听我说，脑子里浮现出相应的画面，就能体会到一种美好的感觉。

好，请先做几个深呼吸，用力地深深地吸一口气，吸满，下沉，把腹部膨胀起来，憋住气，再慢慢地吐气，吐长气，要慢、要匀，再用力地深深地吸气，吸进氧气，吸进能量，让氧气和能量随着血液慢慢地渗透到你的全身，你的身体充满了力量，再慢慢地吐气，吐长气，吐出你的烦恼和不快乐。吸气，吸进氧气，吐气，吐出烦恼，吸气……吐气……吸气……吐气……

下面想象你来到一片大草坪，绿草如茵，草坪厚厚的，软软的，现在你躺在了草坪上，微风拂面，你闻到了泥土和青草的气息，你的周围开满了鲜花，五颜六色，红的，黄的，蓝的，紫的，你闻到了花的香味，花的周围有几只蜜蜂和蝴蝶在轻轻地飞舞，你听到了蜜蜂的嗡嗡声。

你的左侧是一湖秋水，水平如镜，水面非常平静，一点波浪都没有，只有几只鸭子和鹅在轻轻地游动，白毛浮绿水，红掌拨清波。你的右边是一片树林，树林密密的，林间有条小路，曲曲弯弯，非常幽静，非常幽静，你听到了昆虫的鸣叫声。

你的前方是一条小河，小河流水哗啦啦响，河面上有座小桥，河边有几棵柳树，柳枝下垂，随风摇曳。你的头上是一片蓝天，蓝蓝的天上白云飘，一大团白云，厚厚的，白白的，像一大团棉花一样。白云在下落，下落，下落，落到你身边。白云缭绕，紧紧地包裹着你，你躺在了白云上面。你的身体随着白云轻轻向上飘，越飘越高，越飘越高，身体越来越轻，越来越轻。飘啊飘，有一种飘飘欲仙的感觉，高空非常凉爽，非常舒服。

你的身体随着白云飘向远方，越飘越远，越飘越远，飘到了大海边。蓝色的大海，金色的沙滩，阳光，海浪，沙滩。白云载着你的身体下落，下落，下落，你的身体在下沉，下沉，越来越沉，越来越沉，落到地面。

现在你躺在了沙滩上，沙子细细的，热热的，软软的，太阳照在你身上暖暖的，你感到全身温暖，从头到脚，全身温暖。

海浪呼啸着，高高的浪头，白白的浪花，声音由远而近，啪……拍到你身上，海水好凉，好咸。海浪没过你的身体，又慢慢退下去，退下去，浪头、浪花消失了，声音越来越远，你再次感到全身温暖，越来越暖。又一个浪头拍过来，好凉，好咸，海浪又慢慢退下去，退下去，你再次感到全身温暖。

就这样，海浪在一下又一下轻轻地拍打着你，啪……拍过来，哗……退下去，拍过来，退下去，你的身体一凉，一暖，一凉，一暖……海浪在一下又一下轻轻地拍打着你，海水冲掉了你所有的烦恼和疲劳，你所有的烦恼和疲劳都被海浪冲得干干净净。(停顿)

白云又落在你身边，你的身体又随着白云向上飘，越飘越高，越飘越高，身体越来越轻，越来越轻，飘啊飘，又飘回了我们这里。白云在下落，下落，你的身体在下沉，下沉，越来越沉，落到地面。

现在你重新坐在椅子上，感到非常舒服，非常放松。放松……全身放松……头皮放松……额头放松……前额放松……前额放松……面部、颈部放松……躯干、四肢放松……头皮放松……额头放松……眉头放松……前额放松……全身放松……继续放松……越来越松……放松……放松……现在你感到非常舒服，非常放松。(停顿)

下边我从五倒数到零，随着我的数数，你会越来越清醒。当我数到一的时候，请你睁开眼睛，数到零的时候，你会彻底清醒。醒来后你感到精力旺盛，心情愉快，你的身体越来越好，工作、学习效率越来越高，人际关系越来越和谐，你的睡眠很安稳，很香甜，你对未来充满了信心，你的前途一片光明！好，五……四……三……二……一……零！

第五节　年龄回溯技术

年龄回溯是一种典型的催眠体验活动，受术者根据催眠师的指导回到过去。它要求受术者是那种催眠感受性高的人，催眠师常常会创设一种适宜的情境，让受术者通过想象回到自己的小时候，讲述某一段童年的故事和经历。

一、年龄回溯的操作方法

年龄回溯的方法很多，在受术者进入深度催眠后，可以直接通过语言指令让受术者回到某个年龄，也可以设计一种情境诱导受术者回到某个年龄，还可以通过隐喻或借助“魔法”让受术者回到过去。

为了帮助读者更好地了解催眠过程中年龄回溯的操作方法，这里借用澳大利亚新南威尔士大学心理学院院长麦康基（Kevin M. McConkey）教授提供的几个催眠案例。本书对其中某些内容（如人名、时间、地点等）作了适当修改，以方便中国读者阅读。

案例1：一个有些自卑的女大学生

此案例中的受术者很容易受别人影响，催眠感受性很高，能够通过催眠感受性标准测验中的所有项目。

在受术者闭上眼睛后，催眠师将其引入深度催眠的状态，接下来对她的返童现象进行相应的测试。

返童催眠的指导语及受术者的反应如下：

催眠者：现在我将带你穿越时空。我想把你带到过去，回到许多年前，你六岁刚上学的时候，还是一个坐在学校教室的小女孩。我一数数，你就在想象中让时间回到过去，回到你是个坐在学校教室的六岁小女孩的时候。我从1数到5，当我数到5的时候，你就刚好回到了那个时候，刚好回到坐在教室的时候，身边有老师和同学。1，不再是现在的2009年，2008年了，2，回到过去，过去两年，三年，3，你越来越年轻，快到那个时候了，还是个小女孩的时候，坐在教室里的六岁小女孩，4，越来越远，几乎快到你六岁的时候了，5，你到了六岁的时候了，坐在教师里，旁边有同学，老师也在教师里，你六岁。

我想要你告诉我周围怎么样，我是说你能描述一下那里的场景吗？接下来会发生什么呢？你能告诉我吗？告诉我正在发生什么事情。

受术者：老师不喜欢我。

催眠师：谁是你的老师？

受术者：王老师。

催眠师：你喜欢你的老师吗？

受术者：不喜欢。

催眠师：为什么不喜欢。

受术者：她不喜欢我。

催眠师：你在学校有朋友吗？

受术者：有，就在我旁边。

催眠师：谁坐在你旁边？

受术者：小芳。

催眠师：你喜欢她吗？

受术者：喜欢。

催眠师：你们在做什么？

受术者：在唱歌。我唱得不好，老师说我笨，她不喜欢我，我也不喜欢她。小芳嗓音好，她唱歌非常好听。

催眠师：好的，就坐在那里并且放松，现在放轻松，我将从1数到5，你将穿越时间，不再是一个六岁的小女孩，只要在深度催眠中穿越时间，坐在咨询室的椅子上。

受术者：好。

催眠师：只要放松就好。你为什么不自己数数穿越时间呢？只要举起你的手，1，跟我一起数，2，当你回到现在的时候就举起你的手，放轻松，3，现在从时间里穿越回来，回到2008年，4，当你回到2009年，你来寻求帮助的心理咨询中心的时候，就举起你的手。只要举手示意让我知道你回来了，回到这里就好。5，好了，回到心理咨询中心了。坐在椅子上，深度被催眠，现在回到正常状态。

然后，催眠师按唤醒程序叫醒受术者，并且确认一切都回复到正常状态。

评论：在这个案例中，催眠师采用的回溯方法是在受术者进入深度催眠后，直接指令其回到某个年龄的某个场景。通过此次催眠年龄回溯体验，找到了该大学生自卑的部分原因，为进一步心理咨询指明了方向。

案例2：一个有攻击性的男大学生

第二个案例是一个男性大学生，他在催眠感受性测验中通过了12个项目中的9个。在深度催眠后，让受术者返回到七岁。

返回的指导语如下：

催眠师：你现在七岁。放学后你和朋友在邻居家玩，每个人都带了玩具，和大家一起玩游戏很有趣。在一个游戏中，你的一个朋友拿了你最喜欢的玩具，你让他还给你，他就是不给你。他拿了你的玩具并且不还给你。于是你就走向他，用力地打了他一下，你打得如此重，以至于他的鼻子都出血了。你故意打他，因为他不把玩具还给你。你向他要，但是他却把玩具抓得更紧了，坚持不还给你。你回家的时候听到有人在跟你妈妈打电话，那是你朋友的妈妈，她看起来很生气。你妈妈很纳闷为什么邻居打电话过来，是不是你做了什么坏事儿？你知道邻居是因为你打了她儿子才打电话来的，你很想否认这个事实，尽管确实是你主动打他，并且把他的鼻子打出血了。但是你选择什么都不说。

根据这个指导，催眠师发现了受术者在冲突情景中的感觉和行为反应。以下逐字逐句地记录了这部分的提问及反馈：

催眠师：你朋友拿走了你的什么玩具？

受术者：一个球。

催眠师：你朋友叫什么名字？

受术者：小刚。

催眠师：他为什么不还给你？

受术者：他想要作弄我。

催眠师：你妈妈跟你说了什么？

受术者：妈妈说不可以打朋友。

催眠师：你感觉如何？

受术者：谁让他不把球还给我。

催眠师：你爸爸发现这个事情的时候说了什么？

受术者：他没说什么。

催眠师：你觉得在这种情况下你爸爸会怎么做呢？

受术者：我不知道。

催眠师：如果明天你朋友又拿了你的玩具，你会怎样做？

受术者：我会打他。

催眠师：你妈妈会怎么做？

受术者：她可能会扇我一巴掌。

催眠师：好了，请回到现在。

评论：在这个案例中，催眠师采用的回溯方法是根据受术者的问题设计一种情境诱导其回到童年。通过这次催眠回溯，发现该大学生的攻击倾向可能与童年时家长特别是母亲教养方式不当有关。

案例3：一个学习心理咨询的研究生

最后这个案例的主人公是一个学习心理咨询的29岁的研究生，他对催眠的感受性很高。他被引入到了一个相对放松的情境中，通过手臂抬举和催眠师给他的暗示（告诉他正坐在一张魔毯上面，这张魔毯能够让他进入很深很深的催眠状态），以此加深了他恍惚的状态。在对他进行返童指导之前，暗示他的手臂和手都承受越来越多的重量。在返童时，受术者回到了五岁的时候。返童之后，催眠师给出指示，让受术者对返童后的感受做出评论。然后受术者被叫醒。受术者成功地完成了所有的项目。

下面是催眠师的返童指导语及受术者的反应：

催眠师：这是一种非常神奇的地毯，它开始带你穿越时间回到过去。它正在带你穿越时间，回到高中时代，越来越深入，越来越深入，回到了你上小学的时候，回到了你五岁的时候。你正坐在幼儿园的教室里听老师讲课。回到五岁，坐在教室里听老师讲课。谁是你的老师？

受术者：李老师。

催眠师：很好，那天是星期几？

受术者：上学的最后一天。

催眠师：几月份？

受术者：一月。

催眠师：谁是你的朋友，你在班上最好的朋友？

受术者：小强。

催眠师：你能给我描述一下他吗？告诉我关于他的一些事情，为什么他是你的朋友。

受术者：他很高大，人很好，我们经常一起玩。

催眠师：你喜欢他吗？

受术者：是的。

催眠师：你还想告诉我其他什么事情吗？

受术者：不想。

催眠师：好的。等一会儿我会让你睁开眼睛，纸上有个问题，我想要你尽可能地写下问题的答案。当你睁开眼睛的时候，你像现在一样保持着深度的放松和深度的催眠。我将把画板放到你的腿上，把笔放到你的手上，这样你很舒服。睁开你的眼睛，看看纸上都写了什么。你能为我大声读出上面的问题吗？

受术者：你能写出那个时候你所在的幼儿园的名字吗？

催眠师：你能回答这个问题吗？

受术者：可以。

催眠师：你能写下来吗？

受术者：我能说出来。

催眠师：什么？

受术者：蓝天幼儿园。

催眠师：好的，谢谢。当我拿走画板和笔的时候，请闭上眼睛。现在请保持眼睛是闭着的。好的。你五岁，坐在教室里，你刚刚回答了我的一些问题。这很好，我想让你保持深度催眠的状态，深度放松。你五岁，坐在教室里，非常的放松，非常的沉醉，就刚刚在你五岁的时候。

催眠师：通常对于那些被催眠的人来说，他们可能基于自己的经验在某方面给出评论，知道他们那个时候的感觉是什么，他们被催眠时感觉到的各种感觉和经历是什么。现在你回到了那个教室，还是五岁的时候，并且你被深度催眠了。一会儿我会轻轻敲你的肩膀，当我敲你肩膀的时候，我想让你另外那个能做出评论的部分，告诉我你那个时候的感觉，只要简单地告诉我发生了什么就好。当我再次敲你肩膀的时候，你另外的部分将会走开，你将回到你五岁的时候。因此，当我第一下敲你的时候，你的那部分会告诉我你的感觉和想法，当我再次敲你的时候，你会回到五岁。我接下来要第一次敲你了，向我描述当时的感觉和想法。

受术者：很像我在那个班上，我真的能想起来，回想起我和我朋友王强在一起的感觉。

催眠师：能告诉我更多一点信息吗，感觉怎么样?

受术者：看起来很形象，我或许应该回到那里，那里比较好。

催眠师：你想这样做吗?

受术者：是的。

催眠师：你想让我再次敲你肩膀吗?

受术者：是的。

催眠师：你现在能描述发生了什么吗?

受术者：我们在用纸和胶水造房子。

催眠师：好的。现在待在那里，完全放松，深度催眠。在魔毯上来回地飘荡。回到魔毯上，来回飘荡。魔毯开始把你拉回来。你经历了一次非常轻松愉快的历程。你想象过去一段时间，一段和朋友相处的快乐时光，和你最好的朋友在一起。现在魔毯把你带回现在，长大了，回到你的学校，坐在椅子上，被深度催眠。现在回来吧，就现在回来。不再是五岁了，坐在椅子上被深度催眠。现在是哪一年?

受术者：2010 年。

催眠师：好的，现在一切都回归正常了。

评论：在这个案例中，催眠师通过魔毯将受术者带回童年。本案例表明，在年龄回溯过程中，受术者可以从旁观者的立场对返童的感受做出评论。这种催眠意识的复杂性揭示了现实和指导语之间的一种微妙的难以捉摸的融合。

二、年龄回溯的真实性

（一）年龄回溯真实性的争论

佩里和奇泽姆（Perry & Chisholm）通过对极易受人影响、会受人影响和不太会受人影响的三类人进行了相同的年龄回溯测试，发现他们在反应清晰度上有明显差异。

目前，学术界对于受术者在催眠中所回忆的这些故事和经历到底有多少是真实的，有多少回忆是歪曲的，尚存在许多争议。有许多研究文献关注过去的经历和想法是否被准确地回忆了，或者年龄回溯下的表现是否与真实情况相符合。

要把年龄回溯和回忆区分开来，我们对于年龄回溯中受术者的经历和故事的真实性是不做严格要求的。在催眠治疗时，常常会让来访者去经历一系列的回溯体验。勒克龙（LeCron，1948）指出，在年龄回溯过程中，可能存在对现状的记忆缺失，对过去事件的记忆增强，或者可能是一些心理上的变化。

很多人存在这样的误解：认为年龄回溯是真实的或者是一种角色扮演。当研究者对年龄回溯进行检验的时候，发现它既不是完全真实的，因为有时回忆的行为与受术者所回忆的那个年龄阶段在某些方面是不相符合的；另外它也不是角色扮演，因为扮演这个词本身就意味着作假和欺骗的行为。

在一项研究中，有位学者邀请了一个 19 岁的被试来做催眠，这个被试曾经被别人羞辱和欺凌过，而且长达 24 小时都没有意识。当他回到过去被欺凌和羞辱的那一天，这位被试失去了知觉，有人认为这位被试其实是正在重现过去经历的那件事情，就像它真的又发生了一样。研究者巴伯认为，人们可能会在很多情况下昏厥，但是从这个案例中可以看出，情感的确在这个过程中起了很大的作用，至少在某种情况下，我们很难去说这种真实的回溯是扮演的。

当一个外行问道："这个人真的是在做年龄回溯吗?"其实他真正想问的是："这个人所思所想真的与他小时候，比如 6 岁时所经历的一样吗?"

年龄回溯体验虽然是一种自然而然的现象，但它也有些不符合逻辑的地方，当人们在回到过去的某一个时刻的时候，也许他们所想象或描述的事件或故事并未发生。例如，当受术者回到过去的某一个时间点的时候，有可能会拼出一些复杂的单词或说出现在流行的术语，而在那个年龄阶段是根本不可能办到的事情。这种矛盾在学术界被称为逻辑混乱，它被认为是催眠过程中的一个重要特征。这种现象来源于受术者根据催眠师的建议和指导，对觉察到的现实事件的整合，因此我们不必考虑受术者想象或者描述的情节准确不准确的问题。

研究发现，催眠师告诉受术者回到过去的时候，受术者觉得用他们小时候所熟悉的语言进行交流更让人愉快。但如果催眠师听不懂受术者的母语，受术者也会用后来学习的外语同催眠师交流。

研究者使用智力测验、投射测验、记忆测验（比如回忆自己的生日、某件事情发生的地点）以及某些特定的认知测验来研究催眠中的年龄回溯。结果表明年龄回溯不是一种对过去经验和认知过程的加强，他们回忆的行为也非常与众不同，比如他们回忆的行为或者经验与他们当时所处的那个年龄阶段是不相符合的，往往超过当年的水平。

这种夸大现象似乎已经成为了催眠中年龄回溯的一个特征了。例如，萨宾（Sarbin，1950）发现有一些成年人在他们八九岁的时候曾经做过斯坦福—比奈智力测验，当他们回到测试的那一天时，我们可以看到他们的表现与真实的测验分数的差别。证据表明被试所回忆的分数比实际分数偏高。同样的，另外一位学者让被试回到测试的那一天（18 个月以前），发现他们回忆的分数比原来的分数高。费洛斯和克里默（Fellows & Creamer）也发现，让被试回忆他们过去某段时间的绘画测验分数的时候，他们回忆的分数也都偏高。使用投射性测验的研究揭示了同样一种趋势。例如，奥恩（Orne）在 1951 年发现，在催眠的年龄回溯的情况下让被试做绘画测验，他们的成绩比正常情况下的成绩要高。卡拉丝尼克和麦克尔（Crasilneck & Michael，1957）也得出同样结论：在催眠回溯的情景下，被试的表现要优于正常的表现。

年龄回溯研究中最富有说服力的一个研究是由康奈尔（Connell）所主持的。在这个实验中，让被试接受一系列的任务测验，这些被试被分为三个完全不同的年龄水平，并用真实的儿童（4—7 岁）作为对照组。结果证实了赖夫等人（Reiff & Scheerer）的大部分研究，他们认为年龄回溯是对过去经验的一种加强。这个研究发现被试在艺术测验上比真实的孩子更加孩子气，在另外一些方面他们的得分却比正常的孩子高。例如，他们在拼写单词测验时分数更高。

（二）年龄回溯中的逻辑混乱问题

为了更好地理解年龄回溯过程中受术者反应的真实性及逻辑混乱问题，我们列举澳大利亚心理学家希恩（Peter W. Sheehan）所做的一个真实催眠案例来加以说明。

在受术者进入深度催眠状态后，催眠师开始对受术者进行年龄回溯诱导。下面是催眠师和受术者在催眠返童现象中经历的会话的逐字记录。

催眠师：现在你将要回到过去，回到更小的时候，变成一个孩子，回到四岁的时候，比这个更加小一点，回到两岁，然后变得更加小一点，回到一岁，正好回到一岁，现在感觉自己是一个一岁的孩子，你叫什么名字？

受术者：（没有反应）

催眠师：你知道你的名字吗？

受术者：嗯。

催眠师：你多大了？

受术者：嗯，一岁。

催眠师：现在我们开始下一部分，你可以告诉我你在这一时期的经历，如果你有记忆的话，当我把手放在你的肩膀上的时候，你可以告诉我，如果没有的话，你就不要做任何反应。（催眠师把手放在受术者的肩膀上）

受术者：我和妈妈一起，坐在沙发上。

催眠师：你和你妈妈在一起。

受术者：坐着。

催眠师：只是坐着，在哪个地方呢？

受术者：在卧室。

催眠师：在卧室，那是在哪个城市？

受术者：库奥皮奥。

催眠师：你们在说什么吗？

受术者：不知道。

催眠师：不知道？你会说英语吗？

受术者：不会。

催眠师：你能听懂英语吗？

受术者：不能。

催眠师：你妈妈会说英语吗？

受术者：不会。

催眠师：你会说什么语言？

受术者：芬兰语。

催眠师：你妈妈也是说芬兰语吗？

受术者：是的。

催眠师：你有什么想对妈妈说的吗？

受术者：没有。

催眠师：那她对你说什么了吗？

受术者：不知道。

催眠师：不知道，好，现在你快快长大回到现在。

评论：观察到这里，有趣的一点是，这个受术者在她的返童现象经历中没有说芬兰语，尽管她强调她在幼年时只能说这种语言，她在行为上出现了明显的逻辑矛盾。在这些逻辑混乱的例子中，我们需要认真考虑那些可能影响逻辑不协调的反应的因素。例如，受术者在年龄回溯中的情感参与程度会对其反应有影响，它或许显示这个受术者并没有全身心投入到她的返童现象的经历中。因此，她不说芬兰语而用英语交流，似乎是呈现一种观察者的视角去面对她的返童现象的经历。

在后来催眠师与受术者讨论这个经历时，受术者解释道，在她的返童现象的经历中，她感觉到“好像她应该说芬兰语”，但是却说了英语，因为她知道催眠师不会说芬兰语，并且她有意识地翻译了她的回复，以便“可以继续和催眠师交流”。也就是说，从受术者的角度考虑，为了保持和催眠师的和谐，她只能说英语，她在催眠的经历中呈现一种不合逻辑的行为表现，以便于她和催眠师都可以保持他们各自的角色和参与水平。

三、年龄回溯的理论解释

人们提出了很多关于催眠中的年龄回溯过程的理论解释。有学者认为它是一个恢复早期思维和认知模式的过程，还有学者认为它是过去经验的一种再生，或者是想象力的一种活动形式，或者是让受术者相信催眠师所创设的那个环境的一个过程。无论我们采用哪一种理论，有一点是很明显的，那就是年龄回溯包括一系列的对觉察到的事实的整合。

概括说来，对年龄回溯有两种主要解释：一种观点认为年龄回溯是过去经验的复活和再现；另一种观点认为年龄回溯是被试在催眠的情况下，被催眠师欺骗了，而不知道真实的事实是怎样的。

（一）复活再现论

复活再现论是指，年龄回溯中的受术者根据催眠师的指令，用一种活灵活现的方式重新体验过去的事件或者经历。显然，这种说法认为在年龄回溯中的这些记忆与真实经历是不能分离的，是回到了过去的认知模式中，是儿童时的心理发展过程和经历的总和。例如，第二个案例中的受术者，在催眠后讨论返回到 7 岁时的身体攻击行为时，谈到催眠师给出的指令与他曾经经历过的一次真实的攻击行为是非常相似的。但是这种观点并没有更多证据支持。纳什（Nash，1979）的研究表明，年龄回溯中复活或再现的主要是情感的而不是认知的记忆部分。

（二）欺骗幻觉论

康奈尔（Connell，1970）认为，年龄回溯中的被试是暂时被欺骗了，因为催眠中的个体实际上非常相信催眠师的指令，这种主观的相信导致短暂性的幻觉，被认为是催眠的一个主要特征。这种观点得到了一些研究的支持，这些研究指出年龄回溯资料在逻辑上的矛盾，受术者表现出逻辑混乱的错误，足以让人怀疑年龄回溯中行为表现的真实性。但也不能仅仅因这种混乱的逻辑矛盾，就武断认为所有年龄回溯的经历和故事都是受术者的幻觉和欺骗行为。这种不谐调不一致的结论很可能是观察者的一种推断，而不是受术者的故意欺骗。

从大量年龄回溯的研究中可以归纳出以下几点：

1. 催眠中受术者在返童时的表现和实际情况不一定是一致的。

2. 受术者在返童中的表现常常比特定的年龄或者是小时候的表现要更优秀。

3. 受术者在对指导语进行认知加工的过程中是非常个性化的，他们理解指导语的方式在决定对年龄回溯做出什么反应的时候是一个重要的因素。

4. 年龄回溯更像是一个主动建构的过程，而不仅仅是被试按照催眠师的要求来做。

再现论和幻觉论这两种关于年龄回溯的理论解释都没有充分认识到上述事实，因此都存在一定的片面性。

本书作者认为，和前世回溯疗法一样，年龄回溯的真实性问题及其理论解释并不重要，重要的是这种方法是否有效，只要对治疗有帮助，我们何必拘泥于其真实性和理论解释的合理性呢?

第六节　团体催眠技术

催眠治疗通常都是一对一的个体行为，但有时为提高效率，也会实施团体催眠，这既是客观需要的，又是切实可行的。

一、团体催眠的作用与局限

（一）团体催眠的作用

团体催眠主要用于两种情况：

一是将团体催眠作为演示方法训练培养催眠治疗师，可使受训者通过亲身体验更好地掌握催眠技术。由于催眠后每个人的反应和所报告的感受多种多样，各不相同，从而可以让学习者更好地了解催眠是如何进行的，如何被有效利用的，以及可能出现的情况和问题。

二是对背景（如年龄、性别、学历、职业等）相近并具有同类问题（如婚姻问题、职业倦怠、考试焦虑问题等）的来访者，采用团体催眠治疗可提高效率，不但节省时间和金钱，而且可通过术后交流彼此感受，相互影响，相互促进。交流体验是团体催眠的重要环节，也是其发挥治疗功能的因素之一。

（二）团体催眠的局限

团体催眠的主要缺点是针对性不够强。

由于在团体诱导中只能照顾大多数，忽略了受术者反应的个别差异，对某些人而言，可能催眠的深度和质量都不及个体催眠。

二、团体催眠的方法

催眠的团体诱导和个体诱导的基本原则和策略（如合作、联想、分离等）是相同的，但在具体操作过程中要适当有所调整。

（一）团体催眠的程序

通常可先用十几分钟时间与受术群体交谈催眠的本质，澄清误解，打消顾虑，让大家认识到催眠只不过是一种舒适的体验，是对自我的一种安全探索；在催眠过程中，不会让任何人产生不愉快的感受或经历痛苦的体验，也不会做任何可能让人泄露隐私或感到窘迫的事情。还要让受术者知道，每个人在催眠中的反应和发展速率可能各不相同，因此不要去注意和比较别人的表现，在催眠过程中，只要专注于个人自然发生的一切就够了，而无须努力寻求奇特的体验和戏剧化的表现。

根据艾瑞克森学派的经验，团体催眠诱导一般都比较简短，通常可按以下程序进行：

1．做 5 分钟的放松和内在专注训练；

2．通过 5 分钟的一般陈述或隐喻故事来激发内在探索过程；

3．用 5 分钟重现愉快记忆；

4．给予 5 分钟的自我欣赏暗示。

最后，可再用 5—10 分钟的时间交流催眠感受和体验。

一次团体催眠大约需要 1 小时左右。

（二）团体催眠诱导举例

团体催眠诱导通常采用包容性较强的语言。下面是吉利根（Stephen G. Gilligan）所著《艾瑞克森催眠治疗理论》一书中对年龄退行（回溯）团体诱导语的示例：

了解到你在童年时期拥有那么多不同的体验是多么美妙啊……从你还是一个婴孩，到成为小男孩或小姑娘，再一路长大成为青少年……催眠是非常安全的，你可以让无意识与你共享那些快乐的、久已忘却的记忆……所以我想知道，而你也会想知道，因为我们都不知道是哪些久已忘却的记忆会被唤醒，也许是一段在家的体验，也许是在操场上，也许是在教室里……我不知道，你也不知道，但你的无意识会为你带来惊喜……也许刚开始是一段体验，也许是两段体验，也可能一段也没有……也许你会先看到它，或感受到它，或听到它，或者甚至是先闻到它，在体验的所有其他方面都重现之前……你可以让无意识以适合你的节律和步调，来一步步走下去。

（三）如何克服团体催眠的局限性

为了弥补团体催眠的不足，通常采用以下几种策略：

1. 尽可能使用更具概括性和包容性的话语，确保在预示的催眠反应中尽量包括所有的可能性。在上面一段团体催眠诱导语中就试图包括尽可能多的场景（家庭、操场、教室等），并调动多种感官（视觉、听觉、动觉、嗅觉等）的参与，以适应受术者的个别差异。

2. 在诱导过程中观察全体受术者的反应，先对多数人的反应进行跟随和引导，对进入催眠状态中的受术者给予愉快体验的概括性暗示；再对少数难以进入催眠状态的受术者采用分离技术（具体方法见下一章）。

3. 对在团体催眠中效果不好的受术者，采用特殊诱导技术进行个别催眠治疗。

这里需要特别指出的是，正如不同的个体有不同的催眠反应一样，不同的团体也会对催眠有不同的反应。每个团体都有自己的“人格”特点，有自身的特别关注，有特定的交流方式和交流速率。催眠师的主要任务和职责就是对特定团体的进程保持敏感，并做出相应的诱导和适当的回应。

第七节 自我催眠技术

所有催眠起作用，说穿了都是受术者接受了催眠师给予的暗示，并将其变成了自我催眠。

为了巩固催眠治疗的效果，也为了节省金钱和时间，受术者有必要学习自我催眠的方法和技术。

一、自我催眠的程序

张志华老师的《催眠入门实务研习》讲义列出了自我催眠的几个步骤，全文摘抄在下面（文字略有改动）。

（一）自我催眠第一步骤（睡前法）

先将自我催眠的目标（暗示语）想好，在睡觉前（躺着）做自我引导。要做完自我暗示语十次后才能睡觉，为避免睡着，以屈手指头来计算自己做了几次。此方法每天练习，持续一个星期。

引导词：

深呼吸三次……吸气……吐气……吸气……吐气……吸气……吐气……

注意吸气数四……闭气数四……吐气数四……

我会一天比一天更有自信（屈起一根手指头）……

再循环第二次

注意吸气数四……闭气数四……吐气数八……（进入α波）

我会一天比一天更有自信（再屈起一根手指）……

再循环第三次

注意吸气数四……闭气数四……吐气数八……（进入α波）

（自我暗示完十次后，即可放松睡觉……）

（二）自我催眠第二步骤（自我引导练习）

1. 接续之前所学的睡前法，再加上以下自我引导步骤练习。

2. 此步骤是要让自己熟悉催眠状态，练习到让自己可以很快就进入催眠状态。

每天练习两次，一次上午或下午，一次晚上。自我催眠引导2—3分钟，之后唤醒自己。

引导方式如下：

坐在舒适有靠背的椅子上。

集中注意力在前方比眼睛位置略高的一点上。

缓慢地做三次深呼吸，当你第三次吸气时，闭气3秒钟，同时数3……2……1。

闭上眼睛，吐气，放松，给自己一个意念进入很深的放松状态。

让自己持续在此状态中2—3分钟，同时慢慢地从20倒数到1。

（当你在数数字的时侯，想象在你脑中看见数字在白板上或计算机屏幕上逐一显示。）

要唤醒自己时，只要从1数到3，睁开眼睛完全清醒，让自己感觉神清气爽、头脑清晰，而且精力充沛地继续你的作息。

做此练习一天两次，连续7天之后，你便可以开始加进对自己有益的暗示。

（三）自我催眠第三步骤（卡片法）

当你完成了自我催眠的第一步及第二步练习后，便可开始练习自我催眠第三步骤。

此步骤必须准备一小张空白卡片，这张卡片是要让你很方便地随身携带的。将你要给自己的暗示（建议）写在这张卡片上。你的暗示必须是正面的、简单的、可信的、可测量的，而且是要让你有获益的，且必须用现在时的语气述说你的暗示内容。

接着，找个舒服的姿势坐下。将焦点注视在你前方比眼睛高度略高的一个点上。把卡片拿到你的视线高度，看着卡片念三次你自己所写的暗示语。之后，将卡片放下。做一次深呼吸。再做第二次吸气，呼气。再做第三次吸气，闭气，闭上眼睛，从3数到1，吐气，将全身完全放松，进入到催眠状态。

将所写的暗示语在潜意识中不断地重复，同时可视化想象你已完全实现暗示语的内容。

当你在内心不断重复你的暗示语时，会发现暗示语句变得支离破碎，这表示你已进入较深的催眠状态，是很好的现象。你的暗示语还是会有效地进入到你的潜意识里。

过了2—3分钟，你会觉得应该停止了（此生理时间控制，是在自我催眠第二步骤时养成的习惯）。这时在内心数1……2……3，当数到3时睁开眼睛，你觉得放松且精力充沛。

二、贝蒂·艾瑞克森自我催眠法

在实施贝蒂·艾瑞克森（Betty Erickson）自我催眠法之前，首先制订一个简单的自我催眠计划，包括采用何种姿势、需要多长时间、达到何种目标、醒后处于何种状态以及具体催眠步骤等几个方面，然后选择适当的时间、地点按步骤执行。

姿势：找个位子坐着或躺着，先深呼吸几次，放松全身。

时间：告诉自己“我要花________分钟来做这次自我催眠”。

目标：告诉自己“我这次自我催眠的目的是要让自己__________。在自我催眠中，我的潜意识会很自然地，且不费力地就吸收这些指令”。

唤醒时的状态：告诉自己“当我完成了整个程序时，我会感觉到__________”。

执行步骤：

1.（睁着眼睛）将注意依序放在3种物体、3种声音、3种身体的感觉上面。接着，注意看2种物体、听2种声音、体会2种感觉。再接着，注意1种物体、1种声音、1种感觉。

2.（闭上眼睛）依序注意3种内在想象的物体、3种内在的声音、3种内在的身体感觉。接着，注意2种内在物体、2种内在声音、2种内在感觉。再接着，注意1种内在物体、1种内在声音、1种内在感觉。

3. 从目标开始重复，任由你的潜意识作主，直到觉得够了时，就睁开眼睛。

4. 观察一下时间，是否与你预期的一样；睁开眼睛后的感觉，是否和预期的状态一样。

三、“成功树”自我催眠法

在国外流行一种称作“成功树”的自我催眠法，对于经常因为担心失败而精神紧张焦虑的人提升自信、稳定情绪、唤醒内在潜能、增强生命活力非常有效。

大树是情绪稳定的象征，想象自己是棵大树之后，就很容易进入潜意识阶段，开放心胸，接受外界讯息，这时一个心锚（正向引导的指令）就能产生安定情绪的作用。如果是催眠师带领做此练习，可先在受术者清醒状态时安装一个自信的心锚，让其在潜意识状态时启动。

关于“心锚”的概念在第五章将做进一步介绍。心锚的设定方法有很多，例如，指令为“只要用力按大拇指，我就不会觉得紧张焦虑”，将这个心锚烙印留在潜意识里，每当自己觉得情绪焦躁不安，无法静下心来工作或学习时，就用力按大拇指，潜意识的指令便马上被唤起，达到消除焦虑、稳定情绪的效果。

“成功树”自我催眠法的具体做法如下：

想象自己站在天地之间，是一棵小树苗……双脚变成树根，稳稳地扎根于大地的土壤中……身体变成树干，手臂变成树枝迎风摇摆……头顶变成树叶……让自己深深地扎根在大地的土壤中……注意自己的呼吸……透过鼻子深深地吸气……并且从嘴缓缓地呼气。继续这样的吸气与呼气几次……继续观想及深呼吸，想象在自己内在种下了成功的种子，在小树苗成长的过程中，每天都接受阳光、空气和雨露的滋养。观想自己如何从一棵小树苗长成一棵强壮的大树，一棵任谁都推不倒的参天大树。感觉金黄色的阳光照在大树的枝叶上，非常温暖，树根吸收来自大地的养分，有一股自信的力量，源源不绝从树根到树干，再一路到树枝、树叶。继续看着大树茁壮成长，长出成功的果实，看着自己这棵大树任再大的狂风暴雨都击不倒，看着它慢慢枝叶繁茂，开花结果。在心中跟自己说：“再大的风吹雨打都击不倒我！我一定能顺利过关！我一定能成功！”连续三遍。同时手按在自己设立的一个心锚上。反复说：“我是一棵大树，一棵任谁都推不倒的大树！一棵天地间最坚强茁壮的大树！我是一棵大树，一棵任谁都推不倒的大树！一棵天地间最坚强茁壮的大树！我是一棵大树，一棵任谁都推不倒的大树！一棵天地间最坚强茁壮的大树！”然后深呼吸……伸直手臂往上，吸气……弯下腰呼气……感觉神清气爽，精力充沛！成功的种子就从你的内在播种开始，好好培养它！

"成功树"自我催眠做一遍只需用大约10分钟，每天至少做一次，便可收到意想不到的效果。

四、增强自我暗示效能的原则

为了提高自我暗示的效能，在做自我催眠时使用的暗示指令必须遵循以下原则：

（一）动机、欲望强烈

所希望达成的结果背后存在强烈的动机。

（二）正面、积极

尽量专注于你想要的，避免提出不想要的。

例："我睡得很好。"避免："我不要失眠。"

（三）现在时时态

例："我睡得很好。"避免："我将会睡得很好。"

（四）设定时限

例如，设定结果在一个月内出现。

（五）要说明采取行动

例："我睡得很好。"避免："我可以睡得很好。"

（六）清楚、具体

例："我熟睡八小时。"避免："我熟睡很长时间。"

（七）词汇、结构简单

采用十岁以下孩子的简单词汇和语言结构。

（八）夸张、激情

要充满自信，并富感情色彩。因为是说给自己听的，纵然夸大其辞也无妨。

（九）重复

好像广告一样重复，再重复，重复多了就会相信，就会进入潜意识。

【建议参考资料】

1. 魏斯. 前世今生——生命轮回的前世疗法［M］. 谭智华，译. 台北：张老师文化事业股份有限公司，1993.

2. 魏斯. 生命轮回——超越时空的前世疗法［M］. 黄汉耀，译. 台北：张老师文化事业股份有限公司，1994.

3. MCGEOWN W J, MAZZONI G, VENNERI A, KIRSCH I. Hypnotic induction decreases anterior default mode activity［J］. Consciousness and Cognition, 2009, 18 (4): 848－855.

4. 湛若水.《黄帝内经》呼吸养生法［M］. 南宁：广西科学技术出版社，2010.

5. SHEEHAN P W, MCCONKEY K M. Hypnosis and experience: The exploration of phenomena and process［M］. New York: Brunner/Mazel Publishers, 1996.

6. 吉利根. 艾瑞克森催眠治疗理论［M］. 王峻，谭洪岗，吴薇莉，译. 北京：世界图书出版公司，2007.

7. HUNTER C R. Mastering the power of self-hypnosis：A practical guide to self-empowerment［M］. 2nd ed. Norwalk，CT：Crown House Publishing Limited，2011.

8. HUNTER C R，EIMER B N. The art of hypnotic regression therapy：A clinical guide［M］. Norwalk，CT：Crown House Publishing Limited，2012.

9. DIENES Z，BROWN E，HUTTON S，et al. Hypnotic suggestibility，cognitive inhibition，and dissociation［J］. Consciousness and Cognition，2009，18（4）：837－847.

10. 罗森. 身心松弛法［M］. 黄惠玲，刘兆明，编译. 台北：张老师文化事业股份有限公司，1985.

【问题与思考】

1. 每次催眠治疗大致都要经过哪些流程？
2. 催眠师常用的诱导受术者进入催眠状态的方法有哪些？
3. 催眠师设计治疗指令时必须遵循的原则有哪些？
4. 催眠的基础技术是放松技术，常用的放松方法有哪些？
5. 什么是年龄回溯？年龄回溯的理论解释有哪几种？
6. 如何克服团体催眠的局限？
7. 设计自我催眠计划要注意哪些事项？
8. 请选择一种自我催眠的方法对自己进行催眠，并感受其效果，思考为什么会出现这样的感觉。

第五章　艾瑞克森催眠治疗的理论与方法

【本章提要】

艾瑞克森被誉为现代催眠治疗之父，他的催眠治疗自成体系，别具一格，尤以“讲故事”见长。本章详细地介绍了艾瑞克森催眠学派的产生、治疗的基本假设、治疗的原理精要、治疗的实施原则。通过对艾瑞克森催眠学派产生的介绍，了解其产生的必然性及其与众不同的特点；通过对艾瑞克森催眠治疗基本假设、原理精要的介绍，感受艾瑞克森催眠治疗的独到之处以及加深对艾瑞克森催眠治疗的了解与理解，切实感受到他在心理治疗中的积极资源取向。在此基础上本章又深入讲解了艾瑞克森催眠治疗的方法，主要内容有合作策略、联想策略、分离策略、催眠策略的综合运用等，在前三种策略中具体介绍了多种方法、技术和艾瑞克森催眠治疗独有的概念，并加以案例说明，以便于理解，从中不难发现艾瑞克森的确是一位策略派的心理治疗大师。

【学习重点】

1. 艾瑞克森催眠治疗的基本假设
2. 艾瑞克森催眠治疗的原理精要
3. 艾瑞克森催眠治疗的实施原则
4. 合作策略
5. 联想策略
6. 分离策略

【重要术语】

意念动力论　统整性理念　间接性模式　先跟后带技术　间接跟随和引导　非言语跟随　非言语引导　认知通路偏好　嵌入暗示　故事隐喻　概括性语言　选择性反应　心锚　分离策略　混乱技术　无前提话　违背语法　抑制运动　异样握手　夸张游戏　超载技术　时间定向迷失　空间定向迷失　概念定向迷失　双重诱导

第一节　艾瑞克森的催眠理论

艾瑞克森被公认为是现代催眠治疗之父，他的催眠理论和方法广为流传，影响深远，有必要单列一章，详加介绍。

一、艾瑞克森催眠学派的产生

（一）独裁派的没落

早期的催眠师如梅斯迈、伯恩海姆、夏柯、弗洛伊德等都是独裁派的代表，他们都认为催眠发生在不对称的关系中，是具有强大心理能量和特殊心理能力的催眠师摆布一个被动的受术者，即能力超凡、威力无比的催眠师可通过暗示对受术者实施意念控制，“强迫”受术者做出各种在清醒状态不愿意或无法做到的行为。

独裁派夸大催眠师的作用，而不考虑每个受术者对催眠的知识经验、动机信念和感受能力等特点。似乎催眠主要靠催眠师的法力，只要其神通足够大，就可以摆平任何受术者，在其头脑中植入任何意念和暗示，从而使其心理和行为发生改变。

独裁派的理论很受舞台催眠大师和影视作家的青睐，经过他们的大肆渲染和广泛传播，使催眠愈来愈神秘化，加深了人们对催眠的误解。

大量临床案例表明，催眠师的威力是有限的，对于同一位催眠师不是所有受术者都能取得同样的催眠效果。有个别到处走穴的舞台催眠大师，在表演时被故意搅局的受术者捉弄，当众出丑的事情时有发生，这又使人们对催眠的科学性产生了极大怀疑，最终使独裁派走向了穷途末路。

彻底丢弃独裁派理论的是以实验心理学家为主的标准派，他们通过实验室的标准化研究，发现了受术者对催眠感受性的重要作用，从而促进了催眠在科学化、标准化道路上的飞速发展。

（二）标准派的局限

标准派的代表人物主要是一些实验心理学家，如希尔加德和赫尔等。为了使催眠能跻身于科学之林从而合法化，他们将催眠置于实验室的严格检验之下，采用实验心理学的标准化程序研究催眠。他们不强调催眠师的作用，而强调受术者的易感性对催眠成功和失败的影响。

大量实验研究表明，对催眠的感受性是个体的稳定特质，即一些人容易被催眠，另一些人很难被催眠，催眠效果与催眠师的“法力”关系不大。

标准派将催眠的研究重点放在了受术者的行为上，为此努力在实验方法上控制所有其他因素。他们将主要精力投放在开发标准化催眠感受性量表和编制标准化催眠诱导语上，甚至将诱导语录制在唱片和磁带上，以便降低对催眠施术者的要求，从而控制了催眠师变量的影响。

研究发现，只有大约15%的受术者对催眠的标准化诱导语表现出了很高的感受性，65%的受术者属于中等感受性，另外20%的受术者对催眠感受性很低或根本不具备感受性（Hilgard，1965）。

标准派使催眠研究可以重复、可以验证，可以对催眠感受性和催眠深度加以测量，使催眠研究的科学性大大加强。但标准派的理论和方法也有其局限，从而影响了催眠在科学化道路上的进一步发展。

首先，标准派认为催眠的成败主要取决于受术者的感受性，否定催眠师的重要作用，这显然有失偏颇。无论如何，催眠师的能力水平和人格魅力也是影响催眠效果的重要因素。

其次，标准化的催眠感受性测试经过长期临床和实验室检验，虽然表现出一定可信性和有效性，但在某种程度上还是存在内容取样的代表性问题，所测试项目未必能涵盖催眠感受性涉及的所有方面。

再次，催眠感受性并不是完全不变的，人们对催眠的态度、动机、预期、训练以及环境和药物等都可能影响受术者对催眠的感受性。大多数对催眠的阻抗者或不易感者，通过动机激发和特殊训练是可以进入催眠状态的。当然，进入催眠状态的快慢和深度还是会受催眠感受性的影响。

最后，标准化的催眠诱导语未必适用于所有受术者，因为每个人对不同感觉通道（如视觉、听觉、动觉等）刺激的感受性是不同的，每个人对催眠的体验都是独特的，进入催眠的速度和深度也不可能相同。催眠师的任务就是为每位受术者提供最有效的的诱导方法，而严格遵循标准化的程序，恰恰会妨碍催眠师灵活采取适合每位受术者特点的诱导和治疗方法。

（三）合作派的崛起

针对独裁派的弊端和标准派的局限，合作派应运而生。

艾瑞克森既是合作理论的主要创立者，又是合作派的领军者，他经过近六十年的潜心研究和临床实践，发展出一套独特的强调催眠师和受术者关系的合作治疗的理论和方法。

在艾瑞克森学派看来，催眠实际上是通过催眠师与受术者的互动，使受术者在专注体验中出现一种改变的意识状态，从而在没有意识干扰的情况下自发地与催眠师进行沟通。

艾瑞克森认为，治疗师是通过与来访者合作解决问题的。催眠诱导的主要目的就是取得病人合作，以便进行更有效的沟通。

以艾瑞克森为首的合作派治疗师认为，催眠反应可以反映出受术者内部动机与兴趣之间的相互作用、治疗师的灵活性和敏感性，以及治疗师与受术者之间的和谐程度。

在合作催眠的治疗模式中，受术者的自我表达是构建治疗性催眠状态的基础。催眠师先是跟随，然后再对受术者正在发生的行为加以引导（即先跟后带），这里需要的是适应性的而不是标准化的指导，进入催眠状态的途径总是独特的，是以催眠师和受术者独特的表达为基础的。也就是说，催眠状态是催眠师和受术者密切合作、相互作用的结果。（这种相互作用如何进行将在下一节详加讨论）

（四）艾瑞克森学派与传统催眠学派的区别

与传统的强调催眠师威力的独裁派理论和强调来访者对催眠感受性的标准派理论不同，艾瑞克森的催眠理论强调催眠师与来访者间的合作关系和交互作用观点。

上述三个派别的区别表现在许多方面：

独裁派大多活跃在娱乐场所的舞台上，催眠师采用直接甚至有些专横的指令，只用很短时间便可让受术者表现出不寻常的或者怪异的行为，目的在于娱乐和误导观众。

标准派主要工作在心理实验室，催眠师通过标准化测验了解受术者的催眠感受性，采用标准化的诱导语引出有关行为，目的在于研究某些具体的催眠现象。

合作派通常从事临床治疗工作，催眠师采用适应每位受术者的灵活诱导模式，让受术者在安全的人际情境下发展亲密的内心体验，目的在于创造改变的机会。

在面对受术者未能进入催眠状态时，三个派别会做出完全不同的解释。独裁派催眠师会指责受术者“阻抗”；标准派催眠师会认为受术者对催眠缺乏易感性；而合作派催眠师会积极寻找一种更有效的交流策略和诱导方法。

三种派别孰优孰劣，通过以上对比便可一目了然。

二、艾瑞克森催眠治疗的基本假设

概括说来，艾瑞克森合作催眠治疗的理论基础包含以下八种基本假设。

（一）每个人都具有独特性

这一理念的产生可能与艾瑞克森自身的独特经历和体验有关。他从小患色盲，五音不全，有阅读障碍，并两次因小儿麻痹致瘫。艾瑞克森把这些缺陷看作是自己的独特之处，尝试着去欣赏这些特点，从而学会了接纳自我，享受生命。他将这一理念运用于临床治疗，让受术者利用自己的境况作为自我发展的基础。

艾瑞克森在1952年曾明确指出：

催眠工作的首要问题是引发满意的催眠状态……如何可靠地获得不同受术者之间可比较的催眠状态，以及同一受术者不同时间点上相似的催眠状态，构成了一个核心问题。

上述困难源于这样一个事实，即催眠依赖于人际关系和个人内心关系。随着催眠的每一步深入，个体的个性化反应也会有不同。与之相一致的是，人际关系和内心关系具有易变性和不稳定性。另外，每个人的个性都是独一无二的，其自发的行为反应模式必然随着时间、情境、目的以及所涉及个性之间关系的不同而变化。

从统计意义上来说，可以获得催眠性行为的某个均值，但是这一均值并不能代表任何一个受术者的表现。因此，这些均值不可以用来评估个体表现，也不可以用来评估具体的催眠现象。(Rossi，1980)

鉴于对催眠感受性的标准化测试大多以统计均值作为解释依据，艾瑞克森反复强调，治疗性交流既不应该以理论概括为基础，也不应该以统计概率为基础，而是应该以受术者当下自我表达的实际模式为依据（如理念、行为、动机、症状等）。因为受术者的表达是现实的个性化模式，所以治疗应该在接纳并利用这些模式的基础上进行。

（二）催眠是一个交流意念的体验过程

每个人都会随时随地产生各种各样的意念（idea）。意念有多种存在形式和多种表现形态，可以是一种感觉、一种知觉、一种意象，也可以是一种认知或一种信念。

艾瑞克森合作治疗派催眠师的任务，就是识别并利用这些多种多样的意念，并将其作为催眠发展的基础。治疗师的工作就是通过言语和非言语的诱导，即通过有效的催眠暗示或意念，吸引受术者的注意，激活其自我认同的想法或意念，使受术者在体验中学习成长，从而达到治疗目的。

在强调催眠就是意念交流时，哈特兰（Hartland，1971）曾做如下精辟阐述：

引发催眠状态及其现象，归根结底就是交流意念并引导出受术者一系列的想法和联想，最终引起行为反应。甚至在催眠师对受术者做些什么，或者告诉他做什么以及如何去做时所产生的催眠状态，仍然是意念、联想、心理过程，以及受术者心中已有的、只是由此被唤醒的内在理解的结果。催眠领域里有太多的治疗师将他们自己的行为、意图和欲望看成是有效的力量，并且不加批判地相信正是他们诱导或者引发出受术者的特别反应。他们未能意识到他们的所说或所做只是一种手段，用来刺激和唤醒受术者内在的、过去的知识和理解，这些理解有一部分是处于意识层面的，而有些则是无意识获得的……催眠师所做的每一份努力都应该引导受术者的注意力去触及他的内在身体感觉、记忆、情绪、想法、感受、意念、过去习得的知识和经验。以这种方式组织起来的良好催眠技术即便在看似不利的情形下也能收到显著的效果。

（三）每个人都有丰富资源

艾瑞克森催眠学派认为，每个人所拥有的潜能和资源远远超出他们所能意识到的数量。遗憾的是，人们的潜能并未得到充分开发，自身的资源并未得到有效利用。

合作派的催眠治疗师通常不会给受术者强加任何东西，而是努力帮助受术者学会发现并利用自己所拥有的技能和资源。这些资源的开发利用不是通过催眠师的概念性阐述和受术者的概念性理解，而是通过受术者自己体验性的探索来实现的。

一个人过去习得的知识经验，无论是好的还是坏的，无论它们表现为资源还是缺陷，都应该把它们作为长远学习和发展的基础而加以利用。

（四）催眠状态促进资源挖掘

大量临床事实表明，有心理困扰、心理障碍或心理疾病的人往往固着于某些僵化的认知结构，他们的意识加工过程常常陷入一种自成体系的无休止的循环之中。这种固着限制了针对变化的需要、变化的情境、变化的关系所应做出的灵活调整，使不良的甚至有害的相同结果反复出现。

催眠治疗的一个主要益处是它可以去除个体意识中的僵化设置，重构和重组自我系统。催眠状态通过提供自我接纳的新的意识框架，促进那些转变所需资源特别是无意识领域资源的利用，从而开辟新的生活和生存方式。

（五）催眠状态是自然产生的

催眠状态既不怪异，也不是人为的，它与我们日常体验到的某些过程（如阅读一本引人入胜的小说、听一场精彩的演讲、做白日梦等）十分相似。催眠是自然体验，与清醒状态体验具有相同的基本心理过程。例如，幻觉是很鲜明的想象；年龄回溯是记忆复苏的极端表现；催眠后暗示是无意识的联想学习；催眠梦与我们在睡眠中做的那些梦也很相像。正如艾瑞克森所说：

催眠状态下你将有什么样的行为表现？其实，催眠状态下根本不会出现你在日常清醒状态下所无法做出的行为。催眠的优势在于那些在日常生活中突然出现的行为可以被控制、引导和拉长。或许健忘症就是最佳例子。如果要求你们中任何一个人忘掉某些事项，这在你们平日的清醒状态下很难做到。但是有多少次把你介绍给某个人，告诉你这个人的名字，你重复着他的名字与他握手，并决心记住这个名字；而当你刚刚放开他的手的时候却忘掉了他叫什么名字。不论你的意愿如何，在平时的清醒状态中瞬间遗忘就是这么容易发生，在催眠状态下也是如此。因此，利用催眠只是要求人们在一个特定时间并且在一个特定的时段内，行使他们在日常生活中的某些功能。你要求人们以他们之前不知道的方式去运用他们经验中的知识和能力……我们大多数人真的不知道我们到底能做什么。（Rossi，Ryan & Sharp，1983）

这就是说，催眠状态的操作要与个体本人的常态过程保持一致，只有自然的交流才能更好地引发出有助于治疗的催眠状态。因此，临床派的催眠师并不像实验派催眠师那样试图通过标准化的、听起来不自然的交流来引发受术者实现年龄回溯，而是要求受术者重现并描述出儿时的玩伴、宠物或童谣等。

人的自然催眠状态可以是自我肯定的，也可以是自我贬低的。换言之，催眠过程不仅出现在日常恍惚状态中，还出现在症状状态里。这就是说，催眠状态既可以引发问题，也可以提供解决办法。催眠师的职责是利用治疗性的催眠状态，去转变受术者在自我贬低的催眠状态里反复出现的症状性表达。

（六）转变是目标取向而不是错误矫正

艾瑞克森认为，解决问题和成长是首要的，因此，应该更多关注如何实现治疗目标及满足当下自我的需要，而不是纠缠于过去问题的成因。关注未来而非过去，可以为治疗性改变提供更多的机会。

艾瑞克森学派催眠师让受术者把注意力放在他们的目标和兴趣上，并为其提供或创造实现这些目标的机会。同时引导受术者欣赏和运用当前的过程，探索它是如何自然地展现并促进自己成长的，而不是将焦点放在纠正错误上。为此，催眠师要让受术者学会以积极正向、富有建设性并指向未来的陈述，来代替消极负面、破坏性的、指向过去的意图描述。

（七）人的独特性可以划分为不同层面

艾瑞克森学派为了催眠治疗的目的，将人的独特性由浅至深划分为意识内容、意识心理、无意识心理、深层自我四个层面，认为催眠治疗的任务就是通过催眠探索，使受术者与他们的无意识心理和深层自我发生连接，使无意识过程以治疗性方式表达自己。

（八）催眠能促进意识和无意识心理的相互作用

自从弗洛伊德提出潜意识的概念后，心理学家都同意将意识心理和无意识心理加以区分，而且认为这两个系统在本质上是相互补充的，大多数创造性活动都需要意识和无意识两大系统的参与。无意识心理的作用越来越受到人们的重视，有人甚至形象地说，意识心理很聪明，无意识心理更智慧。

艾瑞克森学派认为，催眠治疗并不是将暗示植入被动接收器的过程，而是受术者的意识心理被暂时搁置起来的过程，以便无意识心理发生有意义的转变。催眠状态有助于意识心理和无意识心理的相互作用，相互补充。

三、艾瑞克森催眠治疗的原理精要

（一）意念动力论（ideodynamicism）

艾瑞克森倾向于赞同催眠的解离理论，认为催眠状态是在无意识水平上发挥功能，减少或没有来自意识领域的干扰，个体的参考框架和信念被暂时改变，从而更易于接纳有益于问题解决的心理功能模式。

症状现象其实与催眠现象非常类似，主要差异在于它们所发生的情境。艾瑞克森将催眠分为症状性催眠和治疗性催眠。所谓症状性催眠指的是一个人经常的自我否定的消极心理暗示，经由意念动力过程导致症状的出现。个体被僵化的概念性想法所吸引，重复的负面内部对话无法停止，讨厌的意象不断地在记忆中闪回，症状成分就自动表现出来了，从而使人沉浸在痛苦的体验之中。

治疗性催眠是通过自我肯定的积极心理暗示，打破僵化框架的固着，在解离状态下，经由新的意念动力过程，产生新的体验。正如艾瑞克森形象指出的："如果你有幻想的痛苦，你也可以有幻想的快乐。"例如，恐怖症病人会用鲜明的"可怕景象"吓倒自己，也可以用同样生动的想象愉悦自己。

由此不难看出，催眠致病和催眠治病过程都是意念动力作用的结果。通过催眠的积极暗示，可以将问题转变为解决方案。治疗师的任务就是将问题过程重新情景化，从而使得它们成为来访者的发展成长过程中有价值的解决契机。简言之，来访者的问题中包含了解决方案，其症状诱导策略是诱导治疗性催眠的基础。

（二）统整性理念

统整性是艾瑞克森催眠治疗理论中最为重要的理念。所谓统整性指的是一个系统的自我一致性及其各个部分之间的相互依赖性。

在催眠治疗系统内的统整性是指，催眠治疗师的意图和表达方式与受术者的需要相一致，愿意并且能够充分支持受术者对转变的要求；能放下个人偏见，完全接纳（并不是必须同意）受术者的体验和感受，接纳并利用受术者的现实表现；能克制自己，不把个人信念、价值观以及解决办法强加给受术者，而是指导受术者进入一种治疗性的催眠情境，自己发现解决办法。简言之，统整性是催眠师与受术者生命系统的完整结盟，是对彼此合作的彻底投入。

大多数受术者将很快不信任一个非支持性的催眠师，并由此不再愿意与他合作。催眠状态中的来访者会和清醒状态一样强烈地抵抗暗示。而当一个人完全与另一个人结为同盟时，就不会发生阻抗了。

信奉统整性理念的催眠师可以与受术者建立和谐、安全的人际关系，随着对治疗师越来越信任，受术者也开始更加信任自己，更加愿意去探索自己的缺点，并尝试去发展新的生存方式；也更加乐意跟随催眠指令，无论这些指令听上去是如何奇怪和不切题。这种合作对艾瑞克森催眠学派的治疗师尤为重要，因为他们经常使用一些非传统的甚至高度异端的策略。

失去了统整性，即使是技术娴熟的催眠治疗师也会发现，受术者或许可以产生催眠现象，但不会获得治疗性改变；或许对催眠师的能力有强烈印象，却不可能看到自己的潜在能力；或许会了解催眠师的信念和生活方式，但却无法发展自己的信念和生活方式。

为了发展和保持统整性，催眠师必须做到以下几点：

1. 识别并处理不可接受的个人体验

催眠师不可接受的体验会严重限制其治疗行为，例如，一个排斥、厌恶暴饮暴食的治疗师在接触此类病人时会产生明显的情绪不适感，很难迫使自己去接纳、帮助一个这样的来访者。因此，催眠师或治疗师应该努力识别并处理好自己那些不可接受的体验，可以通过定期的自我探索、自我催眠或接受督导来克服这种自身的局限。

2. 避免对来访者做出诊断和批判

艾瑞克森学派的治疗师通常不对来访者进行诊断分类，因为这样做不但会使治疗师对每个来访者的独特情况失去自主判断力，而且还暗示来访者是有缺陷的或有病的，其体验是不好的或不真实的。来访者正是不断地试图改变这种不良状态，才不断地强化了这种体验。通过去除用“对”和“错”、“好”和“坏”来评判来访者体验的冲动，治疗师变得能够承认并利用困扰来访者的特别体验，欣赏每一位来访者的独特之处，来访者的转变才有可能发生。

3. 使受术者自己产生催眠体验

人们通常认为催眠师要为受术者的催眠体验负责，这种观点给催眠师带来了许多压力。一些催眠师在来访者面前制造出一种优越的气氛，以权威的姿态对待来访者，认为受术者没有能力，只能被动地遵循专制的催眠程序。另一些催眠师，尤其是新手，又会因为非常没有把握而退缩，不确定到底怎样做才能有效，于是便谦卑地去运用标准化的诱导技术，或只采用那些自己能驾驭而受术者可能并不需要或并不适用的策略。无论属于上述何种情况，试图对受术者催眠体验负责的催眠师都会产生许多的失望和挫败感，因为受术者或者会直接拒绝这种信息，或者会间接地抵制。

艾瑞克森学派认为，催眠师并不能通过强加一些程序来导致受术者的催眠体验，而是要尊重和利用受术者的原有模式和潜能。受术者具有必要的智慧和资源来产生催眠状态和治疗性变化，只是其习惯性的表达模式限制了他们接近这些资源。催眠师的工作就是帮助受术者摆脱僵化意识和行为习惯的束缚，通过自己独特的、高度智慧的无意识过程产生期望的体验和变化。

下面是艾瑞克森在催眠治疗过程中常常对受术者说的两段话（Erickson, 1984）：

你的意识心理非常聪明……但是你的无意识更加智慧……所以我并不要求你学习任何新技能……我只是要求你自愿地运用那些你虽然还不完全了解，但是的确已经拥有的技能。

每个人都拥有自己的风格……自己的选择……自己的无意识需要……因此我感兴趣的是你会找到一种特别的、最适合自己的方式。

（三）间接性模式

催眠现象是一种脱离表浅意识状态而潜入深藏意识的精神活动，也是探索并处理潜意识的重要方法。为此，催眠师必须吸引受术者的注意力，将其关注的焦点转向内部世界。传统催眠大多采用直接诱导策略来进入潜意识，常常会遭到受术者意识活动的干扰或阻抗。

艾瑞克森以使用间接催眠的方法闻名于催眠界，间接催眠是取得来访者合作并促使其改变的最有效方法。

艾瑞克森经常间接地鼓励受术者的无意识过程来自动地表达自己。例如，他经常通过讲述自己或其他人的故事来诱导催眠反应，受术者在专心倾听他讲述的同时，也开始产生类似的意象，并通过意念运动使身体特征发生微小变化，如面部颜色、呼吸节律、瞳孔大小的改变。艾瑞克森会密切关注这些细微的线索，并在随后的诱导过程中巧妙地利用它们。这种人际之间的“反馈回路”式沟通可使受术者不经过直接暗示就进入催眠。

隐喻性加工是艾瑞克森催眠学派的核心概念。隐喻指的是催眠师所提供的象征性事物，隐喻性加工是指受术者以自我参考的方式去理解象征性事物，并对其做出反应的倾向。例如，当听到其他人被某个故事深深吸引时，受术者就可能开始进入催眠状态；当听到一个与自己问题结构相似的故事时，受术者就可能开始探索自己的问题，因为每个人都会对与自己经历相似的事情产生反应。

艾瑞克森与其朋友和追随者罗森（Sidney Rosen）合著的《催眠之声伴随你》（*My Voice Will Go with You*）一书中收录了一百多个艾瑞克森在催眠和与学生交往时所讲的故事以及各种隐喻手法，并由罗森做了解释和点评。

例如，艾瑞克森曾用自己年轻时凭借兜售书籍赚取学费的一段亲身经历，说明潜意识在人际交往中的作用：一位脾气很坏的老农对他的书籍毫无兴趣，当老农忙着喂猪时，艾瑞克森不经意地捡起一对木瓦顺手挠刷猪背，老农立刻表达对他的欣赏，并答应购买书籍。

又如，在催眠状态下对一位因性冷淡而婚姻不幸的妇女进行治疗时，艾瑞克森向她详细解说男孩手淫和梦遗的过程及快感，接着说：“每个男孩所继承的基因血统一半来自女性，因此凡是男孩可以做到的事，女孩也同样能不落人后。只要你愿意，你可以在任何时间、任何情况下出现性梦反应。当你在大白天里眼见某位英俊男士时，何不让自己有所反应？对方并不会知道你的秘密，但你本人却可充分享受其间的快感。”该女士突然变得异常沉静，整个脸颊泛起红晕，兴奋地说：“艾瑞克森博士，你刚才让我经验到这辈子第一次的性高潮。非常谢谢你！”

艾瑞克森的同事和追随者西格（Jeffrey K. Zeig，1985）指出，在催眠治疗中采用奇闻异事的隐喻有以下几点好处：

1．奇闻异事对受术者没有威胁性；

2．奇闻异事可吸引受术者的注意力；

3．奇闻异事能助长独立性（受术者必须设法理解其含义，自行主动获取结论或展开行动）；

4. 奇闻异事可以引开受术者面对改变的阻抗心理；
5. 奇闻异事可以用来建立并掌控关系；
6. 奇闻异事有充分的弹性和灵活性；
7. 奇闻异事可以营造困惑情绪，进而激发更多催眠反应；
8. 奇闻异事使受术者印象深刻，能增强记忆。

四、艾瑞克森催眠治疗的实施原则

艾瑞克森学派在催眠治疗实施过程中奉行以下四个原则（Erickson & Rossi, 1980）。

（一）潜意识无须意识化，无意识过程可以在意识察觉之外解决问题

传统的心理治疗，特别是精神分析学派，主张将潜意识上升为意识，通过对潜意识症结的领悟来达到治疗目的。而艾瑞克森认为，无意识是一个巨大的资源库，是连接涵盖了广泛人类经验的复杂集合。无意识模式时时刻刻对个人的行为进行调节、控制和指导，是催眠治疗中为个体创造不同的知觉、体验和行为的资源。在艾瑞克森学派看来，潜意识中蕴藏着可带来积极治疗变化的潜能。意识—潜意识的分裂为催眠治疗师和受术者之间多层次的沟通提供了可能性。在潜意识水平所做的一切，既可能有害健康，也可能促进健康。在催眠中可利用无意识过程的积极方面，使个体产生更多的健康体验。

（二）无须分析受术者的心理机制和人格特征，它们可用来实现治疗目标

艾瑞克森对催眠治疗和一般治疗的重大贡献之一是利用受术者正在发生的行为、知觉和态度来促进治疗的变化。治疗师不要求受术者符合自己的互动模式，而是接受他们的行为模式并使用在治疗过程中。在碰到一些行为举止怪异或对催眠有阻抗的受术者时，不必从心理机制和人格特征方面寻找原因，或对其行为加以阻止，而是将其视为积极的回应加以利用，因势利导，将其引向治疗目标。

（三）无须直接暗示，在很多情况下可以使用间接暗示

当催眠治疗师要求一定的明确反应时采用的是直接暗示。而对于间接暗示，治疗师的要求和受术者的反应之间的关系是不太清楚的。例如，在催眠诱导中使用直接暗示，治疗师可以对受术者说："闭上你的眼睛，并且变得越来越轻松。"而在使用较为间接的方法时，相同的暗示可能是："你需要为自己的学习创造一个舒适环境，当你进入催眠状态时，或许你会注意到你的眼睛会闭上、部分闭上或一直保持现在的状态。"在这里，会根据每位受术者的情况为进入催眠状态提供多元化的选择。艾瑞克森在他职业生涯的早期，经常大量使用直接暗示。然而，在生涯的后期他更多使用间接暗示。间接暗示通过不直接挑战受术者的意识来表达对他（她）的尊重。间接暗示是使用隐喻、故事、悖论、双关语等作为治疗的基础，因为它们允许受术者做出有意义的联想，来探索他们的潜力，促进

新的反应。

（四）催眠暗示不是一个预先确定好的治疗师指导过程，而是受术者创造某种新的意义、态度或信仰，从而可能产生不同行为的过程

催眠本身不具有治愈的能量。没有几个严肃的催眠师相信催眠可以超越人的正常功能，并导致戏剧性的变化。艾瑞克森在多年的临床经验中，从来没有发现任何利用催眠巨大力量产生神奇改变的情况。他只是认为人们有比他们意识到的更多的潜在资源。对艾瑞克森催眠学派而言，催眠的价值在于它有能力唤起和利用受术者的巨大潜力。唤醒和利用受术者的潜在资源的过程对个人而言是独特的，而这似乎不太可能用直接的、僵硬的或程序式的催眠来完成。

第二节　艾瑞克森催眠治疗的方法

强调催眠治疗的隐喻性和间接性，并不意味着这是唯一可以采用的方法。艾瑞克森学派认为催眠治疗的有效性要求策略和方法的灵活性、多样性，如果一种技术不奏效，就应该使用另一种技术。艾瑞克森催眠学派的具体方法技术有很多，本节将其归纳为几大类策略，做扼要介绍。

一、合作策略

艾瑞克森学派的催眠师信奉合作准则，欣赏和利用受术者的“心理现实”，作为催眠和治疗性发展的基础。

催眠师通过合作策略可以使受术者接纳治疗师的理念，创造有自我价值感的情境；弱化意识框架，提升潜意识层面；以改变的生物节律重新整合身和心的信息模式。

催眠治疗师需要不断跟随会谈过程以适应受术者的独特需要，密切观察并利用受术者当下的任何行为（外显的或内在的）反应，不管它们看起来是多么的奇怪或不尽如人意。这样才能形成一个同步的节奏，使受术者的内部反馈回路扩展到与催眠师之间的人际回路，从而实现有效的交流。

（一）言语跟随和引导

1. 先跟后带技术

艾瑞克森学派在催眠诱导时通常采用先跟后带的言语结构，即将引导置于跟随（pacing）之后。

例如：

“你已舒服地坐好，你的身体开始放松。”这里前一句是跟随，后一句是引导。

通常跟随要多过引导，尤其在催眠的初始阶段。

例如：

“你正坐在椅子上，正在看着我，正在顺畅地呼吸，我在跟你说话，你可以开始放松。”这里前四句是简单地描述观察到的受术者的行为，是对现实的跟随，最后一句是对受术者催眠反应的引导。

无论跟随还是引导，言语的内容都不应该让受术者不舒服或造成冒犯，引导的语句最好是许可式的（你可以这样做），而不是命令式的（你必须这样做）。因为许多受术者不喜欢甚至会自动反抗后一种谈话风格。

这种先跟后带的诱导可以吸引受术者的注意力，通常是先让他集中在催眠师和自己的外部表现，再逐步引导其将注意力集中在个人的内部体验上，而且，跟随和引导可以交互进行。下面是一段将跟随和引导紧密结合的举例：

好，你正在看着我，你在移动，试图找到一个舒服的姿势好让你开始进入催眠……这样做的时候，你会很容易注意到在你变化的意识中所发生的一切……你可能会觉察到许多不同的东西……（此时传来外界声音）至于那是我的声音、外面的汽车声、录音机的响声，还是房间内的响动，那都不重要……重要的是，你开始认识到你可以逐渐专心于你的需求，照顾自己内心的需要。

不论你是坐在椅子上，还是在倾听我的声音，还是感到你自己越来越舒服，那都不重要……因为你的无意识会以各种方式体验到催眠的产生……你可以睁着眼睛进入催眠，或闭上眼睛进入深层的催眠，我不知道对你个人来说哪种更好……

因为你的眼睛是睁开的，而后眨眼……睁开……再次眨眼……合上……睁开……然后很容易地一直合上……现在！……进入深度催眠……这是多么美妙啊，随着你的每次呼吸，你都进入了更深一层的催眠……每次呼吸，呼吸得那么舒服……每次呼气，放弃那些固着于头脑中并长期困扰你的愿望的想法……

在上面的案例中，催眠师还将外界干扰（如铃声、说话声、汽车声等）整合进催眠体验中，这也是一种巧妙的跟随。

2. 间接跟随和引导

前已提及，艾瑞克森经常用故事或隐喻的方法来实施催眠。下面的案例是在受术者进入浅度催眠后，催眠师用游轮旅客的经历来跟随受术者的反应并引导其加深催眠：

这一天的大部分时间，航船上的旅客都在看着水面，听着波浪拍打声，感受那船来回摇摆、来回摇摆的节奏……慢慢进入更深的更深的海域……呼吸的空气是如此清新……环境那么安全宁静……许多旅客，更舒服地坐在桌前，开始释放掉所有的担忧、紧张，只是越来越放松，意识到不用做任何事情，只要专心于一件事：照顾自己的内心需要……

随着夜幕降临……（受术者自发闭眼）很慢但不可避免地来临……海面看不见了，尽管海浪拍打的声音仍可以听到……（受术者皱眉，显示不舒服）不再有阳光的炫目，躺椅上的旅客们开始享受凉爽、愉悦的夜晚……（受术者偶尔睁眼）过一会儿，桌上的一盏灯打开了，但很快又关掉……这样持续一会儿……

不久，船长建议该进船了……（受术者低头）旅客们慢慢低下头，被各种内心活动所吸引……（受术者被隔壁房间电话铃声惊动）这种吸引力偶尔会被轮船鸣笛声意外打断……但船长解释说，那汽笛声只是夜晚另一只船经过所发出的招呼声……于是，对内部活动的注意开始再次产生，并越来越深，越来越深……

（二）非言语的跟随和引导

艾瑞克森学派的催眠师还经常用各种方式对受术者的行为做非言语的跟随和引导，以便与其保持同步，产生和谐氛围。

1．非言语跟随

非言语的跟随主要指体态语言和副语言的跟随，包括相同的身体姿势、动作，面部表情，呼吸节律，说话速度及声音大小、音调高低等。可以全部镜映跟随（好似镜子中的影像），也可以是选择性地部分镜映跟随，有时还可以采用不同通道的交叉行为匹配，如每当受术者眨眼时，催眠师便轻微地点头；或每次受术者吸气时，催眠师便轻敲手指。

这种非言语跟随能使催眠师和受术者都更有效地参与到催眠互动中，从而提高治疗效果。因为缺乏和谐的氛围，受术者可能会不愿合作，或不能完全信任催眠师；而没有这种同步跟随，催眠师也很难理解受术者变化中的体验，当然也就很难做出正确的引导。

2．非言语引导

催眠师可以用先跟后带的方法，在对受术者的非言语行为跟随一段后，逐渐将其带领到治疗所期望的方向上去。例如：

催眠师可以先按受术者的节奏眨眼，然后自己慢慢闭上眼睛，以此引导受术者也不自觉地闭上眼睛。这是体态语的跟随和引导。

为了让激动的受术者平静下来，催眠师可先以快而不呼吸的说话方式来跟随，而后再用逐渐慢下来的方式带领。这是副语言的跟随和引导。

有时也可以用语速快、声音高、无节奏的说话方式，让受术者的意识过程超载，或故意打断受术者的节奏，来干扰他的意识活动。这也是一种引导。但对于容易激惹的受术者，不宜使用这种超载技术。此时可能采用间接引导技术更好。

当觉察到受术者不合作或有阻抗的时候，敏锐的催眠师会通过各种感觉通道寻找出不和谐之所在，并迅速对自己的言语和非言语行为加以调整。

一般说来，非言语的跟随和引导有助于受术者向催眠状态产生渐近的、有节奏的、非线性的变化。

但需要强调指出的是，催眠师在使用非言语的跟随和引导技术时，既要专注，又要自然和放松。倘若做得过于明显，会引起受术者的警觉和反感。此时，催眠师既不要烦躁，也不要撒谎，可以适当调整自己的行为，然后这样说：

我为什么这样做呢？因为我想了解你。有时这对我比较困难，因为我不确知你需要什么，我很想发现你的需要。我尝试了解另一个人的心理现实的方式之一，就是找到对我们两个都舒服的连接。

在大多数情况下，只要催眠师保持真诚和非防御的态度，这些简单的话就足以使受术者理解并平静下来。简而言之，只有在尊重和信任的氛围下，这种引导和跟随的技术才能获得成功。

在临床工作中，上述言语和非言语的沟通常常联合起来使用，即在说话的同时用与其相一致的非言语行为给以补充或加强。比如，催眠师在口头描述放松的渐进历程时，语音要降低，语速要减慢；在描述某种情绪时，要使用与该情绪匹配的语调和表情。这种多通道的沟通，只要不是太做作、太过分、太夸张，将会取得非常好的效果。成功的演说家和外交家都堪称这方面的大师。

总之，催眠师要不断根据受术者的特点和行为变化来调整自己的沟通方式，而不能墨守成规，千篇一律地遵循所谓标准化的催眠诱导程序。

（三）利用细微身体线索推测内部体验

细微身体线索是指不易被觉察到的微小身体变化和非言语行为，如出汗、目光移动、面部颜色和瞳孔大小的改变、肌肉的紧张和放松，以及音调、音色、音量、语速、节奏的变化等。它们是意念动力过程（ideodynamic process）的结果，是意念动力过程自动地将意念转化为动态的表达。

1．利用身体线索监测受术者的情绪

艾瑞克森学派的催眠师非常注意捕捉受术者在催眠进程中不断变化的动态身体线索，以推测其内部意念动力过程。例如，受术者面露微笑，说明他想到了一件高兴的事；呼吸变得急促，可能是有了焦虑体验。

在催眠过程中，监测受术者情绪状态和强度的变化非常重要，而身体线索可以作为重要参考。例如，愉快情绪体验常常伴随着呼吸越来越放松和平稳、轻叹、微笑、看上去很惬意、左右脸对称、面部肌肉平缓等；而呼吸中断、肌肉紧张、流泪、脸红、面部两边不对称等，常常是不愉快情绪体验的迹象。

这些细微身体线索通常表明受术者对特定主题的情绪反应。例如，当提到受术者的妻子时他很紧张，这说明他们关系不太好；谈到背包旅行时很满足，显示出对旅游的愉悦感。催眠师可以根据治疗需要加强或中断这些情绪。

总之，催眠师的每一步沟通都要基于对受术者细微身体线索的观察，当一个特定的沟通进程引出了所需的情绪反应，便继续下去，否则便尝试不同的沟通。

2．利用身体线索判断受术者的催眠深度

由于受术者不可能说话太多或动来动去，所以最好通过观察和识别细微身体线索来判断其催眠深度。因为在催眠过程中，受术者虽然有很大个体差异，但也会展现出细微身体线索的相似模式。例如：

没有身体动作；眨眼减少，眼睛凝视，瞳孔扩大，眼皮跳动，自发闭眼；言语减少，语速减慢，声音减弱；肌肉放松，脸颊平滑，面色更亮更红；由胸式变为腹式呼吸，更慢更有节奏；心跳和脉搏减慢；对声音的定向反应减少或消失；出现手指颤动、抬起等自发的念动行为；对催眠师指令的反应时延长等，这都是进入催眠状态的标志。

通过阅读这些细微身体线索，催眠师不但可以判断受术者是否进入催眠状态，而且可以判断其是否从深度催眠中走出来，如吞咽、皱眉、睁眼、身体运动、对声音有反应、自发地讲话等，都是催眠程度减轻或醒来的征兆。

3．阅读身体线索需要长期练习

一般说来，年轻的催眠师在捕捉细微身体线索方面可能会有困难。因为捕捉身体线索需要高度专注，而在大多数文化里，盯着看陌生人会被家长训斥；专注看一个人还会引起对方紧张甚至敌意。因此，我们从小学会了避免用强烈、持续的目光看人。

为了提高识人能力，可以从一些简单的观察练习开始。例如，在饭店、咖啡厅、会议室，或自己不是主角的社交场合，可以随时练习对他人行为特别是身体线索的观察。起初可只观察一两个线索，以后逐渐增加观察内容，扩大观察范围。开始仅仅描述所看到的现象，不做任何评判，随着经验的积累，再慢慢学习对观察到的身体线索做出解释。

这里最重要的是自己心态要放松，要尽量减少内部对话的意识过程，因为这样会使你无法完全注意细微的变化。

需要指出的是，同样的身体线索在不同人身上可能代表不同的意思。例如，在催眠状态嘴唇胀大、变红，对于一个恋爱的年轻人可能正在回忆一个深情的吻，也可能在回想吃滚烫的麻辣火锅，其真正含义取决于具体背景。因此，在跟受术者确认之前，应该对自己的推测持怀疑态度，千万不可武断，否则就会得出错误结论。有意思的是，这种情况更容易发生在富有经验的催眠师而不是新手身上，因为一些催眠大师往往更自信。

为了搞清某些身体线索的确切含义，可采用以下方法来检验自己的推测：如果催眠师发现受术者在提到某段生活经历时有愉快反应，可以对这个主题做更精细的描述，若他（她）的状态还是很和谐甚至更快乐了，那就支持了此前对其情绪状态的假设；若没有反应或有不安的迹象，那说明之前的直觉不够准确，需要对受术者的反应做模糊跟随，并做出新的假设。

催眠师对催眠过程中所做的推测和假设，可以通过催眠后的体验分析来加以验证。有关体验分析的方法，我们将在本书第七章做详细介绍。

（四）根据偏好的认知通路来与受术者交流

1. 认知通路偏好的影响

格林德和班德勒（Grinder & Bandler，1975）认为，大部分人会有一个高度发展或高度偏好的认知通路，当沉浸于任何一项体验时，可能倾向于使用某一种通路。例如，有些人主要用视觉图像来思考，有些人主要用听觉心像（即内部对话），还有些人喜欢使用运动觉的心像（即身体感受）（Sue Knight，1999）。

当人聚焦于某一个认知通路时，其他通路会进入无意识状态。如果一个人各个认知系统发展比较均衡，可以随着环境需要，灵活转换主控通路。

个体对某个通路的长期不变的偏好会压制创造性反应，因为成功生活需要平衡应用所有认知系统。一些有心理障碍的人大多习惯性偏好使用单一的认知系统，这可能是导致他们心理局限的主要原因。

认知系统缺乏灵活性，或偏好不同认知通路的人，彼此交流起来会有很大困难，因为双方采用的是不同符号系统，很难相互理解。

2. 催眠师要与受术者的认知通路接轨

催眠师只有使用受术者当前主要应用的认知通路，才能与其意识层发展和谐的关系。这就要求催眠师必须开发自己所有的认知系统，并要锻炼培养适应他人主要认知通路的能力。

很多标准化的催眠诱导语不关注内部对话，这会影响听觉型受术者的催眠效果；与此类似，主要使用视觉意象的催眠师，会很难打动非视觉型的个体。为此，需要能识别和包容个体认知风格的差异，确保催眠沟通处在适合个体的意象通路中。

格林德和班德勒（1975）指出，可以从人们经常使用的词语种类来揭示其偏好的认知通路。一般说来，视觉型个体经常使用与视觉相关的动词（如“看起来”、“注视”、“闪现”等）或形容词（如描述颜色或形状的词语）；听觉型个体更多使用与听觉有关的词语（如“听起来”、“说起来”、“很好听”等）；动觉型的个体更多使用与动作和感受有关的词语（如“我觉得”、“我感觉”、“沉重”等）（Sue Knight，1999）。

催眠师应该尽可能采用受术者偏好的同类词语来加以跟随和引导。例如，对视觉型的受术者可以更多用草地鲜花、蓝天白云等美景的冥想技术来对其加以诱导；对听觉型的受术者可以更多用鸟叫虫鸣、流水潺潺等声音信息来对其加以诱导；而对动觉型的受术者则更适合采用自律式（调整呼吸）或渐进式（放松肌肉）的诱导技术。

另外，以运动觉为主的人会对身体感觉很敏感，喜欢采用腹式呼吸而使语言带有节奏感，愿意跟人有近距离的接触，最佳身体距离通常为60—90厘米；以视觉为主的人其催眠体验经常会被身体动作或接触打断，为了减少潜在的干扰，会保持较浅的胸式呼吸，因而音调较脆，其最佳身体距离通常为90—120厘米；以听觉为主的人经常全神贯注于内部对话，沉迷于语言和概念，不太会过多移动，呼吸浅而无规则，语音较为单调，不太喜欢跟人近距离接触，最佳身体距离为90—150公分。

二、联想策略

联想是多数学习理论的核心概念。简单说来，所谓联想是指与刺激相关的反应会在刺激呈现时自动激活。在催眠情境中，触发联想反应是诱导受术者进入催眠状态的主要方法。

具体说来，催眠的联想策略包括以下几种技巧。

（一）提出问题

向受术者提问，是催眠沟通的常用技巧，特别是在催眠开始阶段，可用的问题类型很多。

吸引注意的问题是开始自然诱导的理想沟通，它使得随意谈话平滑过渡到催眠诱导。例如，在提问一般社交问题（“天气怎么样?”“路上顺利吗?”）之后，转而提问无害的外界刺激（“你看这个新书柜怎么样?”“你的外套是在哪儿买的?”）。

有了和谐氛围并赢得受术者的注意（只需几分钟）之后，可以转向能产生催眠反应的问题。例如：

“你真正放松的时候是什么感觉?”

“你能回想起感觉很安全的时候吗?”

在做年龄回溯的时候，可以用下面的问题提问：

“你小时候有绰号吗?”

“你在哪里长大的？当时家里有几间卧室?”

要多采用几种问题系列，探索各种催眠可能性，直到发现受术者对哪种问题有催眠反应。

提问后要留出时间，停顿一两秒，期待地看着受术者并轻微地点头，以促发其催眠反应。当受术者出现进入催眠的迹象时，以更慢更加意味深长的语气提出下一个问题。

当受术者发出明显进入催眠的信号时（如眼动停止、运动减少、语言回应延迟等)，可以转向使用不需回答的佯装问题（rhetorical question）来占据意识过程，并激发无意识的搜寻过程。例如，“你感觉越来越舒服，越来越放松了吧?”

提问时通常要缓慢、有节奏，以便将受术者的反应扩展到最大。但对于很难放开意识过程的受术者，有时可以用较快的语速让其意识超载或干扰其意识过程。

（二）嵌入暗示

所谓嵌入暗示，就是把暗示不为人知地分散在谈话里，让受术者不知不觉地受到影响并进入催眠状态。

嵌入暗示的具体方法是，先确定所要传达的暗示，而后将其嵌在一个较大的语境中。

可以将与催眠状态有关的词语直接嵌在简单的句子里，如“你现在可以完全放松”；也可以更加委婉，将受术者的注意引向其他的时间、地点或其他人，如“于是我回家了，感到全身温暖舒适”。

还可以用转换说话的音调高低、音量大小、语速快慢，或改变面部表情、身体姿势等非言语信息，来做间接沟通。

例如，催眠师开始可以用常规的速度和强度讲话，在传递嵌入暗示时，声音要变得缓慢柔和，还要停顿一下，使受术者有时间对其加以体验，之后再回到常规的语言风格。

这种精微的非言语沟通和间接暗示，既可以绕过意识的监察，又足以影响无意识过程。因为受术者对一种新的语言模式会以不同于其他信息的方式进行加工。

大多数人都对这种嵌入暗示有明显的反应，尤其是在嵌入的信息与受术者的需求和理解一致的时候更是如此。

艾瑞克森曾用上述方法为一位罹患癌症的花匠减轻疼痛，收到了很好的效果。因为这个人对催眠很反感，艾瑞克森便以养花作为谈话主题来吸引病人，通过讲述一株番茄的成长发育历程，嵌入了许多与催眠状态和控制疼痛有关的词语，如“雨水带来安宁和舒服”，“果实带来满足”等，不但使其剧痛大为减轻，还恢复了足够的体力回家（Erickson，1966）。

艾瑞克森在讨论这个案例和其他案例时，强调了以下几点在运用嵌入暗示技术中的重要性：

1. 与来访者建立适宜的关系；
2. 识别和利用病人改变的愿望；
3. 尊重和利用个体的需求和特点；
4. 说话时足够意味深长以吸引和保持受术者的注意力。

当然，这些要点同样适合于任何治疗情景。

（三）故事隐喻

艾瑞克森学派认为，无意识过程比意识过程更能理解隐喻概念，因此经常用隐喻沟通来激发无意识过程。

讲故事是艾瑞克森在催眠时采用的一种主要技术。虽然在故事中并不涉及受术者，但是故事内容的重要方面，如人物、事件、主题、目标等，都与受术者的经历有关。

举例来说，对害怕催眠的受术者，可以讲其他人成功克服这一困难的轶事；对渴望愉快的回溯体验的受术者，可以讲一些关于同学聚会或者模糊的孩童经历的故事。

隐喻故事可用于催眠中的多种目标，特别适用于催眠诱导。因为故事没有提到受术者，因而不易遇到意识层面的抵抗。而故事与受术者的相关，又自动激起了类似的体验。所以，故事隐喻是绕过意识而接近无意识并间接产生催眠现象的上佳技术。

通过故事来诱导催眠的常规策略是，首先确定讲故事的目的是吸引注意、产生催眠体验，还是引发催眠现象；然后根据受术者的某些方面，如兴趣、期望、关注点、正在发生的行为等，来引用或生成可能的故事。故事内容要根据受术者的体验和行为反应加以跟随和调整。

引用或生成故事要遵循以下几个原则：

1．能吸引受术者的注意；

2．与受术者的处境有关；

3．与受术者的具体处境不同（太相似会引发意识干扰）；

4．不以悲剧结束；

5．不会触发与期望反应无关的情绪。

（四）概括性语言

艾瑞克森在催眠治疗时，经常使用听起来很具体但实际上很概括化的语言，来激发受术者产生最适合他们个体理解和需求的特定意义。这样就使催眠师可以给予有效指导，而无需了解受术者体验的确切内容，并减少了将某种暗示强加于受术者的可能性，从而鼓励其获得对个人有意义的联想体验。

这种概括性语言的运用是尊重个体独特性的最好方式，也是艾瑞克森学派催眠方法的核心技术。

概括化语言可以用一般性事件，也可以用模糊的名词或动词。例如，“很久以前一次非常快乐的时光”，“一个非常好的朋友”，“找到对你个人来说最舒服的姿势”，等等。

在这些例句中，每一个都是用间接的、概括化的方式暗示受术者在记忆中搜寻特定的人、地点、物体或事件，最终获得个人特定的内部体验。换句话说，这种体验不是催眠师引导的，而是由受术者的无意识引导产生的。

倘若暗示以过于具体、过于直接的方式提出，既不适合受术者的独特需求和理解，又可能因为有压迫感而产生阻抗。

这种普遍性或概括性语言，既可用于诱导受术者获得相关体验，也可用于跟随受术者正在进行的内部体验，还可以用于跟随催眠中的外部刺激。例如，对于隔壁房间的电话铃声、飞机从空中飞过的声音、外面小孩的吵闹声，可以这样跟随它们：

你在催眠中可能意识到许多不同的东西……多好的事儿啊，你可以让这些意识来来去去，它们都可以使你更加深入地进入催眠……

这样的话语跟随了受术者意识中的任意刺激，但并不引向刺激。倘若采用很具体的陈述，就可能会打断本来没有注意外部刺激的受术者的专注。

运用概括性语言要遵循以下几个要点：

1. 为受术者提供各种常规的、普遍的可能性；
2. 观察并确定受术者有情绪反应（如呼吸和脸色变化）的话题；
3. 聚焦并详细讨论受术者有明显情绪反应的主题。

（五）选择性反应

艾瑞克森学派催眠师有时会首先暗中假定催眠反应会真的出现，然后将受术者的注意力集中于催眠反应何时、何地出现，如何出现，让其在几种可能的反应中做出选择。

例如，

“你想现在进入催眠还是五分钟以后？”

“你想坐在这把椅子上进入催眠还是坐那把椅子？”

“我不知道你的右手还是左手会先浮起来。”

“我不知道你会回到六年级、五年级，还是四年级。”

通过给受术者提供这种“虚假的自由”来选择某种反应，极大地提升了无意识反应的可能性，抑制了对催眠师的话语做逻辑分析的评判能力。

催眠师提供的选择反应必须与个体的需求和当时的情境相一致，这样受术者就会下意识地选择最适合自己的特定反应，从而进入催眠状态。

（六）使用心锚

1. 什么是心锚

所谓心锚（therapist-developed anchor）是催眠师发现的可以让受术者产生某种联想的线索或标记，通过心锚可以引出需要的联想反应。

因为我们在生活中总会下意识地产生各种联想，所以人人都会有各种心锚。例如，听到一首歌曲，会使你想起某个人；看到某种场景会引起你的紧张感。

心锚可以是言语的也可以是非言语的刺激，可经由视觉、听觉和动觉等不同认知通路产生。换言之，心锚既可以是一种图像、声音、感受，也可以是一个词或句子，还可以是一种表情、动作或身体姿势（Sue Knight，1999）。

心锚引起的反应可以是愉快的，也可以是不愉快的。例如，催眠中谈论马，令一位受术者想起获得赛马冠军的满足感；而另一位受术者却再次体验了从马背上摔下来的剧烈痛苦。

每个人都有独特的与他人不同的心锚。例如，一个感到安全的女性可能是想起了童年喂养的宠物；而一位男士却可能在想到心爱的女儿时感到喜悦和满足。

2. 如何发现和设立心锚

为了发现受术者的联想线索，可以在催眠状态下提许多问题吸引其注意，同时仔细观察他（她）的回应，这样就可以识别出有意义的联想线索，并将其作为促发联想反应的心锚。

最好的心锚是能使受术者下意识地产生某种专注体验而不会触发其他体验的线索，这就是说心锚要清晰、独特而又能绕开意识的参与。

催眠师的某些言行可以成为心锚。例如，让受术者回忆一种舒适和安全的体验，想到时以点头或举起食指示意，然后催眠师轻轻触碰受术者的膝盖，这就成为舒适体验的标记，过后呈现它便可以引发该体验。如果不能引发，重复几次便可以成功。

在临床治疗工作中，催眠师的语调是特别好的心锚。因为受术者通常闭着眼睛，不可能用视觉暗示，身体接触又有可能造成干扰。然而大部分受术者不太会意识到催眠师的语调，但会有无意识的反应。例如，上面的催眠师也可以不触碰受术者的膝盖，改用明显不同的温和语调说“很安全，很舒适”。这种特定的语调也可以成为舒适体验的标记。

催眠师或受术者的其他信息也可以用来作为心锚，例如，让受术者脚平放在地上，手摊开在膝盖上，眼睛看着特定的刺激，等等。

3. 心锚的功能

利用心锚可以间接和快速地引发催眠状态，提高催眠治疗的时效。

除了诱发催眠状态之外，心锚还可以用于建立安全感。例如，一些有创伤体验的受术者往往不能在催眠中完全放松，催眠师可以用紧握其手这种与安全感有关的联想线索作为安全锚，帮助其产生安全感，克服恐惧体验。

心锚还可以用来区分想进入催眠的渴望和停留在催眠之外的想法。例如，艾瑞克森有时会要求受术者把所有的“抗拒”留在所坐的椅子上，然后让他（她）移到另一把椅子上进行催眠，这样将不同的椅子作为心锚，就可以将不同的心理状态区分开来。

心锚也可以用于整合不同的心理体验而直接用于心理治疗。下面是在吉利根所著的《艾瑞克森催眠治疗理论》一书中所报告的一个案例：

一位求治的来访者抱怨性能力不足。在浅催眠中，他进入了不愉快的体验：有一次与女友在汽车后座上做爱时因紧张而阳痿，对这一体验用碰触左膝盖锚定。当暗示他去接近相反的正面体验时，他回想起买新车时的兴奋感受，对此用碰触右膝盖锚定。之后，暗示他“放下”和“清空”自己，再次进入催眠中，并同时碰触他的左右膝盖以启动之前建立的两个心锚。在强烈的身体感受中

（“眩晕”、“脊骨发麻”），新的体验出现了：受术者发现他看着新车的电池，并且把正负极连在一起，产生了欣快且略带眩晕的“整合冲击”。通过催眠中这种心锚的作用，治好了来访者的性功能障碍。

三、分离策略

艾瑞克森学派的催眠师在临床工作中发现，对于那些主观上想进入催眠却又无法摆脱意识干扰的受术者，仅仅使用联想策略还远远不够。因为至少有一半以上的患者，在催眠治疗过程中可能会不停地进行自我对话（听觉），或常常被导向内部意象（视觉），或频繁被肌肉（运动）感觉所干扰。为此，催眠师必须采用多种分离策略来排除干扰。

（一）常用的分离策略

艾瑞克森催眠学派的常用分离策略有以下几种：

第一种分离策略是分心技术。例如，让受术者数数，从1000开始，每隔3秒数一次，一直倒数到1；或让受术者在倒序看字母表的同时，按前后对应关系念字母（如看到Z念A，看到Y念B，以此类推）；或只是在诱导过程中让受术者关注一些令人引起注意的刺激（最好是受术者已经被深深吸引的事物）。

第二种分离策略是沉闷技术。比如催眠师不停地讲一些乏味的故事，一个接一个，导致受术者因沉闷而疲劳，借此消耗并减少其意识上的抵抗。

第三种分离策略是意动（ideomotor）技术。就是通过抬手、举臂、低头、闭眼、晃动身体等各种意念运动，来干扰受术者的意识活动。

第四种分离策略是混乱（confusion）技术。这是艾瑞克森学派在催眠中最为常用的方法，主要包括中断技术和超载技术。所有混乱技术都是通过打破僵化的心理定势来扰乱受术者的意识活动。

对于在催眠过程中一直烦躁不安的受术者，催眠师可以鼓励其做一些夸张的动作，比如让他挨个换座位来增加活动频率，直至出现定向知觉丧失（disorientation），这种丧失正是催眠导入的保障。

对于在催眠时一直看着治疗师、渴望得到指导的受术者，治疗师可以沉默地坐着，不给予任何指导，以此来打破受术者干扰催眠的意识模式。

混乱是弱化意识过程的最强烈、最有效的方法。下面对混乱技术的具体操作方法及临床应用加以详细介绍。

（二）混乱技术的操作步骤

大部分混乱技术都是按照以下五个步骤来进行的：

1. 识别模式

人类的行为具有许多共同的一般模式。例如，在社交场合，一个人主动伸出手来，另一个人也会友好地伸手相握；在谈话过程中，倾听者通常不时地点头作为回应，等等。

在每个人身上也可能有一些与众不同的独特模式，如习惯性地搓手或捋头发，沮丧时垂着头，困惑时东张西望，兴奋时动来动去等。

催眠师既要注意观察并识别受术者行为的一般模式，又要观察并识别其行为的独特模式，并通过跟随来开始催眠。

2. 跟随模式

一旦识别出某种模式，就要进行跟随，以便创立和谐关系和适宜应用混乱技术的情境，使受术者意识到催眠师的目的是提供支持。

使用混乱技术的主要目的是让受术者脱离意识过程的僵化状态，从而唤起更具自我价值感的存在方式。如果受术者感觉自己被粗鲁地对待或被利用，将对混乱技术的效果产生不利影响。在跟随产生的尊重氛围里进行操作，对于成功应用混乱技术至关重要。

经验表明，暂时使一个人感到混乱很容易，但要以任何有意义的方式来利用这种混乱却相当困难，因为缺乏安全感的个体会从混乱中脱离出来，而感觉到被支持的个体则愿意并能够进入混乱状态。所以，催眠师在采用混乱技术之前、之中和之后的态度和非言语交流，会直接影响受术者对混乱的反应。

3. 引起混乱

在适当的跟随之后，催眠师可采用中断和超载技术来引起受术者的混乱。前者简短快捷，后者则需较长时间的交流。

中断和超载的具体方法，后面会详加介绍。

4. 增强混乱

受术者对混乱技术的直接反应通常表现为困惑不解。这种自然反应平时很多人都会有。

比如，当一个人忽然对我们说一些完全出乎意料、无法理解的事情时，我们立刻想要搞清到底发生了什么，通常会迷茫地看着对方，希望得到解释。由于此时说话者一般会感到不好意思，随即做出道歉或解释，我们的混乱就会被减轻或消除。

然而，艾瑞克森学派的催眠师却采用与一般场合截然不同的策略，不但不做任何解释，反而继续以令受术者困惑的同样方式行动，或向部分混乱的个体提供更多种类的混乱刺激，从而达到增强混乱的效果。

5. 利用混乱

当混乱增强到极点时，受术者通常会愿意接受较简单的事情（如温和的暗示）来减少混乱。此时，催眠师可根据受术者的反应对这些混乱加以充分利用。例如，对催眠中变得愤怒或怨恨的人，催眠师需要根据交流的目的和意图向其做出真诚的解释；对于哈哈大笑的受术者，可称赞他们具有的幽默感，并鼓励他们将这种能力作为无意识反应的一种方式来加以利用。

总之，催眠师要密切监控并顺应受术者的混乱反应。所有的反应都是可以利用的，未被利用的混乱将会对催眠产生相反效果，因为不确定的个体会要求一些确定性，否则他们会离开催眠情境。

（三）中断技术

所谓中断技术，是指中断个体对信息的接收、存取和表达的一种自然的交流方式。在听觉、视觉、运动觉等各种认知通路上都可以实施中断。

艾瑞克森学派在催眠中常用的中断技术有以下几种：

1．无前提话

无前提话（nonsequitur）亦可称作非推论的话，是指不合逻辑的或与当前情境完全不相关的陈述。

人们在沟通交流时总是依据所处的情境来理解信息的含义。例如，两个人在交谈时，倾听者通常是根据现场环境、前面谈话的内容来理解对方的言语和非言语表达的含义。如果某句话与当时情境完全无关，倾听者就会对这种无前提的话感到莫名其妙，并试图努力理解说话者的意思，从而中断原来的思维模式和意识过程。

这种技术产生于艾瑞克森在生活中的偶然发现。下面是艾瑞克森（1964）的一段有趣描述：

1923年的一天，我去威斯康星大学参加由克拉克·赫尔（Clark L. Hull）主持的第一届正式的催眠研讨会。途中，一个男子匆忙地从大楼的转角处跑出来，狠狠地撞上了我。他还没回过神来跟我讲话，我仔细地瞧了一眼手表，好像他问了我时间一样，有礼貌地答道“差十分钟两点”，事实上当时已差不多下午四点了，说完我就走开了。大约走了半个街区之后，我转过身去看到他还愣站在那儿看着我，毫无疑问，他对我说的话还是迷惑不解。（Rossi，1980）

经验表明，说话者越是权威、越是真诚、越是严肃和意味深长，倾听者就越会继续找寻（尽管是徒劳地）说话者表达的真正含义，就像患者对医生说的话虽然不明白，但仍然会听从一样。

正是这种对不确定性的困惑，会导致人们弱化正在陷入的思维运转，从而更容易接受暗示。催眠师常常会在沉默3—5秒后，重新回到谈话主题或转移到新的谈话主题，或者温和但却坚定地暗示受术者进入催眠状态。

2．违背语法

人们在用语言相互沟通交流时，都会遵循一些语法规则。一个没有语言障碍的人可以凭直觉判断一句话是否合乎语法，当听到一句明显不合语法的句子时，我们通常都会片刻中断，并产生混乱的感觉。

若对方精神正常，又不是少数民族或外国人，在此之前的表达都很连贯，不存在任何语法问题，在这种情况下，倾听者就会更加不确定，更加感到混乱，从而就会更加专注于说话者。此时，催眠师便可以利用受术者的反应潜能，通过提供暗示语，诱导其进入催眠状态。例如，当时，虽然万里无云，而且雨越来越大……忽然间感觉眼睛睁不开，要进入催眠了。

3. 抑制运动

人们在交谈时，经常会频繁做出挥手、点头、转移视线等肌肉运动，而当一个人专注于自己内心体验的时候，此类动作就会明显减少。

自然产生的运动抑制，是催眠前兆的重要证据。所以，限制受术者的运动，例如让受术者专注地看着催眠师的眼睛，也可以作为中断意识加工过程，诱导其进入催眠状态的方法。

对于沉浸在意识思考中，很难进入催眠的受术者来说，抑制运动可以同时中断受术者的言语和非言语的表达模式，因而有助于提高催眠治疗的效果。

除了限制受术者的运动表现外，催眠师也可通过抑制自身的动作来中断受术者的意识模式。例如，催眠师可以一动不动地坐着，舒适缓慢地呼吸，意味深长地凝视着受术者的眼睛。如果此前催眠师运用了非言语跟随和镜映技术，此时通常就会引出受术者的类似反应。

对于那些长时间说个不停的来访者，“抓住”一个对象对其进行唠叨，往往是从痛苦的情感中转移出来的方式。催眠师自身的运动抑制常常能有效地使这样的受术者安静下来，同时还可以接近或产生治疗上可利用的体验。

总之，无论从催眠诱导方面还是从催眠治疗方面来看，抑制受术者和催眠师的运动表现，都可以作为一种中断技术而加以有效地利用。当然，在此之前必须建立相互信任支持的和谐关系。

4. 异样握手

握手是人们在日常生活中最普通的社交模式之一，因为应用非常广泛而变得自动化了。若一个人在握手过程中改变了习惯的握手模式，打破心理定势，就会引起对方的暂时混乱。所以，艾瑞克森把握手中断技术当作最有创新和最有效的诱导方法之一就不足为奇了。

艾瑞克森（1964）描述了他针对美国某内科医师团体的一次讲座，其中一位医生对催眠非常感兴趣，但同时也充满怀疑并表现出敌意和攻击性的行为。在开始讲座前的社交时间里，这位个头比艾瑞克森大得多，也强壮得多的医生把艾瑞克森的手握得嘎吱作响，还声称他愿意“看看任何试图催眠我的傻子”。当后来艾瑞克森需要一位志愿者来演示催眠的时候，这位医生就大步走上讲台，并高声宣称自己永远不会被催眠。艾瑞克森优雅地伸出手，而当那个好战者准备和艾瑞克森握手时，艾瑞克森却突然弯下腰去系鞋带。这位医生惊讶地愣在那里，他的手僵硬地悬在半空中。艾瑞克森立即温和地、意味深长地让他坐在椅子上，“深呼吸，坐在椅子上，闭上眼睛，然后深深地进入催眠。”在暂时地被催眠之后，这位医生震惊地叫道:“哎，我真该死！这是怎么做到的？你再做一遍让我看看，我就知道是怎么回事了。”艾瑞克森继续对他实施了多种诱导技术，当这名医生对手浮技术做出催眠性的回应时，他的催眠状态被用来向他以及其他与会者演示各种催眠现象。虽然这位医生没有立即进入长时催眠，但他的“抵抗”被驱散了，使得他对更进一步的诱导技术有所回应。(Gilligan，1987)

这个案例说明，中断技术只是破坏催眠抑制模式，而不能发展出深度催眠。在这种情况下，催眠治疗师的任务就是迅速敏捷地利用一些对催眠发展有利的状态。

握手中断的具体方法可以多种多样，例如，用左手去握对方的右手；看着对方的右手却去握左手；握手时视线聚焦在对方身后；将对方的手抬得很高；注视并指着右手，却喊“你的左手还没有抬起来”；或轻触某根手指却说出另一根手指的名字，等等。

5. 夸张游戏

对于一些表现出阻抗或催眠抑制的受术者，艾瑞克森学派催眠师有时会采用某种夸大的或戏剧性的方法来引起受术者的迷惑和混乱，从而弱化或打破其阻抗模式，使其进入催眠状态。

艾瑞克森（1964）对经历过三位医生催眠都失败了的妇女说:“我无法将你催眠，只是你的手臂。”同时轻轻抬了抬她的左手臂，然后收回自己的手，把她的手臂僵直地留在半空中，然后轻叹着说道:“闭上眼睛，深呼吸，沉沉地睡去吧。你的左手会慢慢地落到大腿上并继续停在那儿，舒服地睡吧，我会叫醒你的。”这位妇女在进入诊室后的 5 分钟之内，就进入了梦游式催眠。（Rossi，1980）

吉利根对一位总认为自己很无能而饱受痛苦又无法进入催眠的受术者说:“你确实很无能，什么事也做不好。”并且夸大他的无能，甚至拿他的缺点开玩笑，导致对方的激怒和辩解，认为自己还是有些能力的。吉利根借机问他能不能“一动不动地坐在椅子上，这简单得连小孩子都能做到”。接着让他“深呼吸，放轻松，自然地放松下来，而不需要我告诉你该怎么做”等。结果受术者 20 分钟就进入了催眠。

一位被许多烦恼和焦虑困扰的妇女，在催眠开始前一个接一个地询问有关催眠过程中各种可能的催眠体验以及在每种情形下她应该做什么的问题。吉利根不顾她的反对，快速而温和地与她交换座位，交换角色，以更为夸张的方式问了许多类似的问题，行为荒谬，甚至有点滑稽可笑，从而弱化并中断了她的阻抗行为。(Gilligan，1987)

（四）超载技术

与中断技术不同，超载技术不是去中断某种行为，而是鼓励受术者将当下的行为继续下去，而且要做得更多，直到信息超载，不得不停下来。

超载是日常生活中普遍存在的现象。例如，同时做几件复杂而又不相关的工作；同时听几个人讲话或听一个你知之甚少、讲得又快的讲座。这时我们就会离开这个情境，或不再关注它们。但是当我们因为某件事的困扰，陷入不停的自我内部对话时，也可能故意寻求信息的超载，如听听喧闹的音乐、唱唱歌、跑跑步等，借此摆脱烦恼。

在催眠过程中，治疗师可以用加快语速、插入无前提的话或不合理推论、快速转换话题和方向等超载策略，来削弱和打破受术者的心理定势，随后通过简单的、直接的暗示对其加以诱导。愿意但又无法进入催眠的受术者，只要从超载的信息中退出来，放弃努力的意识过程，就会被这样的超载技术带入全神贯注状态，并最终进入催眠。

艾瑞克森催眠学派采用的代表性超载技术有以下几种：

1. 时间定向迷失

由艾瑞克森创建的年龄回溯法是他所有混乱技术中最著名的一种。年龄回溯实际上就是时间定向迷失，该方法的具体步骤如下：

（1）用现在时态谈论一些无伤害的日常活动（如吃饭），以此来吸引受术者的注意；

（2）利用日常事件将现在与过去、未来（如这周与上周、下周）连接起来；

（3）不断地在过去、现在与未来之间转换（可用日、周、月、年等多种时间单位）；

（4）时间参照是现在，但逐渐把受术者引向过去；

（5）让受术者回到过去某个时间点的特定事件中。

在运用这一技术时，首先要营造一个和谐的氛围，使受术者感到催眠师是一个智慧、善良且善于沟通的人；催眠师说话要自信、得体，抑扬顿挫有节奏。大部分受术者会努力地去理解催眠师的话语，而这几乎是不可能的（因为时间转换过多、过于复杂，有时还说得很快），于是就会出现深深的时间定向迷失。

2. 空间定向迷失

与时间定向迷失类似，空间定向迷失是通过空间参照物的快速转换实现的。

一种常用方法是采用内在的参照物，如这儿、那儿，上、下，前、后、左、右，东、西、南、北，中间、对角等。最有效的方法是编一个引人入胜的故事，在故事中反复穿插各种空间方位的转换。当受术者进入轻度催眠状态后，催眠师以较快的语速，意味深长地讲述这个故事，在受术者混乱到极点的时候，再将语调转为缓慢而轻柔，并嵌入相关的暗示。

第二种方法是利用外在的参照物，这种方法是艾瑞克森在20世纪30年代创立的。艾瑞克森（1964）曾经通过反复地用不同方式描述两把椅子“在这里”、

"在那里"的喋喋不休话语，不但使受术者被深深催眠，而且使在场旁观的一位精神病学家相当迷惑并在意识上发生了完全的改变。这种方法的一个变式是让受术者的身体在分别代表意识和无意识的两把椅子之间来回转换。

第三种方法是利用著名的"莫比乌斯屋"。在虚无的"莫比乌斯屋"里，方向、维度、色彩等一切都产生相反或互补的体验，即上就是下，左就是右，东就是西，前就是后，白就是黑，如此等等，反之亦然。当受术者按照催眠师的指令进入"莫比乌斯屋"后，就会因空间定向迷失而导致混乱。

3. 概念定向迷失

概念定向迷失是采用一种强制的、快速的、意味深长的言语和非言语交流的方式来表达一连串自由联想的、关系松散的言论。

概念定向迷失技术的具体做法是，首先吸引来访者注意，可以从任何话题开始，让受术者努力去理解催眠师所说的话；然后顺着意识流或采用尾词接龙（即把每句话的最后一个词用作下一句话的开头）的方式迅速地、不断地转移话题，使意识心理超载并使意识作用弱化；当受术者感到困惑迷乱，或放弃理解只是简单跟随这一联想旅程时，就可以运用嵌入暗示和其他诱导技术来促进催眠。

4. 双重诱导

双重诱导是指两个催眠师同时对一个受术者实施催眠诱导。这是最有效、最可行的混乱技术之一。

双重诱导不仅打断了一个时刻只有一个人说话的社交规则，而且一个人根本不可能对同时和他说话的两个人的话语进行有意识的理解。那些沉浸在内部对话中的受术者，会拼命努力跟上催眠师所说的内容；而另一些受术者却乐于放弃理解催眠师的需求，而让自己随波逐流。这样，大部分受术者最后都能够被双重诱导技术所催眠。

双重诱导的具体做法如下：

两位催眠师与受术者面对面，分坐在受术者的两边。最好直接告知受术者，为了达到催眠目的，将由两位催眠师运用双重诱导技术。

对于习惯于理性分析事物的受术者，要求他即使不能完全理解，仍要尽量跟随，仔细听，仔细想；而对于那些更能忽略意识过程的受术者，则要给予更多的自由：可以听两位催眠师讲话，也可只听一位，或者什么也不听，还可以在这三种情况中自由交替转换。

开始两位催眠师可以相继讲话，相互补充，使受术者的注意力来来回回地转移。数分钟后，两位催眠师同时讲话，对受术者当下的反应过程同时实施诱导。

最简单的方式是直接同步（synchronization）诱导，即两位催眠师采用相同的节律、语速、停顿等非言语模式，说不同的言语，就好比两个吉他歌手，弹着同样的曲调，却唱着不同的歌词。这里，非言语表达方式的匹配倾向于吸引无意识的注意，而言语表达的不同则导致意识心理的超载。

另一种补充方式是切分节奏（syncopated rhythm）诱导，即两位催眠师运用同样的节奏，说同样的话，但一个要比另一个慢半拍。好比两台录音机播放同一首歌曲，但其中一台要比另一台慢半秒。最好一位催眠师将语调降下来配合受术者的呼气，而另一位催眠师将语调升上去配合受术者的吸气。

还可以将言语过程与非言语过程联合起来运用，描述受术者的不同部分而达到催眠目的。

例如，一位催眠师可以使用快速的、无节奏的非言语模式的混乱技术，来弱化受术者的意识心理；另一位催眠师则可以用温柔安抚的声音词语进行直接暗示，如“让自己放松吧……不必去聆听什么……进入催眠吧……”以此来接近无意识加工过程。

一位催眠师可以讲些听起来有关而实际上不相关的故事，以此干扰受术者的意识过程；而另一位催眠师在另一侧低声说些催眠暗示语。

一位催眠师说些让受术者暂时不进入催眠的话；而另一位催眠师则诱导其进入深度的催眠状态。

在这期间，两位催眠师还要不停地转换自己的角色，即使用混乱技术的催眠师变为支持催眠，而后者又变为前者。

在没有两位催眠师的情况下，也可以实施双重诱导：可以让受术者听双重诱导的录音带；也可以用两台录音机同时播放不同的诱导语；还可以让受术者在听催眠师诱导的同时听录音带里不同的诱导语。

艾瑞克森（1973）曾做过一个催眠师实施双重诱导的示范：他先在右边对受术者的意识心理讲话（如“也许你还不想进入催眠，你的意识心理会觉得很好奇”），然后转到左边对无意识讲话（如“你的无意识可能会希望进入催眠，并开始漫步到催眠的世界中来”）。他来来回回地交替转换，最后停留在受术者的左斜方（无意识处）工作。

（五）混乱技术的临床应用

许多催眠治疗师虽然对混乱技术很感兴趣，但是对于什么时候、怎么样恰当运用混乱技术感到迷茫，在运用的时候缺乏自信。其中最大的障碍是，认为使用混乱技术会对受术者造成羞辱，让受术者觉得自己很愚蠢。

艾瑞克森学派的催眠师认为，在治疗中使用混乱技术能为受术者创造机会，使他们从僵化模式的限制中解脱出来，以另外的更有利的方式去体验自我；这种混乱还可以使人安全地从错误的、有限的认同中解放出来。可见，混乱作为善意的玩笑，不仅能给人带来愉快，而且是打破常规框架的约束、引导新的生存方式的有效方法。

在临床工作中使用混乱技术时，需要注意以下几点：

1. 使用混乱技术必须尊重受术者

催眠师要坚持并表达出这样一种信念，即受术者很聪明、很有能力，而且是应该得到极大尊重的独一无二的个体，无论看起来多么怪异的催眠交流，其意图都是支持受术者的。否则，不仅违背职业道德，而且受术者可能生气，或者因不信任催眠师而产生阻抗。

通常可以通过术前谈话，表达对受术者的充分尊重以及对其需要和价值标准的保护；激励他（她）想要变化的能力和愿望。只有当受术者感觉到被尊重、被保护时，混乱技术才具有催眠的效能。

2. 引入混乱技术应该循序渐进

一些人想当然地认为，混乱技术是将受术者突然带入混乱之中而无需任何铺垫。必须指出，混乱技术的引入通常是在受术者对它有了一定了解的基础上进行的。在与受术者至少进行一两次谈话以建立安全和谐的关系之前，最好不要使用复杂的混乱技术（如时间或空间定向迷失等）。

在建立信任之后，可以通过讨论和举例说明，让受术者了解为达到治疗目的会采用多种交流方法，混乱技术就是其中之一。开头可以轻松幽默的方式穿插一些轻微的混乱交流（如无前提的话、运动抑制等），受术者大多会乐意接受这种不引人注意的混乱技术。由于很安全并有积极体验，受术者对接下来的复杂混乱技术就可以接受了。

若受术者对混乱技术反应不良，可以停下来与其交谈找出原因，并采取适当措施加以调整改进。

3. 混乱技术的使用要因人而异

最有效的混乱技术是依据受术者的特点量身定做的，例如，注重社交习俗的受术者可能对异样握手的感受性特别强；试图脱离其问题的受术者可能更容易被运动抑制技术强有力地影响着；担心自己智力水平的受术者倾向于接受意味深长的与前提不符的话；拥有持续不断内部对话的受术者更容易受双重诱导或概念定向迷失技术影响。

因为每位受术者对催眠都有自己独特的反应，所以催眠师就应该因人而异、量体裁衣地采用各种技术。这也意味着在催眠进行中催眠师可能要放弃一种技术，转而采用其他混乱技术，或随时对当前采用的技术做简单调整以符合受术者的需求。

有些受术者对混乱技术的反应不那么积极，其原因多种多样。例如，他们可能不信任催眠师；混乱中可能触及他们童年时一些不愉快的体验；催眠师可能没有充分吸引受术者的注意；催眠师太急于求成或进行了太多的强迫交流；还有可能是混乱程度还不够充分或混乱技术用得太晚。无论哪种情况，催眠师都要寻找原因对症下药。

没有任何一种方法技术是万能的或永远有效的。在许多受术者身上起作用的治疗策略，对某个个体来说可能效果并不好；一种技术可能在某种情况下出奇地见效，但是在另一种情况下却不见得如此。一些蹩脚的催眠师总是使用同一种方法或技术，必然导致经常性的失败，他们非但不做自我反省，反而给受术者贴上阻抗的标签。

4. 不宜采用混乱技术的情况

以下几种情况不宜使用混乱技术：

（1）与催眠师未建立起信任关系，受术者感到不安全或没有保护。

（2）受术者进入催眠状态之后，再引入混乱就只能起到反作用了。因为此时意识过程已被中断或弱化，刚刚显现出来的无意识过程需要的是支持和引导，而不是混乱或中断。

（3）在给予治疗指令时不宜引入混乱，因为失去了判断力的受术者是没有能力去理解这些信息的。

（4）对于那些正在探索被暗示的催眠体验的受术者，一般也不宜使用混乱技术。

（5）如果受术者变得愤怒或烦躁不安，也应该减少超载和其他混乱策略的使用。

（6）对于已经完全混乱的受术者，不宜再加重、加深混乱。

（7）对于想自杀、悲伤欲绝或有创伤闪回的人，不能使用混乱技术，因为他们已经处于深深的混乱之中，催眠师只要采用温和、直接、简单的跟随和引导技术来利用其混乱，就能收到很好的效果。

（8）对于那些有积极的催眠愿望并且催眠感受性很高的人，混乱技术是多余的，因为他们脱离意识过程并不困难。

四、催眠策略的综合运用

合作策略是所有催眠治疗有效的前提。

联想策略是让受术者接近无意识体验，对愿意被催眠并且催眠感受性较高的受术者十分有效。

分离策略是弱化受术者的意识过程，主要用于对催眠有阻抗（如对催眠持怀疑态度、担心受控于催眠师、担心进入不了催眠等）或感受性较低的受术者。

大部分适合催眠治疗的来访者虽然愿意体验催眠，但无法摆脱原有意识控制模式，所以通常在临床工作中，有效的诱导都是在合作策略的基础上，将联想策略和分离策略结合起来使用。

在催眠开始前，催眠师和受术者都要做好充分准备。催眠师在强调催眠安全和有益的同时，要确保受术者的信任和舒适。催眠师还要搞清哪些信息可能会促进催眠，哪些信息可能会阻碍催眠。在建立了和谐关系并吸引了受术者的注意之后，再通过言语和非言语交流，诱导受术者进入催眠状态。

在催眠过程的初期阶段，催眠师要跟随受术者的行为，如调整语速使之与受术者的呼吸节律相协调，再引导交流的方向和节奏，采用意味深长并与类催眠体验有关的话语（如深呼吸、放松肌肉等），使受术者的注意力更多转向内部体验。只有在受术者开始显示出进入催眠状态的迹象时，才可以采用复杂的诱导技术，转换的速率完全依赖受术者的反应。这就是说，催眠师要随时根据受术者表现出来的细微线索调整自己的策略。

催眠治疗的大体顺序如下：

1. 通过简单的直接诱导使受术者出现类催眠反应；
2. 通过一般性陈述或隐喻故事加深受术者的无意识体验；
3. 采用混乱技术弱化意识活动的干扰；
4. 利用催眠状态给予治疗指令。

催眠治疗师的主要任务是引导和监督受术者发掘利用自身有价值的资源，而不是把解决方案和策略强加给受术者。除非受术者因某些创伤体验处于崩溃状态而需要帮助，催眠师才可以给予直接断然的指令。

艾瑞克森留给我们的不是聪明的技术，而是激励每个治疗师为了来访者的利益而尽可能地发挥其创造性的理念。

【作者注：本章内容大多改编自吉利根（Stephen G. Gilligan）著，王峻、谭洪岗、吴薇莉译《艾瑞克森催眠治疗理论》（*Therapeutic Trances: The Cooperation Principle in Ericksonian Hypnotherapy*）和艾瑞克森（Milton H. Erickson）与罗森（Sidney Rosen）合著，萧德兰译《催眠之声伴随你：催眠谘商大师艾瑞克森的故事和手法》（*My Voice Will Go with You*）两本书，以及 Judith W. Rhue，Steven Jay Lynn，Irving Kirsch 主编，美国心理学会出版的《临床催眠手册》（*Handbook of Clinical Hypnosis*）一书的第九章 An Ericksonian Model of Hypnotherapy。为了尊重和保护知识产权，在此除向上述原著作者和译者表示感谢外，还请几位译者同本书出版社或主编郑日昌联系，以便依据有关法规支付稿酬。本书作者通讯地址：北京师范大学心理学院，邮编 100875。】

【建议参考资料】

1. 吉利根. 艾瑞克森催眠治疗理论［M］. 王峻，谭洪岗，吴薇莉，译. 北京：世界图书出版公司，2007.

2. 艾瑞克森，罗森. 催眠之声伴随你：催眠谘商大师艾瑞克森的故事和手法［M］. 萧德兰，译. 台北：生命潜能文化事业有限公司，2005.

3. 奈特. NLP 入门［M］. 郑日昌，译. 上海：上海人民出版社，2006.

4. ERICSSON K A，SIMON H A. Verbal reports as data［J］. Psychological Review，1980，

87（3）：215－251.

5. RHUE J W，LYNN S J，KIRSCH I. Handbook of clinical hypnosis［M］. Washington DC：American Psychological Association，1993.

6. GUSE T. Enhancing lives：A positive psychology agenda for hypnotherapy［J］. South African Journal of Psychology，2012，42（2）：214－223.

【问题与思考】

1. 艾瑞克森学派与传统催眠学派有哪些区别？
2. 艾瑞克森合作催眠治疗的理论基础包含哪几种基本假设？
3. 在催眠治疗中采用奇闻异事的隐喻有哪些好处？
4. 艾瑞克森学派在催眠治疗实施过程中奉行的四个原则是什么？
5. 艾瑞克森催眠学派的策略有哪几类？
6. 你在什么情况下会对自己进行积极的自我暗示？效果怎样？

第六章 催眠的应用

【本章提要】

对催眠的研究越深入，对催眠发生和作用的机制也就了解得越深入，这为催眠的应用夯实了基础。目前催眠被应用在很多领域，如疼痛管理、运动员训练等。本章详细地介绍了催眠在不同领域的应用情况和所发挥的作用，特别是在临床治疗领域的应用，例如，催眠是如何与一些经典的心理治疗方法——分析疗法、行为疗法、认知疗法结合进行心理干预的。此外，作者用大量文字具体讲解了催眠与阴阳辩证疗法的结合。阴阳辩证疗法是本书作者在多年临床实践的基础上提出的，对此有大量的心得和体会。在本章的第二节，不仅介绍了阴阳辩证疗法的治疗理念，还细致地讲解了如何与催眠结合进行心理干预。为了便于读者了解和理解催眠的应用，本章还介绍了催眠在常见精神障碍治疗中的应用。值得一提的是，本章最后提供了大量催眠光盘指导语和音响设计，这是催眠在日常生活中的应用，它给人一种催眠并不神秘，催眠就在我们生活中的感觉，这有助于减少人们对催眠的好奇感并以一种正确的态度看待催眠。

【学习重点】

1. 催眠与常规心理疗法的结合
2. 催眠与阴阳辩证疗法的结合
3. 催眠治疗的具体实施及临床应用

【重要术语】

分析疗法　行为疗法　认知疗法　阴阳辩证疗法

第一节 催眠的应用领域

催眠与其他心理科学技术一样，都是利用人际的相互作用来产生一定的心理效应，在各行各业有着广泛的应用。

一、催眠在医学领域的应用

催眠发端于驱邪祛病，因而医疗是其应用最多的领域。在医学领域，催眠可用于：

1. 治疗焦虑症、恐惧症、疑病症、强迫症、抑郁症、癔症、神经衰弱等精神官能症。

2. 治疗高血压、紧张性头痛、非器质性心脏病、支气管哮喘、神经性干咳、甲状腺机能亢进、糖尿病、癌症、植物神经紊乱、神经性抽动、神经性皮炎、皮肤瘙痒、肌肉痉挛、厌食或贪食等进食障碍、更年期综合征、月经紊乱、阴道痉挛、痛经、性冷淡、遗尿、尿频、早泄、阳痿、射精困难、心因性勃起障碍、心因性耳鸣、失音、口吃、咬指甲、拔头发、创伤后应激障碍等心身疾病。

3. 作为一种有效的止痛方法，可治疗腰背痛、关节痛及其他慢性疼痛，牙科医生可以用催眠来减轻疼痛；产科医生能使产妇在分娩时更加顺利。

4. 帮助失眠的人入睡。

5. 帮助戒烟、戒酒、减肥、美容。

在发达国家，催眠已被广泛应用于临床工作，而在我国医务界，只是刚刚开始谨慎地尝试。

二、催眠在教育领域的应用

在家庭和学校教育领域，催眠可用于：

1. 帮助人们增强自信，克服自卑，勇于面对考验。
2. 帮助人们集中注意力，提高学习兴趣。
3. 帮助人们提高记忆能力和学习效果。
4. 帮助人们增强想象力，提高创新能力。
5. 帮助人们学会放松，克服紧张、焦虑等负面情绪。
6. 克服学校恐怖症、学习和考试紧张综合征。
7. 克服网络成瘾综合征等不良习惯。
8. 矫治儿童多动行为、退缩行为和不良品德行为。
9. 化解青春期的烦恼困惑。
10. 改善亲子和师生关系。

三、催眠在体育领域的应用

在体育和运动竞技领域，催眠可用于：

1. 帮助运动员克服怯场。
2. 帮助运动员增强注意力。
3. 帮助运动员消除不良情绪。
4. 帮助运动员开发潜能，提高竞技水平。
5. 帮助运动员消除疲劳，减轻伤痛。

四、催眠在司法领域的应用

在司法工作中，催眠技术可用于：

1. 帮助受害者和目击证人恢复因受到强烈刺激而丧失的记忆，提供破案线索。

2. 帮助判断当事人对犯罪行为是否有责任能力，是否伪装精神病。

3. 克服罪犯对审讯的抵抗，帮助搞清犯罪动机。

4. 帮助办案人员克服不良情绪，提高分析判断和洞察能力。

5. 帮助罪犯克服变态心理和不良情绪，提高教育改造效果。

此外，了解催眠原理还有助于揭露诈骗犯罪的手段，提高人们的防骗能力，并有助于侦破催眠犯罪。

在美国心理学会主编的《临床催眠手册》（*Handbook of Clinical Hypnosis*）、澳大利亚新南威尔士大学心理学院院长麦康基与希恩合著的《法庭催眠：伦理准则的应用》（*Forensic Hypnosis: The Application of Ethical Guidelines*）和《犯罪调查中的催眠、记忆和行为》（*Hypnosis, Memory, and Behavior in Criminal Investigation*）中，介绍了许多催眠犯罪和借助催眠促进司法调查的案例。

五、催眠在工商领域的应用

在工商企业，一些催眠技巧可用于： 123

1. 帮助管理者和员工消除疲劳，振奋精神。

2. 促进横向与纵向的有效沟通，增强凝聚力。

3. 解除客户的防御心理，提高销售业绩。

4. 改进谈判技巧，提高竞争能力。

5. 减少逆反心理，提高思想政治工作的效果。

6. 改善企业氛围，更好地发挥企业文化的作用。

《催眠的花园》作者马丁·圣詹姆斯是当今世界催眠及潜意识心理学领域的顶级大师。马丁融合了传统的神经学、生理学、心理学、语言学及人脑控制学，并在临床操作上汲取了沟通学、艾瑞克森催眠学、家庭诊疗学及完形治疗法等各家之长，去芜存菁，经过多年的研究发展，完备了自身的理论架构与操作法则。

马丁曾举办过多场催眠秀，均引起轰动，令一些成功学权威人士也叹为观止，心悦诚服。

不久前，世界卫生组织在一份报告中称："工作紧张是影响许多职员健康的危险因素。"这一结论明确指出了过度劳累带给人体的危害。科学家们宣称，2000 年后，随着经济的高速发展，生活节奏的不断加快，疲劳将会比疾病更广泛地影响人们的学习与工作。太累、太疲劳已是人们日常生活中的流行词。心理疲劳一跃成为现代社会的"隐形杀手"。

《催眠的花园》在商业方面可用于提高销售、谈判、领导、创新、沟通等能力；在教育方面可改善或加强员工、组织的学习能力，激发运动员的潜能与成绩等；在个人方面可治疗个人心理问题、心灵创伤、缺乏自信、各种恐惧症、精神压力、身心不适等。

马丁的催眠光盘是放松身心的上佳产品。播放《催眠的花园》这张CD，然后放松地平躺下来，闭上双眼平静轻松地聆听，能让人得到完全的释放。催眠大师马丁营造了一个完全放松的氛围，按摩每一根紧绷的神经。倾听者会感到自己身体的每一个部分都放松下来，任何杂念都消失了，并在马丁的引导下，进入自己的潜意识深层心理世界，体验如呼吸清晨新鲜空气的自由感，一层一层突出思绪的重围，寻找快乐的源泉。

第二节　催眠的临床应用

临床医学和心理治疗是催眠应用最多的领域，但除有助于缓解紧张和减轻疼痛外，催眠本身并无治疗身体和心理疾病的功能，要发挥催眠的效能，必须将其与其他医学和心理治疗方法结合起来使用。

一、催眠与常规心理疗法的结合

（一）与分析疗法的结合

弗洛伊德精神分析的主要原理和方法是将心理疾病患者潜意识中与疾病有关的症结（complex）上升到意识领域，使患者领悟，从而达到治愈目的。为此需要花费大量时间来挖掘幼年创伤，并常常遭到患者阻抗。

在催眠状态下，不但可通过故事隐喻和各种混乱技术有效消除或减少患者的意识阻抗，而且治疗师可以利用年龄回溯、催眠梦等技术接近并深入到患者的潜意识之中。此外，精神分析中最常使用的自由联想法与催眠法结合起来，往往会收到更好的效果。

（二）与行为疗法的结合

在行为改变技术中使用最多的是奖励强化法，此法与催眠法很容易结合起来。在催眠状态下，对受术者的正确思想观念和言语行为给予赞赏鼓励，通常会给其留下深刻印象，并通过潜意识持久影响以后的行为。

行为疗法中常用的放松训练与催眠诱导方法几乎没有区别，都可用来缓解紧张焦虑情绪，减轻工作、学习压力。

此外，厌恶疗法、系统脱敏法和满灌法也都可以在催眠状态下使用。具体如何结合，在本节后半部分，我们会详加讨论。

（三）与认知疗法的结合

认知疗法主要是在意识领域解决患者的认识或信念问题，常常会遭到抵制和排斥。在催眠状态下，因为受术者的意识变得狭窄，批判能力下降，往往更容易接受新观念。特别是可以使一些观念绕过意识层面并渗透到潜意识中，养成良好思维习惯，从而可以下意识地支配当事人的行为，使其在不知不觉中发生改变。

传统上，无论是来访者还是治疗师都习惯于用负面的（不符合社会期望的）语言来描述症状或问题，这样，在当前的问题（坏的）状态，和未来的期望（好的）状态之间就有断层。对问题和解决方案使用不同的语言，会令问题之中包含解决方案这一关键准则的应用变得很困难。

艾瑞克森指出，在催眠中，信念或意图是一个简单想法，它通常是隐形地操作催眠建议，并经由意念动力过程来产生无意识的反应（Erickson，1952）。

受术者的信念或意图，可以用正面的、建设性的或负面的、破坏性的话语来表达，描述一个人想要什么或不想要什么。许多来访者强调他们不想要的，这种负向的信念和意图可以暂时抑制一些不希望有的行为模式，但不足以产生新的行为模式。正向的信念和意图，反映出促进成长的原生过程，因而更加重要。

破坏性信念和意图是指向过去的，试图去掉、隔离或否认已经发生至今犹存的体验；而建设性的信念和意图聚焦于未来，通过做一些不同的事情来开发潜能，实现自己的期望，产生新的体验。例如，用“我希望在我的生活中能够自主”代替“我想抹掉心里总是想起的妈妈的声音”，会更有助于问题的解决。因此催眠治疗师要善于识别受术者的负向信念和意图，并引导其建设性的自我表达。

倘若个体具有绝对化的信念，其行为必定僵化，因而易出问题。例如，一个人习惯性地预期自己会在招聘面试中被拒绝，他的认知过程和情绪被这个主导信念所支配，就会表现出相应的行为，从而导致预言的自我实现。因为他确信只有失败没有其他可能，这种僵化的信念就成为了他维持问题状态的自我催眠诱导。如果在催眠中让他坚定地预期自己一定会成功，通过预言的自我实现就会取得积极的结果。

最后需要指出的是，不同的心理治疗学派在催眠过程中所采用的方法并不完全相同。因为催眠师向受术者所提的问题通常不是中性的或客观的，往往受自己理论取向的影响。例如，心理动力治疗师常常问询过去经历，行为治疗师可能提问的是有关系统脱敏层级的问题，认知学派的治疗师把焦点主要集中在不合理信念上，而家庭治疗师则试图了解家庭关系的结构。

二、催眠与阴阳辩证疗法的结合

（一）阴阳辩证疗法的基本理论

阴阳辩证疗法亦称阴阳辩证辅导，是由笔者本人创立的一种积极心理辅导的理论和方法。笔者从事心理辅导、心理咨询工作几十年，目睹许多人为形形色色的问题而苦恼，甚至为一点小事耿耿于怀，或行凶报复危害社会，或自寻短见走向绝路，或抑郁成疾痛苦不堪。人们常常劝人遇事想开点，但有心理障碍的人恰恰喜欢钻牛角尖，不懂得如何想开点。笔者经过多年实践探索，将现代西方心理学中的认知疗法与中国古代阴阳辩证思想结合，于20世纪90年代创立了具有东方和中国本土特色的阴阳辩证治疗的系统理论及一整套操作性极强的辅导方法，在临床工作中取得了很好的效果，使众多焦虑抑郁、悲观绝望者摆脱困扰和痛苦，重现阳光心态。

阴阳辩证疗法的核心理论是太极图三点寓意提示给我们的三论，即全面论、相对论、发展论。

1．全面论

太极图的寓意之一是万事万物，皆有阴阳，提示我们看待任何问题一定要全面。遇事不能以点代面、以偏概全，只见树木、不见森林；对人不能攻其一点、不计其余，全盘否定或全盘肯定。要学会多角度、多层次地看待事物。要看到尺有所短，寸有所长；凡事有利有弊。在大好形势下要看到阴暗面，在困难的时候要看到成绩和光明。盲人摸象的故事很富哲理。无论自然科学还是社会科学，无论对宏观世界还是微观世界，人类的认识都仅仅是九牛一毛，沧海一粟，充其量是管中窥豹。每个人、每个团体都有自己的盲点和局限，意识到这一点，对增强理智、减少无谓争论十分必要。

2．相对论

太极图的寓意之二是阳中有阴，阴中有阳，提示我们真理与谬误都是相对的。任何科学发现都受时间、地点、条件的限制，没有放之四海而皆准、千秋万代永适用的普遍真理。把真理绝对化，追求绝对准确、绝对公平、绝对完美，好就全面好，坏就彻底坏，这种看问题绝对化的人和片面性的人一样容易出现心理障碍。特别是一些所谓有知识的人，常常把知识当作绝对真理，不分场合地乱套乱用，这种教条主义者既害人害己，又误党误国。解决的办法是倡导相对论，废除绝对化。学会在危险中看到机遇（危机），在痛苦中体验快乐（痛快）。领悟舍即是得（舍得），得即是失（得失）的哲理。认识到和谐社会需要公平，但公平永远是相对的，差别只能减少不能消灭，我们在争取公平的同时，也要学会接受某些不公平。

3．发展论

太极图的寓意之三是阴阳互动，相反相成，提示我们万事万物皆在发展变化之中。斗转星移，沧海桑田，只有看到变化，接受变化，不断与时俱进，才能永远立于不败之地。那种好就永远好，坏就长久坏的想法，均是鼠目寸光的愚人之见。塞翁失马，焉知非福。好事可以变成坏事，坏事也可以变成好事。取得成功不要得意忘形，遭到失败也不要一蹶不振。要警惕乐极生悲，坚信否极泰来。要牢记外因是变化的条件，内因是变化的依据，外因通过内因起作用。要懂得量变引起质变，小变会带来大变的“蝴蝶效应”。要不断努力进取，勇于变革创新，促使矛盾转化。要寄希望于未来，“风物长宜放眼量”。

（二）在催眠状态下进行阴阳辩证辅导

不合理信念或非理性认知的主要特点概括起来无非是片面性、绝对化、静止论，阴阳辩证辅导的主要内容就是辅导来访者在看问题时变片面为全面，变绝对为相对，变静止为发展，并学会阴阳平衡的中庸之道。

在临床工作中，笔者将阴阳辩证疗法的精髓概括成方便记忆的五句箴言：

1. 不好中有好。
2. 这方面不好那方面好。
3. 现在不好将来好。
4. 争取不到的就说它不好。
5. 摆脱不掉的就说它好。

在催眠状态下将上述五句话反复讲给受术者，并让受术者运用这五句箴言看待自己的问题或困扰，分析解读个人经历和生活事件，联系实际，反复练习，逐步掌握阴阳辩证的思维方式，养成阴阳辩证的思维习惯，既一分为二又合二为一地看待一切事物，对人、对己、对事多看积极方面，往好处去想，往好处去说，改变认知结构，重建积极人生经验，从而摆脱心理困扰。

临床实践表明，阴阳辩证疗法最适合解决人际矛盾和一般情绪困扰。对抑郁症和有自杀意念的人效果尤为明显。对有明确对象的焦虑症、恐惧症也很有效，但对病情严重者需要适当配合放松和脱敏训练。强迫症患者大多追求绝对完美，做事过分认真，通过阴阳辩证辅导，有助于改变其绝对化思维方式，因而也可收到意想不到的疗效，倘若辅以注意转移训练则效果更佳。这里提到的放松、脱敏和注意转移训练对于克服上述神经症都是治标之术，而阴阳辩证疗法才是治本之策。

三、催眠治疗的具体实施及临床应用

（一）神经衰弱的催眠治疗

采用催眠疗法治疗神经衰弱，其要点如下：

1. 将患者引导到中度催眠状态。

2. 接下来给予下面的治疗指令：“你现在睡得很深、很舒服。我知道，你有神经衰弱，我现在给你治疗，经过治疗，你的症状就会消除，你的疾病就会痊愈。现在先按摩你的头部，按摩以后，你的头疼、失眠、健忘就会自然消失。非常舒服，你现在非常舒服。你现在的头脑很清晰，没有任何不适的感觉，今后也不会有头疼、精神不振、四肢无力的感觉了，醒来以后，你会感到精神振奋、状态良好。”

3．边发出指令边观察病人的面部表情，如果出现轻松、安适的表情，说明达到了效果。

4．进一步发出如下肯定性暗示：“你的神经衰弱已经痊愈，所有的症状已经消除，今后也不会发作，肯定不会的！没有任何疑问的！”

按上述程序反复进行，就会使病症逐渐减轻。

（二）恐惧症的催眠治疗

对恐惧症的催眠治疗要点如下：

1．在深度催眠状态中给受术者一支铅笔，要求其尽可能详细描绘最感恐惧的情境、事件、人物或动物，在描绘完以后，催眠师询问图画的意义，以此了解内在的冲动、冲突、压抑或恐惧，然后进行疏导或消除。

2．采用年龄回溯法让受术者重新体验恐怖情境，回到受惊吓的年月，体验当时的情境和情绪反应，然后说：“好的，你又回到了当年受惊吓的情境。你又体验到了当年受惊吓的情绪。这些情绪多年来一直困扰着你，使你的心理躁动不安，今天要求你再次体验，客观地认识。好的，现在你清楚了，你当年的遭遇确实没有什么可怕的，而且已经过去了，没有必要耿耿于怀，今后这情况再也不会干扰你了，你的恐惧症也就会自动消失，肯定是这样的，不会错的。”

3．对于症状顽固的要做数次，必要时还可以将催眠与系统脱敏法结合起来。即将恐惧的事物或情境，由轻到重排列若干等级，通过放松逐步消除。

（三）焦虑症的催眠治疗

对于焦虑症的治疗，放松是首要的必不可少的步骤。

1．首先，使受术者进入催眠状态，然后进行放松暗示：“现在我要求你面部肌肉放松，颈部肌肉放松，腿部肌肉放松。”放松最好由上到下，使受术者反复体验放松后的舒适感、愉悦感，反复暗示在清醒以后，仍然有此感觉。

2．进入中度催眠状态后，通过想象来了解焦虑发生的原因；让受术者想象最令人焦躁不安的事情，产生极端负性的情绪反应，然后催眠师进行正面引导。

3．最后将放松训练与系统脱敏结合，克服焦虑体验。

多年来，笔者曾在个别或团体辅导学生克服考试焦虑的过程中，将催眠与各种心理治疗技术结合起来。具体做法如下：

首先，通过自律式、渐进式或冥想式放松诱导使学生进入轻度或中度催眠状态。然后，让学生由轻到重想象与考试焦虑有关的情景，每当出现紧张反应时，便给予放松指令，反复多次，直到不再出现紧张反应。若时间不够，也可以采用满灌法，即描述考试中碰到难题或发生意外等最坏结果，引起受术者高度紧张反应，再通过放松予以解除。最后，采用积极心理暗示，增强受术者考试必胜的信心。

（四）精神病的催眠治疗

精神病患者通常都深陷在恍惚状态中，他们的体验大多类似于经典的催眠现象，如幻觉、知觉扭曲、年龄退行等。他们长期生活在一个歪曲的现实中，任由扭曲的无意识过程所摆布。

我们在上一章曾指出，对于已经陷入混乱中的受术者不宜采用混乱技术，但这种情况也有例外。由于精神病人既不能与人正常交流，又不能集中注意力，传统的催眠诱导方式很难奏效。但艾瑞克森学派的催眠交流策略和技术，却可以在一定程度上对精神病患者起作用。因为采用特殊的混乱技术有助于打破病人自我封闭的心理过程，将其从刻板僵化的思维框架中拉出来。具体做法如下：

1. 辨别出来访者处于类似催眠的分离状态；
2. 收集患者处于催眠状态中的一些独特信息；
3. 与患者建立良好和谐的关系以取得信任；
4. 完全接纳患者的现实并适当跟随其混乱行为；
5. 逐渐引导患者从自己杂乱的恍惚状态中走出来，并进入到催眠师所暗示的状态中去。

当然，短期催眠治疗所引起的改变只是暂时现象，为了获得对精神病患者的成功治疗，催眠师必须与患者建立并维持一种更深刻的关系，付出更多的时间和精力。

艾瑞克森（1965）曾深入研究了一位住院六年的精神病人的行为模式，在长达 12 个小时的催眠会谈中，有 4 个小时跟随患者的分裂型语言。第二天，患者要求艾瑞克森“讲点能让人理解的话”，艾瑞克森随即询问了患者的姓名，患者马上回答了他。采用这种方式大约治疗了一年，患者的分裂型语言逐渐减少为偶尔莫名其妙地喃喃自语。后来患者出院并找了份工作，三年后依然稳定，而且很喜欢自己的工作。

这里需要指出的是，对于精神病人来说，经验不足的催眠师不要轻易采用混乱技术，而且一旦患者脱离了混乱状态，就要转而运用高度支持和温和的方式。

（五）儿童多动行为的催眠治疗

儿童常在幻想世界里飘进飘出，即使在没有正式诱导的情况下，大部分儿童也能很好地进入催眠状态。艾瑞克森（1958）指出：“渴望体验新事物，愿意学习新东西，使得儿童成为了很好的催眠来访者。对待儿童不能用指令的方式，而是要按照儿童自己的学习方式来运用对他们有意义的语言、概念、思想和口头描述。”（Rossi，1980）

一个名叫乔的逆反、多动的 8 岁男孩，声称可以“践踏”任何人，并在诊室地板上狠狠跺了一下脚以显示实力。艾瑞克森首先赞赏他的劲儿很大，但使这么大劲儿肯定跺不了几下，乔说可以连跺一千次，艾瑞克森表示怀疑，引起乔的愤慨，发誓要证明给他看。大约跺了三十多下，艾瑞克森暗示他已经跺了上千次，因为他站也站不稳，只想坐下休息。乔固执地笔直站立着，艾瑞克森又将乔的注意力引向办公桌的时钟上，暗示时间过得很慢。乔保持僵硬的姿势越来越困难。一个多小时后，乔的母亲被叫进来，她一脸奇怪地看着自己安静而站得笔直的儿子。艾瑞克森对母亲和乔说，这次会谈是他和乔之间的秘密，只有他俩知道秘密是什么就足够了。后来乔的多动行为逐渐地消失了。

在这个案例中，艾瑞克森根据儿童特点和问题行为巧妙地运用了夸张游戏和超载技术，取得了很好的效果。

（六）性功能障碍的催眠治疗

在临床工作中，来访比较多的性功能障碍患者主要有两类：一是对性恐惧的妇女，二是心因性阳痿的男性。对这两类问题，通过催眠治疗都可以取得很好的效果。

有位女教师孩子出生后，请婆婆来帮忙照顾，家中房屋狭窄，三代人同居一室。一次在与丈夫做爱时，因精神过于紧张导致性交疼痛，从此对性生活产生恐惧。尽管后来孩子长大，婆婆也已离开，仍然不能过正常夫妻生活，并影响到夫妻感情。在丈夫陪同下，让其进入催眠状态，然后采用渐进式放松技术，引导其放松全身肌肉，特别是阴部肌肉，并让丈夫一边轻轻抚摸其身体，一边说些温情绵绵的话。从催眠状态唤醒后，嘱咐二人回去后坚持做此练习，一个月后，二人性生活完全正常，丈夫来电说妻子已痊愈并表示感谢。

一位中年男士，因偷情被妻子撞见导致心因性阳痿，离婚后仍未好转。在治疗时，首先通过催眠放松，讲清阳痿的心理因素，使其消除紧张，放下包袱。然后，让其幻想自己心仪已久的女性就在面前。只通过一次催眠治疗，便使其阳痿痊愈，再婚后生活美满。

（七）消化不良及厌食的催眠治疗

首先了解诱发消化不良的原因，如果是神经衰弱引起，催眠首先着重暗示神经衰弱症状的消失。

然后对胃肠功能进行治疗，可以采用类似下面的指令：“你的胃液和肠液的分泌非常旺盛，所以消化能力非常强，这一点不用怀疑”；“你的消化能力已经转为正常，因此肚子常常会有饥饿的感觉，食欲大增”。

厌食症的病人会呕吐，营养不良，可做以下暗示：

1. 暗示其饥饿感；

2. 回忆未发病以前，吃喝美味食物的情景；

3. 幻想面对美食，津津有味，狼吞虎咽的情景。

（八）疼痛的催眠治疗

利用催眠来止痛，是催眠在临床上最早应用的领域之一，也是催眠得到医学界认可的重要原因。无论对外伤疼痛、手术疼痛、分娩疼痛还是慢性病疼痛，催眠疗法都有用武之地。

用催眠缓解痛苦的主要方法是，催眠师首先以直接明了、富于同情的方式接纳受术者，对他（她）的疼痛和不幸进行跟随；在取得信任并建立了稳固的和谐关系之后，将受术者的注意力吸引到催眠师身上，逐渐提及疼痛感降低的可能性，但不能强调得太过分；然后将其注意力再次引向情境的其他方面，通过因势利导地分散其注意力，能有效地减轻疼痛感。适当的身体接触，如用力握手或抚摸，也能减轻痛苦。

临床实践证明，深呼吸和放松肌肉是减轻疼痛的简单易行而又十分有效的方法。可以使用类似下面的诱导语：

"现在闭上眼睛，舒服地坐在椅子上，深呼吸，吸……呼……吸……呼……疼痛在这里，而你在那里……深呼吸……无意识会让你体验美妙与惊奇，你会觉得越来越舒适……"

诱导语要根据现场的实际情况和受术者的表现灵活运用，特别是要密切观察并随时利用受术者的所有反应。

（九）书写痉挛的催眠治疗

首先导入中度催眠。

然后给以指令："这里有纸和笔，现在我要求你写出自己的姓名和地址，你的手指无须过分用力，注意力也无须高度专注，就能顺利地写出来。"让病人以轻松的心情进行书写。

病人书写完毕，进一步暗示："这次我拍一下你的右手，你的右手马上就会变得僵硬，无论怎样努力，都无法写字，写不出来心里会着急，但愈是急愈写不出来，好的，现在我来拍你的手。"

接着继续暗示："你瞧，心里愈急想把字写好，手愈是抖得厉害。另外，我拍你的手暗示它已经僵硬，它果然就僵硬。这表明你平时的书写痉挛并不是生理上的病变，而是受了消极暗示的结果，现在我来数数字，从1数到3，当我数到3的时候，你右手的肌肉僵直现象会立即消除，紧张感完全消失，你又能够非常轻松、流畅地书写了。而且今后无论是人多人少、有人没人，你都能够非常自信地、轻松流畅地进行书写。"

（十）催眠瘦身的原理与方法

师承全球著名催眠大师布莱恩·魏斯博士、近年来活跃于海峡两岸的我国台湾催眠师张芝华女士在《催眠瘦身》一书中指出：

大部分的瘦身课程只是集中处理行为及环境的层次，效果出现得比较短暂。一个能够提供长期效果的课程，必定会处理到有关一个人的自我认同及信念价值层次的问题。

许多人都在想瘦身，然而仅有少数人成功地达成目标，问题不在于减重或是减去身上的多余脂肪，而是要能持续着做。或许困难来自于家族成员的压力、生活的压力等，都是让瘦身难以成功的潜在原因。

在催眠减肥的过程中配合种种手法和指令，使人从潜意识中达到自我控制饮食、调整睡眠和运动习惯等机体功能和新陈代谢，从而能在保持健康的基础上减重瘦身。所以催眠瘦身是搭配一般减肥方法的最佳辅助工具。

催眠瘦身与坊间的减肥方法最大的不同就是透过身、心、灵整合平衡的方法，也就是透过30天减肥战略行动333的一种方式，即三分之一靠饮食控制，三分之一靠身体的律动、运动，三分之一靠自我催眠。

催眠减肥收效迅速、稳定而无副作用。

张芝华在书中举了一个由70公斤减到58公斤的瘦身案例：

个案晓娟，45岁，因为产后忧郁症，从原先的55公斤胖到70公斤。曾经试过各种减肥法，包括中医、针灸、鸡尾酒、日本的用胶带黏手指法、健身房内种种的运动、有氧舞蹈，都没有办法帮助她减到理想的体重，同时她也很快地恢复胖的状态。在总共十次的疗程中，用的是认知行为的催眠法，帮助她认识生产是每一个女人生命中必经的一个过程。同时帮她做年龄回溯，回到初中、高中的时候。她因为在班上成绩不是很好，所以常常因为老师问她问题答不出来，当场非常的紧张，手心发汗，造成她对于任何事情都没有自信，常常担心自己会做不好。在催眠过程中，晓娟回到她初三的时候。在高中联考前一个礼拜，因为老师讲的一句话而受到伤害。老师说："晓娟，你没有救了！这么不长进！"这句话深深地伤了她的自尊心，所以使得她高中考到第四志愿。在经过十次的疗程后，她瘦到了60公斤，也就是说瘦了10公斤。在经过三个月的自我催眠练习后，她又瘦到了58公斤，目前还在努力当中，而且也没有复胖。

（十一）自我催眠戒烟案例

下面是互联网上披露的一位将自我催眠与厌恶疗法结合成功戒烟者的自述：

我17岁开始抽烟，今年20岁，前阵子我觉得抽烟对我的肺部明显是个损害，于是打算戒烟，但始终没有这个毅力，以前也试过许多次。于是我学习自我催眠，按照催眠步骤开始自我实行，起先我无法平静下自己的心，家中的钟嘀嗒声和窗外的鸟叫声总会分散我的注意力，虽然我是躺在床上的（这时是早上醒来）。于是我将意识尽可能地集中在脚尖，然后开始逐步放松。初次放松自己用了一个小时，但效果还是不理想，于是我每隔一天开始催眠自己，在反复之后我开始可以在半小时里进入潜意识。我们时常会看书看得入神而听不到、看不到周围的一切，这就是因为注意力高度集中，并且沉浸在自己的意识里，完全成了封闭状态，我所要做到的也就是这个状态。等我到达了潜意识的状态时我开始自我暗示，我用一些我觉得很合适的语句进行暗示，如"我不需要香烟，那东西味道让我恶心，我根本就没上瘾，那东西会杀了我”，并且幻想着我每抽一口烟就好比喝一口痰桶里那些被人吐满恶心的青痰和扔了许多香烟头的脏水，这让我产生恶心感。后来几天，每次来瘾时我自然就会有“我没对香烟上瘾，我不需要它，我不会不抽就感到难受”的想法，很奇妙，这是自然而然地浮现出的意识。并且我真的开始对香烟恶心，有一次我尝试吸一口烟，却发现那感觉真的想吐，逐步发展到后来闻到烟味我就反感，我终于戒掉了烟，这个过程只用了一星期。

四、催眠光盘指导语及音响设计

多年前，笔者创立的讲心堂心理咨询中心为临床工作需要，开发了多套用于催眠治疗的光盘，为了满足广大读者和催眠爱好者的需要，现将文字稿抄录在下面。

（一）催眠塑形光盘

爱美的女士朋友，欢迎您来到郑教授心理塑形室。心理塑形不用吃药、不用开刀，坚持每天练习就能达到美体瘦身的效果。现在就开始我们的美体塑形练习。

请您选一个舒服的姿势坐好或躺好，身着宽松的衣服，闭上双眼，专心听我的指导语，并按指令去做，或让所描绘的画面在脑海中浮现。注意，一定要在脑中出现画面，才会收到好的塑形效果。怎么样，准备好了吗？

请先做几次深呼吸，用力吸气……慢慢吐气……吸气……吐气……吸气……吐气……

想象一间安静幽雅的地下室。通向地下室有十阶楼梯，您要慢慢走下楼梯。当您踏向第一个台阶时，您就会感到一丝舒服、平静、放松、清爽，当您踏向第二个台阶时，您就会感到更加的舒服、平静、放松和清爽，当您越往下走，您就会感到更加的舒服、平静、放松、清爽，第三阶台阶，舒服、平静、放松、清爽……第四阶台阶，您感到很轻松，很舒服，第五阶，第六阶，您越走越感到舒服、平静、放松、清爽……第七阶，第八阶、第九阶，您踏向了最后一个台阶，您已经很放松，很放松，您感觉到浑身很舒服、很平静、很轻松、很清爽。好，做得很好！

（轻柔音乐）在您的面前有一面大镜子，从镜子里看到一个美丽、健康、靓丽的您，如果您没有看到没有关系，慢慢去看，让镜子离您稍微近一些，仔细地、用心地去看，镜子里出现了一个身材高挑的女士，胸部较为丰满、腰部很苗条、臀部微翘的、腿部细长的、如此令人满意的、靓丽的您，一个胸部丰满、腰部苗条、臀部微翘的、腿部细长的、满意的、靓丽的您，镜子里美丽的您越来越清晰、越来越清晰，胸部是很丰满的，腹部是扁平的，腰部是苗条的，臀部是微微上翘的，好迷人的女士，您忍不住再多看几眼镜子里那个魔鬼般身材的女士。

（温暖的音乐）做得很好，您已经看见了那个迷人的女士，女士在镜子里越来越清晰，迷人女士的身材是那么惹眼，看，她的脖子是那样的白皙、光滑，那样的白皙、光滑，白……皙……光……滑……白……皙……光……滑……

来，再慢慢去感受一番镜子中迷人女士的胸部，被洁白的双手轻轻托起的胸部，是那样的饱满、柔软，饱……满……柔……软……轻轻抚摸着乳房的下部，手所触及的地方是那么的柔软，柔……软……，绵……绵……的，滑……滑……的，手触摸过的地方有一丝温热、一丝麻……酥……酥……用心去感觉您的胸部，您的胸部有点发热，有点胀的感觉，有点胀，有点热，有点胀，麻酥酥的感觉，您仿佛已经看见胸部的血液流通变畅，吸收了更多养分和脂肪，胸部不断在变大，变得坚挺，胸部不断地变大，变得挺拔，抚摸的手感受到如此的丰满光润，您的胸部还在胀，逐渐变得丰满，有弹性。再看看镜子里的您，对您光滑、丰满、有弹性的胸部满意吗？再来一遍，镜子中迷人女士的胸部，被洁白的双手轻轻托起的胸部，是那样的饱满、柔软，饱……满……柔……软……轻轻抚摸着乳房的下部，手所触及的地方是那么的柔软，柔……软……，绵……绵……的，滑……滑……的，手触摸过的地方有一丝温热、一丝麻……酥……酥……用心去感觉您的胸部，您的胸部有点发热，有点胀的感觉，有点胀，有点热，有点胀，麻酥酥的感觉，您仿佛已经看见胸部的血液流通变畅，吸收了更多养分和脂肪，胸部不断在变大，变得坚挺，胸部不断地变大，变得挺拔，抚摸的手感受到如此的丰满光润，您的胸部还在胀，逐渐变得丰满，有弹性。胸部变得很满意了，那么丰满，那么挺拔，那么柔软，那么光滑。

双手慢慢滑向了迷人女郎的腹部，稍稍用些力来按摩腹部，掌心稍稍用上些力，将腹部的脂肪慢慢融化、融化，掌心所及之处，脂肪慢慢被融化，脂肪在抚摸下慢慢被融化，融化成油滴，油滴渐渐渗入了女郎的毛细血管，被血液带到身体的其他部分，带到女郎的胸部、臀部，腹部慢慢变得平坦了，但依然是那样的光洁、有弹性，不带有一丝岁月的痕迹，依旧光洁、有弹性，少女一般的腹部让您如此陶醉，犹如踏上了一望无际的沙滩，是那样的平坦，望不到沙滩的边际，微风拂过，流沙随风慢慢漂移，却也没有在某一个地方形成沙丘，放眼望去全是阳光照耀下的、闪亮的、泛着金光的沙滩；犹如踏进一片茫茫无际的、安静的大海，大海是那样的安静，平静的海面上掀不起大的波浪来，轻轻的波涛拍过来，又轻轻退去，没在沙滩上留下任何的痕迹。随着岁月的流逝，您的身体变得那么迷人，胸部是那样的光滑、柔软、丰满、白皙，腹部是那样的平坦、光洁，没有留下岁月的痕迹，您在心里默默地感谢着您的身体，因为身体的各个部分，配合得那样默契，让您能够保持如此美妙的、迷人的身材。感谢所有的器官，在您的身体上是如此得体，如此和谐，让您的身材越来越令人满意。

再来欣赏一下镜子里女郎迷人的臀部与腿部，如此苗条、性感、线条纤美的双腿，配上微微上翘的臀部，真是美妙绝伦，用手去抚摸她的微微上翘的臀部，感受它的细嫩与光洁，青春的光泽照耀得四壁辉煌，细嫩的皮肤让您陶醉，修长、坚实的双腿让女郎变得亭亭玉立，亭亭玉立的女郎已经再也不甘保持静态美了。看，她已经走起来了，挺胸、收腹、提臀，踱着猫步，向您走来，如此的自信、性感、美丽。她脸上带着淡淡的微笑，向您慢慢走来，向您展示着漂亮的、动人的、性感的好身材！尽情陶醉吧！自信、性感、充满魅力的女郎展现在您的面前。这位女郎不是别人，正是您自己。

（小河流水声及轻快的音乐）很好！做得很棒！我们今天的美体瘦身练习就要结束了！再来欣赏一下迷人女郎的魔鬼身材，我们就要告别怡人之旅。让我们再次回到地上来。走出地下室的门，走上台阶，每上一个台阶，您都会清醒一些，您的身材也更符合您的期望，上台阶一，您的身材让您感到满意，您有些清醒；上台阶二，慢慢跨出第二步，小心脚下的台阶，您对您的身材感到更加满意；上台阶三……四……五……很好，对您的身材十分满意，上台阶六……七……八……九……您上得越来越快，您对自己的身材也更满意，上台阶十……耀眼的阳光照耀着您，您回到了地面，您已经完全清醒了，充满自信地展现自己满意的身材，挺胸、收腹、提臀，自信地迈出每一步。

（二）催眠美容光盘

亲爱的朋友，欢迎您来到郑教授心理美容室。心理美容是不用吃药，不用化妆品，利用您积极的、坚定的信念，坚持每天练习，长期练习，就能达到滋润肌肤的效果，让您容光焕发。我们现在就开始心理美容之旅。

（小溪流水哗啦啦）在练习开始之前，请先找一个安静的、不受打扰的地方，摘下眼镜及首饰，然后悠闲舒适地坐好或躺下，闭上双眼，专心听我的指导语，并按指令去做，或让所描绘的画面在脑海中浮现。注意，一定要在脑中出现画面，才会收到好的美容效果。怎么样，准备好了吗？

（教堂钟声+流水声）好，请您用力地深深地吸一口气，吸满，把腹部膨胀起来。（停顿）再慢慢地均匀地吐气，吐干净，将所有的郁闷和不快都吐出体外。（停顿）教堂优雅、庄严的钟声在您的耳边响起，想象一个钟表挂在您的眼前，慢慢把您眼睛的注意力集中在大钟的钟摆上，把您耳朵的注意力集中在钟声之上。再深深地吸一口气，吸满，（停顿）慢慢地吐气，吐长气。您可以很清晰地看到钟摆来摆去，规律地摆着，从左到右，从右到左，您的目光盯在钟摆上，您听到钟声不停在响，当……当……当……（停顿）同时您也能听到自己很匀的呼吸声。渐渐地（钟声的频率逐渐降低）钟摆得有些慢了，钟响的声音也越来越低了，当您感觉到摆有些慢、声音有些低的时候，您会感到有些累，您的眼皮有些紧，您想好好睡一觉。请再做一次深呼吸，将您的注意力还集中在钟摆和钟声上，您感觉更加累了，您只想美美睡一觉，钟摆得很慢了，钟响的声音越来越低了。请再做一次深呼吸，将您的注意力还集中在钟摆和钟声上，您感觉累得不行了，您就要美美睡着了。没关系，想睡就睡吧，您的眼睛已经睁不开了，您也听不到钟声在响了，现在您从头到脚、从躯干到四肢，都处于疲软的舒服状态，您的大脑很宁静，很宁静，感到非常舒服，非常舒服。在您耳边响起的所有的声音都将使您更舒服、更轻松、更满意，所有的声音都将使您更舒服、更轻松、更满意。（停顿）您的身体就像躺在白云上一样，很舒服，很舒服，白云在空中飘啊飘，您看到了一块美丽的草地，您很喜欢这片草地，您的身体慢慢下沉，下沉，您的身体落到了一片美丽、清新的草坪上。

做得很好，跟着我的指令走。我说的每一句话都将进入您的潜意识，来帮助您保持姣好的面容、青春的面庞。好一片美丽的草地，您好陶醉，您来到一个空气十分清新的厚厚的草坪、鲜花朵朵，这里的空气很湿润、很清新，含有大量负氧离子，您忍不住要躺在厚厚的草坪上，用力地呼吸，饱含着负氧离子的空气充斥在您的周围，包围着您的额部、眼部、面部、鼻部、嘴部、脖子，您的身体所能接触到的地方，您都能感觉很舒服，很滋润。您深深地吸了一口气，负氧离子像一道白光一样进入了您的身体，滋润着您身体的每一个细胞，让您的每一个细胞都充分享受着新鲜空气的滋润。在十分清新的空气的滋润下，您的心情越来越好，您的心情越来越放松，您额头的皮肤也随之放松，您的肌肤慢慢舒展开来，您额部的皮肤也舒展开来，舒展开来，并将这种感觉深深地印在您的脑海里，您的皮肤在慢慢舒展，这种感觉将能帮助您保持青春和靓丽的肌肤。您感到很轻松，很舒服，很清爽。您看到满眼的绿色，绿色的草坪、火红的鲜花，让您的眼睛感到很惬意、很舒服，很惬意、很舒服，您眼部的肌肉慢慢放松，您的眼球、眼肌都得到了彻底的放松，您眼角的皮肤也开始像花儿一样舒展，好香啊，好甜的花香，您的皮肤因放松而显得更加有光泽、更加红润，皮肤更加细腻、亮白、光滑。您看到满眼的绿色，绿色的草坪、火红的鲜花，让您的眼睛感到很惬意、很舒服，很惬意、很舒服，您眼部的肌肉慢慢放松，您的眼球、眼肌都得到了彻底的放松，您眼角的皮肤也开始像花儿一样开放，好香啊，好甜的花香，您的皮肤也因花香的滋润而显得更加有光泽、更加红润，皮肤更加细腻、亮白、光滑。在清新的空气包围里，躺在厚厚的草坪上，您的皮肤享受着负氧离子的按摩，您的面颊因得到湿润空气的滋润而娇娇欲滴，犹如身边尚未开放的花朵，面颊得到湿润空气的滋润而娇娇欲滴。您的面颊越来越光滑，越来越白嫩，越来越光滑，越来越白嫩。犹如带着露珠的花朵，娇娇欲滴。您感觉到好舒服、好开心、好轻松。很好，您对您的面部感到很满意，很满意，再来感受一下您的鼻子，鼻子的大小、位置也如您所愿，搭配您精巧的五官，显得如此和谐、美丽、富有魅力。您的五官搭配得如此和谐、美丽。您的脖子正在如您所喜欢的、您所希望的那样，皮肤得到了哗哗流水、淡淡清香的不断滋润，变得更加白皙、光滑、细嫩、纤长，更加白皙、光滑、细嫩、纤长。您对您的脖了感到很满意，很满意。淡淡的草香、淡淡的花香混合着湿润的空气，滋润着您的头部、额部、面部、脖子，您对自己的面容更加满意、更加自信。

您很陶醉于目前的状态，您感觉到很满意，很自信，很舒服。您要仔细将这份感觉记录下来，深深留在您的潜意识中，让您变得更加自信、美丽、富有魅力。陶醉于目前的状态，您感觉到很满意，很自信，很舒服。您要仔细将这份感觉保留下来，深深留在您的潜意识中，让您变得更加自信、美丽、富有魅力。当您再次走向人群，面对客户，面对家人，您会昂首挺胸，充满自信，对自己的面容，对自己的能力将更加自信，相信自己是最美的、最有魅力的、皮肤最好的女人。当您再次走向人群，面对客户，面对家人，您会昂首挺胸，充满自信，对自己的面容，对自己的能力将更加自信，相信自己是最美的、最有魅力的、皮肤最好的女人。

耳边的钟声将逐渐变得清晰起来，眼前也似乎会有钟摆在慢慢摆动，下面我将从5数到0，每数一个数，您耳边的钟声将逐渐大一些，钟摆的幅度也慢慢增大，钟摆也更清晰地呈现在您的眼前，您也将那份美好的感觉更深刻地留在您的记忆里，来帮助您更加自信、美丽，更加有魅力。下面我开始数数，5，耳边的钟声渐渐响起，（钟声渐渐增大）钟摆也开始摇动起来，幅度也渐渐增大，您也开始有一些清醒，将美好的感觉留在潜意识里，帮助您更加自信、美丽、富有魅力。4……3……2……1……0……您能很清楚地听到钟声，看到钟摆的摆动，您已经完全清醒，您也比过去更加自信、美丽、富有魅力。

（哗哗流水声、教堂的钟声、波浪声）

（三）催眠减压光盘

亲爱的朋友，欢迎您在紧张的工作之余，进入郑教授讲心堂，学习放松入静技术，并做一次神秘的心境之旅。经常做此练习，有助于缓解心理压力，消除精神紧张，提高工作、学习效率，增进身心健康。

在练习开始之前，请先找一个安静的、不受打扰的地方，摘下眼镜、手表，松开领带、腰带、鞋带，然后悠闲舒适地坐好或躺下，闭上双眼，专心听我的指导语，并按指令去做，或让所描绘的画面在脑海中浮现。注意，一定要在脑中出现画面，才会收到好的放松效果。怎么样，准备好了吗？

好，请您用力地深深地吸一口气，吸满，把腹部膨胀起来。（停顿）再慢慢地均匀地吐气，吐干净，将所有的郁闷和不快都吐出体外。（停顿）再深深地吸一口气，吸满，（停顿）慢慢地吐气，吐气，吐长气。（停顿）请再深吸一口气，吸满之后憋住气，同时绷紧全身所有能控制的肌肉，然后慢慢吐气放松。用力地闭眼，咬牙，皱紧额头和双眉，用力，用力，放松，放松；握紧双拳，绷紧双臂，夹紧双肩，用力，用力，放松，放松；胸部背部绷紧，大腹小腹绷紧，用力，用力，放松，放松；腰部臀部绷紧，大腿小腿绷紧，脚趾用力向下扣，用力，用力，放松，放松，体会紧张和放松的不同。放松全身肌肉，检查是否身体每个部位都已放松。（停顿）将意念集中在头皮和额头上，放……松……，放……松……，再放……松……（停顿）请再用力地吸一口气，憋住气，慢慢吐气，吐气，放……松……，放……松……，检查是否身体每个部位都已放松。（停顿）放……松……，再放……松……，头皮放……松……，额头放……松……，面部放……松……，四肢放……松……，全身放……松……，继续放……松……，越……来……越……松，越……来……越……松。（停顿）现在你从头到脚、从躯干到四肢，都处于软软的松弛状态，您的大脑很宁静，很宁静，感到非常舒服，非常舒服。（停顿）

（轻音乐）下面，您要开始心灵漫游，进入美妙的梦乡。（停顿）

春光明媚，微风送暖。您漫步在田野上，绿草如茵，鲜花簇簇，五彩缤纷，芳香扑鼻，您看到了吗？您闻到了吗？请用心去看，用心去闻。（停顿）（流水声）小溪流水潺潺，柳枝随风摇曳，小溪流水潺潺，柳枝随风摇曳。（停顿）跨过石拱桥，是一片浓密的树林，林间有一条弯弯的小路。听，仔细地听，（鸟鸣声）树叶沙沙，鸟语虫鸣，树叶沙沙，鸟语虫鸣。（停顿）您踩着树叶和苔藓，蜿蜒前行，越走越深，越走越暗，越来越深，越来越暗。（停顿）不知何时周围细雨濛濛，万籁俱寂，无声无息，好幽静，好幽静。（停顿）

夏日炎炎，您来到海边。蓝色的大海，金色的沙滩，阳光，海浪，沙滩。您躺在沙滩上，沙子细细的，热热的，太阳照在身上暖暖的，您感到全身温暖，越来越暖。（停顿）（海浪声）听，海浪呼啸着，声音由远而近，高高的浪头，白白的浪花，铺天盖地拍过来，海水好凉，好咸，好凉，好咸。（停顿）海水没过您的身体又慢慢退下去，浪头浪花消失了，声音越来越远，越来越远，您再次感到全身温暖，全身温暖。（停顿）又一个浪头拍过来，好凉，好咸，好凉，好咸，（停顿）海浪退下去，退下去，您又变得全身温暖，全身温暖。（停顿）就这样，您任凭海浪一次又一次地拍打着，啪……拍过来，哗……退下去，您的身体一凉一暖，所有的烦恼和疲劳都被海浪冲得无影无踪，您忘记了一切，将自己融入海天合一的大自然中。（停顿）

秋高气爽，云阔地宽，蓝蓝的天上白云缭绕。（停顿）一朵祥云飘忽而至，降落在您身上，白白的，厚厚的，像一大堆棉花，软软地包裹着您，托着您。（停顿）轻风吹来，您的身体随着云朵，向上飘，向上飘，越飘越高，越飘越远，身体越来越轻，越来越轻，越飘越高，越飘越远，您的身体越来越轻，越来越轻，飘飘欲仙，渐渐融化在蓝天之中，什么荣辱得失，什么地位金钱，什么恩恩怨怨，全部抛到了九霄云外，您的心灵得到净化，得到升华，变得更高尚，更纯洁。（停顿）

冬雪皑皑，漫天皆白。您迎着飞舞的雪花，一步一步，一步一步，艰难地登上山顶，极目远望，豁然开朗，空气清新，白雪茫茫，好一派千里冰封的北国风光，您顿感心胸开阔，万物皆空，丢弃了所有杂念，心胸开阔，万物皆空。（停顿）稍做休息之后，浑身充满了无穷的力量，您足踏滑雪板，双手用力一撑，身体像离弦的箭，风驰电掣般冲向前，冲向前，一直向前，势如破竹，无阻无拦，预示着您万事顺遂，前程无限，万事顺遂，前程无限。（停顿）

长期奋斗拼搏，您难免会有些累，不妨忙里偷闲，随时找机会，放松一下。磨刀不误砍柴功，会休息才会工作。（停顿）好，我们再来放松一次：放……松……，放……松……，再放……松，头皮放……松……，额头放……松……，全身放……松……，继续放……松……，越……来……越……松……，越……来……越……松……，头皮放……松……，额头放……松……，面部放……松……，全身放……松……，全身放……松……，继续放……松……，越……来……越……松……，越……来……越……松……，越……来……越……松……您的血液在身体各处慢慢地流动，流到您的头部……面部……颈部……肩部……，流到您的胸部……腹部……背部……腰部……臀部……，流到您的双腿……双脚……双臂……双手……，您的手指和脚趾有一种麻酥酥的感觉，您心跳平稳，呼吸均匀，您心静如水，心静如水。（停顿）

冬去春来，年复一年。您的道路越走越宽，您的生活越过越甜，您的能力越来越强，您的感觉越来越好。您身体健康，精神快乐，工作顺利，人际和谐，婚姻美满，家庭幸福。（停顿）您对未来充满信心，您对未来充满希望，您的未来不是梦想，您正含笑迎接美好的明天。让快乐成为生活的主旋律，没事儿偷着乐吧！请您微微笑一笑，再笑一笑，您笑得好甜好灿烂。（停顿）陶醉吧，尽情地陶醉吧，您将欢乐到永远，幸福到永远。（停顿）

好了，我们的心境漫游就到这里。下面，我从 10 倒数到 0，随着我的数数，您会越来越清醒。当我数到 1 的时候，如果您想起来，就慢慢睁开眼睛。当我数到 0 的时候，您会彻底清醒。如果您很困倦，那就不要睁眼，不要起来，美美地睡吧，甜甜地睡吧，祝您好梦多多。醒来后，您会感到非常舒服，非常轻松，非常舒服，非常轻松，您的心情会很好，工作效率会很高，心情会很好，工作效率会很高。（停顿）

下面我开始数数：10……9……8……7……6……5……4……3……2……1……0。（停顿）

亲爱的朋友，心境之旅，到此结束，谢谢您的合作，我们下次再会。（音乐渐弱）

（四）催眠自强光盘

（轻音乐）亲爱的朋友，欢迎您来到郑教授讲心堂！当您选择倾听这节自信、自强课时，恭喜您已经踏出走向成功的第一步，当您再次聆听并练习时，成功已经在您触手可及的地方。经常练习这种心理潜能激发技术，将有助于释放心理压力，消除精神紧张，增强自信，提高机体活力。

在练习开始之前，请先找一个安静的、舒适的地方，解除对身体所有的束缚，舒服地坐在沙发上或躺在床上，慢慢闭上双眼，用心听我的指导语，并按指令去做，让所描绘的画面渐渐清晰地浮现在脑海中。注意，一定要在脑中出现画面，才会收到好的效果。怎么样，准备好了吗？

好。（轻轻的海浪声）天空一片晴朗，您来到海边，赤脚走在被阳光晒得发热的沙滩上，沙子轻轻吻着您的脚趾，好舒服、好惬意。您忍不住要跪在沙滩上，与沙子亲密接触、温存一番。您弯腰轻轻捧起一把沙子，任由沙子漏过您的手指，慢慢滑向沙滩，您感受着沙子的温度，热热的，沙子也似乎理解您此刻快意的心情。您忘我地捧着一把把沙子，与周围的人群共同享受着明媚的阳光，倾听着海浪的窃窃私语，一切显得那样和谐、自然，未来是那么的美好，前途是那么的光明。再次感受一下蓝色的大海，金色的沙滩，阳光，海浪，沙滩。您躺在沙滩上，沙子细细的，热热的，太阳照在身上，暖暖的，您感到全身温暖，越来越暖。

（怒涛汹涌澎湃声）突然间，从遥远海边慢慢升起一团团乌云，乌云滚滚而来，翻腾着，以不可想象的速度疾驰而来，倾刻间您的头顶一片黑暗，天空越来越低，气压越来越低，您的呼吸也便急促起来，呼……呼……您的呼吸越来越急促，您快呼吸不到空气，您感到好大的压力，天色越来越暗，天空越来越低，所有的不快也都如不断上涨的潮水般袭来，压得您喘不过气来……您想要逃离海滩，可您无路可走，您慢慢被黑暗所淹没，淹没……

您拼命挣扎，挣扎，终于回到家，您脱去了所有的衣衫，进入洗浴间，打开水龙头，（淋浴水声）温暖的水从您的头顶慢慢浇下来，混合着沐浴液的清香，流过您的头……皮，额……头、面……部、脖……子、胸……部、背……部、腰……部、腹……部、臀……部、大……腿、小……腿，液体流经之处，您都会感到很清爽、很舒适，很清爽、很舒适，流水带走您的疲惫和烦恼，温暖的水流过您的每一寸肌肤，带走所有的不快和郁闷，就如同乌云在电闪雷鸣后化作大雨倾盆而泻，头顶的乌云渐渐退出，留下一片晴朗的天空，心情也便豁然开朗。

好，所有的疲惫和烦恼都已离您而去，您感到很舒适、很舒服。请您用力地深深地吸一口气，吸满，让带满养分的空气穿过您的血管壁，伴随着您的血液，流向身体的各个部分，血液从心脏流向胸部、肩部、脖子、面部、耳朵、头皮；血液流经之处，您都会感到一股淡淡的清新；血液经由心脏流向背部、腰部、腹部、臀部、大腿、小腿、脚趾，感受着血液的流动，有一种麻酥酥的感觉，感受着血液中的养分透过血管壁，渗透到您的身体中，带给您清爽、活力；您感受到了血管壁被冲击的力量，似乎心中涌出一股暖流，热血沸腾，行动吧，抓紧行动吧！去面对所有的压力，去面对所有的困难，如同激流勇进一般，困难与压力在您前进的时候，它们就后退，当您直面困难与压力时，它们就后退，您将所向披靡，无往不胜；血液流过胸部、肩部、脖子、面部、耳朵、头皮，血液流经背部、腰部、腹部、臀部、大腿、小腿、脚趾，经过血液的洗涤，您的身体充满了力量，您的身体不断地传递给您："我是一个很棒的人，我的身体很强壮，精力很旺盛，我对工作、事业与家庭充满信心，我能坦然面对生活中的各种矛盾，以自己独特的方式把重要的问题都处理好。"请您静静地、耐心倾听您的身体对您讲的话："我是一个很棒的人，我的身体很强壮，精力很旺盛，我对工作、事业与家庭充满信心，我能坦然面对生活中的各种矛盾，以自己独特的方式把重要的问题都处理好。"

做得很好！继续您的心灵之旅，您还要从周围的环境中汲取更多的营养与支持。您仿佛与大地融为一体，自己的脚像树根一样深深地植入大地，不断地向大地的深处扎去，您的脚趾生长出了许多的毛细根，向大地的深处扎去，从大地的深处吸收着矿物质、水分，汲取着生命所需要的各种能量，和煦的阳光照耀着您不断生长的树冠，您汲取了生命所需要的各种能量，感受到根深深地、深深地扎入泥土，吸取着土壤里的水分和营养，使自己变得枝繁叶茂，叶茂枝繁。一阵微风吹来，试探着您是否有力量，是否深深扎根于泥土，您在随风摇曳，在不断的摇晃中，您感觉到自己的力量在不断地增强，微风拂面，您对微风轻轻点头，大风吹来，您对大风面带微笑，感谢大风对您的锻炼和考验，经历了大风的考验，您迫不急待地从大地中汲取更多的养料，汲取更多的养料，您清楚地知道：自己的生命力在不断地增强，您不断地从周围获得支持，周围的人都会给您莫大的鼓励和支持，您的生命力越来越强；突然一阵狂风袭来，（狂风怒吼声）您坚强挺立在风中，与狂风搏击，用强大的生命力战胜了暴风骤雨，您经受了生命的考验，您知道自己是很强大的，自己是很有能力的，自己可以去面对生活中的所有挑战，自己能够迎风傲然挺立。自己是很强大的，自己是很有能力的，自己可以去面对生活中的所有挑战，自己能够迎风傲然挺立。您经受了生命的考验，您知道自己是很强大的，自己是很有能力的，自己可以去面对生活中的所有挑战，自己能够迎风傲然挺立。自己是很强大的，自己是很有能力的，自己可以去面对生活中的所有挑战，自己能够迎风傲然挺立。

（激昂的乐曲）您感觉浑身充满了力量，跃跃欲试，想要大干一场，成就一番事业。您对未来充满信心，您的前途一片光明！您对未来充满信心，您的前途一片光明！

（轻音乐）亲爱的朋友，我们的心理潜能激发练习就要结束了。下面我从10数到1，随着我的数数，您将逐渐清醒过来，每当我数一个数，您的力量就增强一倍，当我数到0的时候，您已经按捺不住尝试的心情，您就要开始新的一天，开始新的生命与生活。现在我开始数数，10……9……8……7……6……5……4……3……2……1，您已经很清醒，浑身充满了力量，起来行动吧！行动吧！您一定会成功！您一定能成功！

【建议参考资料】

1. 罗森. 身心松弛法［M］. 黄惠玲，刘兆明，编译. 台北：张老师文化事业股份有限公司，1985.

2. 张芝华. 催眠瘦身［M］. 北京：中国轻工业出版社，2009.

3. SHEEHAN P W，MCCONKEY K M. Hypnosis and experience：The exploration of phenomena and process［M］. New York：Brunner/Mazel Publishers，1996.

4. MCCONKEY K M，SHEEHAN P W. Hypnosis，memory，and behavior in criminal investigation［M］. New York：The Guilford Press，1995.

5. JOHNSON M W，SUESS P E，GRIFFITHS R R. Ramelteon：A novel hypnotic lacking abuse liability and sedative adverse effects［J］. Archives of General Psychiatry，2006，63（10）：1149－1157.

6. 连峻. 开拓催眠治疗新领域：催眠实境体验治疗法［M］. 台北：元气斋出版社，2009.

7. JENSEN M P. Hypnosis for chronic pain management：A new hope［J］. Pain，2009，146（3）：235－237.

8. JAMES U. Practical uses of clinical hypnosis in enhancing fertility，healthy pregnancy and childbirth［J］. Complementary Therapies in Clinical Practice，2009，15（4）：239－241.

【问题与思考】

1. 催眠主要应用在哪些领域？
2. 在临床工作中，阴阳辩证疗法的五句箴言是什么？
3. 催眠疗法适用的病症有哪些？
4. 找出自己的不合理信念或非理性认知，用阴阳辩证疗法与自己进行辩论。

第七章 催眠的研究方法

【本章提要】

从梅斯迈使用磁疗术开始，催眠就备受争议。争议的焦点在于催眠是科学的，还是巫术、玄学。要想回答是否是科学的这个问题就要运用某种方法，连同几个关键的标准。本章就重点介绍了催眠的研究方法。首先，介绍了催眠的传统研究方法，包括口头报告法、量表研究法；其次，介绍了催眠研究中的经典方法——体验分析技术。随着对催眠研究的深入，催眠研究的方法也在不断改进，本章在介绍完体验分析技术后又介绍了体验分析技术的变式。研究方法的不断改进也从一个侧面说明了催眠的科学性。为了便于理解，在对催眠研究方法进行介绍的同时，都配以案例说明，在本章的最后又专门给出了一个催眠研究的案例。本章的目的在于让人们更全面地认识催眠，更深入地理解催眠。之所以说催眠是科学的，是因为对催眠的研究中体现了科学的几个关键标准，即客观性、准确性和经得起检验，读者在阅读本章时即会有所体会。

【学习重点】

1. 口头报告法
2. 量表研究法
3. 体验分析技术
4. 体验分析技术的变式

【重要术语】

口头报告法　量表法　体验分析技术　想象力　全神贯注　无意识　现实意识　身体感觉　融洽关系　专注型受术者　自主型受术者　建构型受术者　结构化研究　非结构化研究

第一节　催眠的传统研究方法

催眠现象的复杂性和神秘性，决定了对其研究的困难性。无论是催眠的实验研究者还是临床工作者都对此做了许多探索。

一、口头报告法

长期以来，一些催眠师都是通过事后询问，让受术者口头报告在催眠中的感受，以此来收集其主观体验的信息。因此可将此方法称作后经验调查的方法。

通常催眠师或实验者要求受术者评论他们的催眠实验，其中个别测试项目会被详细调查。例如，对于“年龄回溯”（age-regression）或“幻想”（hallucination）任务，要求受术者生动地描述催眠师给予暗示或引导后他们感受到的东西。除此之外，还要报告在催眠感受性测试的过程中对催眠的期望和预想。为了帮助研究者明确解释他们行为表现的模式和机制，受术者在后经验调查中要详细反馈催眠表现和经验。通过受术者的口头回答，可了解影响某些催眠反应的潜在因素。

尽管一般情况下，在后经验研究中也可能得到某些数据资料，对解释受术者行为表现会有所帮助，但这样的过程不强调量化结果本身的重要性，而更倾向于强调认知过程和受术者的行为反应。

这种常规的后经验调查在描述的信息数量和类型上都有局限，而且受术者的反应可能与调查者对问题的表述有关，因此用催眠后口头报告的方法收集的资料往往是零散的、主观的、浮浅的，很难搞清催眠现象的本质和催眠治疗的作用机制。可见，开发新的研究工具是有必要的。

二、量表研究法

量表法是催眠研究者与临床医生常规使用的催眠评估技术，无论你如何定义催眠这个术语，几乎没有人会对测量催眠感受性的适宜性或重要性发生争论。催眠易感性，或者说对催眠的接受性，反应了个体的个性特质，以及该个体应对暗示活动的能力。每个人对催眠暗示的反应程度是不一样的，而这个事实是理解催眠术的根本。有证据表明，催眠的感受性是正态分布的（E. R. Hilgard，1965），至少在实验室（与临床相对）环境下的量表测量可得到这样的结果。

因为意识的状态是复杂的，很难测量的，所以我们没有必要限制住自己的视野，只采用某种单一的研究方法。例如，对催眠梦的状态的评价就可以通过受试者关于梦的口头报告以及观察者通过脑电（EEG）活动所得出的报告进行互相印证。又如人在做梦时眼动仪会显示眼球的快速运动，将快速眼动期和做梦的口头报告互相印证，我们就可以通过眼球运动知道一个人是否在做梦或何时在做梦。与此类似，受术者关于催眠中恍惚状态的报告也可以通过研究不同的测量方式的相同点进行印证。催眠作为意识的一种特殊状态，当口头报告同其他行为指标（知觉的、记忆的等）一起被收集的时候，有必要确认口头报告与这些行为的一致性。

对催眠感应的主观报告和量表的客观评估分数彼此是高度相关的。但是口头报告有时难免主观和不够精确，而量表测量可弥补此不足。当然，口头报告有时也可以矫正以客观数据为基础的评估结果。例如，客观分数会因为过度服从的压力而受到影响，但是当研究者要求受试者诚实地表达自己真实想法时则可能被纠正过来。

作为意识的一种状态，催眠的可测量性也许是最令人质疑的，因为很难用一种清晰明白的方法去测量精神状态。但是我们可以在受术者身上寻找可测量的生理变化或者行为表现的增长（或减弱），同样也可以搜集那些探讨催眠时的感受异于清醒状态的一手报告，这就是量表法所依据的原理。

量表法的优点在于能得到受术者催眠感受性和催眠深度的客观指标，其不足是如此大量的外在表现不一定能准确反映受术者真实的内心操作过程。

临床上广泛使用的测量催眠感受性和催眠深度的量表已在第三章做了详细介绍，这里不再赘述。

第二节　体验分析技术

本节重点介绍一项国外催眠工作者广泛使用的名为体验分析技术（experiential analysis technique，EAT）的研究方法，它是现象学取向研究的一项新技术。这种技术适用于对催眠体验的评价，并能认识到口头报告作为数据收集方法的价值和意义（Sheehan，McConkey & Cross，1978）。通过这种实证性分析技术所搜集的数据，可以探讨诸多催眠现象并推论与之有关的机制。

一、体验分析技术的起源

EAT 通过录像带回放来帮助受术者清楚地回忆催眠测试的过程。实质上，EAT 是一种专门设计的询问技术，强调一个独立评价者收集和观察受术者体验报告的重要性，考虑了动机、期望、认知这些可能在个体催眠过程中发生的相互作用。

EAT 是依据人际关系过程回顾（interpersonal process resurrection，IPR）方法改编的。研究表明，会议演讲者看他们演讲的视频回放，通常能自发地报告出很多他们之前的想法和担心。在咨询背景下，IPR 方法是指通过录像回放技术，观察咨询师和来访者的互动。这种方法最初是为了教授和学习咨询师在治疗过程中的互动方法的，之后的广泛应用也出于这种目的。

从过程上看，此项技术基于独立人（被称为询问者或调查者，inquirer）与受术者一起观看催眠过程的录像回放，从而调查受术者的催眠体验，因为在观看录像回放过程中，这些催眠体验可以被重新唤起。

将 IPR 方法最早用于催眠研究的报告有两篇，一篇是伍迪（Woody）等人报告的使用 IPR 方法有助于发现催眠治疗中的主观性材料。另一篇是哈默

（Hammer）等人的研究，使用 IPR 的方法来探索一些过去没有提到过的催眠效应。（Hammer et al，1978）

哈默使用 IPR 影音回放的方式分析催眠和非催眠的受术者对一首诗回放的反应。实验组（催眠组）和对照组（非催眠组）的受术者按照年龄、对催眠的经验和兴趣以及敏感水平（依据 HGSHS－A 的测试结果）配对。一组受术者先经受催眠诱导，然后放诗歌；另一组受术者在听诗歌前没有催眠诱导。实验者告诉受术者：

我想知道当播放诗歌时，你们的想法、感受或任何反应的尽可能多的细节。为了帮助你们回忆这些细节，我将简短地重放这首诗，如果在回放中的任何时间你想起了你当时在想什么或做什么，请立刻告诉我，我将暂停录音，听你告诉我。

然后播放诗歌，实验者获得了受术者在最初听到诗歌时的经验。这些受术者对他们经验做出的评价也被录音，用于之后的转录和分析。然后要求不知道哪些受术者接受了催眠诱导的评判者，根据受术者报告的经验将受术者分成接受和未接受催眠诱导两组。经验丰富的评判者根据受术者对诗歌的主观反应调查中的评论，正确区分了 80% 的人。又将转录内容请另外一个不知道转录来源的评判者来进行分析，结果这种分析更加明显地证明了上述结论。哈默因此得出结论，比起正常觉醒状态，催眠诱导引导人们进入一个不同的认知唤醒状态，而且催眠诱导的效果之一是增强人的思考过程。

EAT 使用录像回放技术和询问者的角色就是由 IPR 演发而来的，提供了一种评价催眠现象体验过程的有效方法。

二、体验分析技术的实施

使用 EAT 的标准过程是，在催眠后催眠师离开测试情境，让受术者与一名独立的实验者（询问者）互动。评价过程中的询问者的作用是，通过回放催眠过程的录像带引导受术者讲述新的、补充的想法和感受。

通过视频回放这个步骤，询问者虽然可以了解整个催眠过程，却不能避免在与受术者的互动中保持独立而不产生偏见，因为在引导时不同询问者会关注受术者的不同反应。因此，重要的是，在这个方法中触发反应的是受术者而不是引导评价的询问者。

此方法的关键之处是，受术者可以随时要求停止录像放映而表达自己的感受。注意这一点很重要，第三章提到的催眠标准量表将如此重要的因素忽视了，没有关注受术者是否跟随催眠师的暗示触发自己的感受，或者按照测试设计的项目不断地构造或重建他们的经验，这迫使我们只能依靠对催眠量表得出的测试数据的解读。

EAT的目的是仔细调查催眠受术者对与催眠师复杂互动（包括言语的和非言语的行为）的解释，为受术者的特定经历和体验提供一些线索。在这个方法中，由受术者本人引导对自己催眠经历的讨论。让受术者自发地引导比研究者按照既定的问题来提问好得多。比如，受术者可以自由评论他们在催眠中发现的对自己很重要或有意义的特殊事件。

下面我们就EAT实施过程中的几个关键环节加以简单介绍。

（一）录像回放

首先，对催眠治疗的全过程进行录像，然后回放录像，边回放边讨论，这构成了EAT过程的基本环节。

受术者提前被告知他们的催眠过程及其表现将会被录像，但是没有告诉他们这个录像将成为他们和另一个研究人员讨论的基本环节。如果只是对催眠过程的特定部分或个人特征感兴趣，不能告诉受术者只录一部分环节。事实上，我们可以录整个催眠过程，但挑选一部分进入EAT环节的回放。

在EAT的调查环节，录像播放器应放在受术者观看起来比较舒适的位置，他们可以回顾催眠过程，一边看一边和询问者聊天。

应该让受术者熟悉录像回放单元，提前进行停止和开始的操作演练；或者给受术者一个远程遥控器或手动开关，使得受术者可以随时在他们想要停下的地方停下。

询问者坐在受术者的一旁，可以观察受术者对观看材料的反应。重要的是，询问者要更多关注受术者而不是录像回放的过程，这样受术者此时的行为就是自发的，而不是思考或回答询问者感兴趣的问题。

询问过程也要被录像，从而使通过EAT得到的信息可以进一步被全面地分析。

（二）询问者的角色

询问者扮演好自己的角色是EAT应用成功的决定性因素。严格的倾听和非评价性的回应的培训和练习是非常必要的，是EAT重要的前期准备。

询问者的基本角色是非评价的、不解释的合作者和共同参与者，共同探讨在真实的催眠过程中受术者体验到的事件的本质。询问者鼓励受术者积极参与报告，解释自己的催眠体验。

我们把非评价的过程看作是询问者与受术者之间的积极关系，对受术者提供的认为重要的信息不解释的态度是EAT成功的重要标准。询问者应该尽量不要让受术者有所避讳，要为他们提供一个开放诚实和自我暴露的安全环境。

询问者的基本立场是接受一个合作的、不专制的、支持性的互动，主要工作是帮助和鼓励受术者发现和报告他们自己催眠体验的真相。一般来说，EAT引导的方式更加人性、无评价性，这对收集受术者私人的催眠体验的本质信息是很重要的。

询问者采取合作的立场对询问者和受术者关系有很多影响。受术者是主动而不是被动地参与发现和评论他自己催眠体验的任务。这就是说，EAT 程序的目的是最大限度地增加受术者参与的自由度，增加受术者而不是询问者的控制力，明确地认识到评价过程是一个双方共同参与的调查，通过给予询问者高度自由去调查受术者自发性评论的本质。在这方面，获得受术者提供的材料很重要。询问者的角色就是倾听，然后收集受术者的评论，而不是对受术者做解释或点评受术者的评论。

此外，询问者的任务是尝试保持受术者对讨论的特殊事件的注意力。比如受术者一般被询问者鼓励将注意力集中于他们对即刻发现的事情的评论；同样，询问者的评论不应该超出受术者已经暴露出来的相关经验。

（三）如何询问

首先，询问者向受术者介绍 EAT 的实施方法，此时询问者给出的指导语如下：

一般在催眠研究中，都会对在催眠中究竟发生了什么很感兴趣。为了澄清在你的催眠过程中究竟发生了什么，我将请你帮助我们，让我们共同观看一段你催眠过程中的录像。

在催眠开始的时候，催眠师已经告诉你，为了研究工作需要，催眠过程会被录像，现在我们一起看录像回放。与不放录像比较而言，放录像将提供给你在催眠过程中发生的细节，因此，你会发现你很容易回忆出你当时想什么，感觉到什么。

在催眠过程中你或许感觉或想到了一些事情，这些事你没有或不能大声说出来。一般情况下，大脑活动速度比讲话声音快。所以，有一些时候你没有时间说出你想说出的东西。或者，你不想对催眠师说些什么，或你当时的想法和反应很模糊，你当时没有办法用语言表达出来。现在，当你看录像时，你将发现这些种类的想法或感觉会重新浮现在脑海里，使你再次感受到。你可以在任何时候完全随意地停止录像播放，然后告诉我你究竟回忆起了什么。回忆起来任何事情，都可以停止录像播放，然后告诉我发生了什么，任何事情都可以。也许是一小点，也许是一大点。无论你认为重要与否，任何时间你想停下来做评论都可以。你所有的评论都非常重要、非常有价值。

在想评论的时候立即停止录像播放是很重要的。不要等过一会儿，而是要立即停止播放录像。拿着这个遥控器，很好！这样你可以很轻松地停止录像播放。好了，你有什么问题吗？好的，如果你准备好了，请你随时开始播放录像。

然后受术者随意播放他们接受催眠时的录像。什么时候想停止录像的决定是受术者简单地回忆起任何事情的时候做出的。无论受术者什么时候停止录像，报告他们的催眠体验，询问者都可以通过询问一些问题，澄清受术者的描述，探索这些体验的本质。

当询问者提出某些问题时，受术者根据自己的催眠体验进行回答和评论。询问者提出的问题应该与受术者对催眠过程的评论匹配，而不是和询问者的理论观点相匹配。因此，EAT 设计的问题要能提供受术者一些线索，使得他们能够表达他们的体验的本质。

为了达到这个目的，一般问题要聚焦于受术者回忆的特殊方面，问题要简单并具有开放性。此外，询问者要向受术者评论的催眠体验的方面提问。如果受术者没有评论一个催眠体验，而询问者认为重要，询问者应该以不引起受术者注意的方式加以适当引导，而不要过分强调。因为，过分关注某个问题，受术者会感觉到被暗示应该说一些询问者觉得重要的事，因此就会以一种满足询问者偏见或观点的方式来回应。

为了给受术者的评论分类，询问者会使用一系列不同的询问，每一种关注受术者体验的不同方面。因此，询问者要准备很多问题，每一个都和体验的不同方面相关。询问的范围包括认知、想象、期待、知觉、意向表达、人际关系、联想和各种感觉等多个维度。有些问题比较直接具体，当然，这仅仅是用来反映个别目标或目的。而在本环节的结尾，询问者会就受术者在整个催眠过程中的体验提问。这里最重要的是，记住询问者的提问是为了鼓励受术者描述和解释他们自己的催眠体验。这些设计的问题本身要尽量少地提供线索，否则会暗示受术者什么是需要报告的重要体验。

表 7－1 列出了提问的几个维度，并就每个维度列举了四个问题。这些问题来自卡根（Kagan）的建议。

表 7－1　EAT 询问维度和问题示例

询问维度	问题示例
认知	你当时在想什么？ 在那时、那个场景下，你有什么想法？ 你是否清楚地考虑接下来将发生什么？ 那时你的脑海浮现了什么？
想象	那时你是否产生了幻觉？ 然后你脑子里出现了什么图像或画面？ 那个时候你的心里想到了什么？ 你是否想象到结果会是什么？
期待	你想从催眠师那里听到什么？ 那个情境下，你想让催眠师做些什么？ 你希望接下来发生什么？ 你预期接下来会发生什么？

（续表）

询问维度	问题示例
意象	你怎么看待你和治疗师？ 你希望那个情境下治疗师怎样看待你？ 你想投射怎样的意象呢？ 你想传达给催眠师什么信息？
知觉	你对催眠师正在看着你有什么想法？ 那时你认为催眠师想要什么？ 催眠师给你这个，你有什么感受？ 你认为你对发生了什么的描述是否与催眠师的想法同步？
联想	那对你有什么意义？ 这引发你想到别的经历过的事情吗？ 这对你而言熟悉吗？ 你是否将这个经历与其他特别的事情联系到了一起？
感觉	你感觉你那时卷入得怎么样？ 你感觉在做什么？ 你怎么认为那时你作为一个受术者的角色？ 那时你想对催眠师说什么或做什么？
结束	你通过录像回放学到了什么？ 你喜欢视频中的你吗？ 你感觉催眠师在整个过程中怎么样？ 你满意你的行为吗？ 有没有哪部分你想再看一遍？ 你喜欢这样讨论你做了什么吗？

（四）如何评分

对 EAT 得到的结果主要从 10 个维度进行评分，每个维度依据受术者在催眠中的体验被分为 5 个等级（0 = 没有出现；1 = 轻微出现；2 = 一般出现；3 = 经常出现；4 = 完全出现）。这 10 个维度是：

专注认知（concentrative cognizing）：指受术者将注意力集中在催眠师的指令上，并按其指令的字面含义行事。

自主认知（independent cognizing）：指受术者不是完全地而是根据重要性有选择地执行催眠师的指令。

建构认知（constructive cognizing）：指受术者对催眠师提供的信息有所加工，根据自己的理解行事。

个性化（individuation）：指受术者催眠反应的与众不同和独特意义，同自主和建构两种认知有关。

想象力（imagery）：指受术者对催眠指令想象的鲜明生动程度，同在催眠体验中所运用的想象策略有关。

全神贯注（absorption）：指受术者对催眠体验注意力集中的程度。

无意识（involuntariness）：指受术者的行为和体验没有伴随任何的意识努力或控制。

现实意识（reality awareness）：指受术者对现实信息的感知和加工。

身体感觉（physical sensation）：指受术者对自己身体的感觉。

融洽关系（rapport）：指受术者与催眠师之间关系的融洽程度。

对于实验室研究来说，通常要由两位评判者分别对 EAT 的结果评分以确定评分者信度，还可以抽取部分受术者的结果由一位评判者评定两次以得到再评信度。

研究数据显示，在催眠梦体验中自主认知与个性化、想象力、全神贯注、身体感觉有高相关性；个性化与想象力、全神贯注、身体感觉有高相关性；想象力与全神贯注和无意识具有高相关性，与现实意识无相关性；全神贯注与无意识和融洽关系有高相关性，与现实意识无相关性。

研究数据还显示，在催眠幻想体验中，自主认知与个性化和现实意识高相关；建构认知与个性化有高相关（比催眠梦境中二者的相关性更高）；个性化与想象力和全神贯注有高相关；想象力和全神贯注、无意识以及融洽关系有高相关；全神贯注与无意识高相关，也与身体感觉和融洽关系有较高相关性（Bowers，1973；Cantor & Kihlstro，1981；Endler & Magnusson，1976）。

三、体验分析技术的应用

国外有研究表明，百分之九十的受术者认为回放催眠过程能很好地刺激他们回忆，还说 EAT 引导他们更深入地认识他们的催眠行为。他们普遍认为 EAT 技术有效，认为 EAT 给他们机会去以一种生动的具体的方式去再体验催眠事件。比如一个被试评论说，“这让我看到它，我能够更多地进入它。”当然，也有个别不喜欢这个催眠互动过程的受术者对看自己的催眠表现感到尴尬，认为自己表现得很傻。显然，这样的受术者可能很少停下来对催眠过程做评价。

EAT 为评价催眠过程提供了一种有效方法，这种方法搜集的资料比常规提问收集的资料更多，可使我们发现大量与催眠受术者体验相关的材料和影响因素，不但能加深对受术者的了解，而且有助于更好地理解催眠的本质和作用机制。

大量 EAT 资料表明，受术者对催眠过程的讨论和评价主要涉及两个方面：一是对与催眠师交流的认识，二是受术者的认知风格。

总体来说，受术者在催眠情况下的自然反应十分多样，并且在很多方面的反应都是高度个体化的，在 EAT 过程中他们同样是用一种个人的方式解释与催眠师的交流。因此，不应该将催眠的受术者看作一个消极被动的接受者，他们不仅理解接收到的信息，而且能将其纳入他们自己偏好的虚拟情境中。

根据对大量 EAT 资料的分析，可将受术者的认知风格分为以下三种类型：

专注型的受术者专注于和催眠师之间的交流，不会允许无关想法出现，而是将注意力完全集中在催眠师的暗示上。这种专注模式的认知是以受术者在与催眠师交谈中的注意集中和在交谈时对所包含信息的文本理解为特征的。

自主型的受术者不是简单地关注于催眠师表达的信息，而是有选择性地、往往根据自身意义去应对所有的指令，表现出更加独立的特征。某些体验，被他们认为是符合自身的情况或认为是重要的，就会做出自主的回应。

建构型的受术者倾向于用自己的方式去诠释或有步骤地加工所有信息，自发建构所暗示的经验。其特征是在催眠师的暗示中努力构造有联系的相关事件，去对自己认为催眠师暗示的含义做出反应，以适应个人的观点和经验。

为了比较观察催眠过程本身和采用催眠体验技术获得信息的效果，研究者（Crebolder，1980）对比了通过催眠会谈得到的信息和通过 EAT 会谈得到的信息。为了平衡被试对催眠熟悉程度对结果的影响，研究者把被试分为了三组：一组是因身体和心理上的问题而在诊所有催眠经验的人，另一组是熟悉催眠概念的心理学专业的学生，第三组是对催眠不熟悉的普通大学生。在研究中，一半的被试观看了催眠过程的录像回放，另一半观看了催眠过程的录像回放和 EAT 会谈的录像回放。所有的被试最初都非常警惕地寻找在催眠中遇到了困难的特殊的标志，而且设计了特殊的指示激励他们收集更多的关于受术者的行为和体验。

所有被试都根据研究者的指示观看相应录像带，然后完成了问卷，这个问卷的目的是调查运用 EAT 是否能不偏不倚地提供精确的关于催眠的相关信息，它在提供相关的催眠过程的信息方面，或者在用来理解明显的催眠反应及其潜在的决定因素方面是否是有用的。

研究表明，看了催眠和 EAT 会谈两个录像的被试能更有效地识别催眠过程中的困难，而且与那些只看了催眠过程录像的被试相比，他们认为受术者进入了更深的催眠状态，而这种判断同他们对催眠的熟悉程度无关。只看过催眠过程一个录像的那些被试不能识别任何受术者经历过困难的标记。

研究发现，只是观察受术者在催眠过程中的行为，可能认为受术者并没有进入深度的催眠；但是通过观看 EAT 会谈的录像，可能发现存在着另一种高水平卷入的方式。

总之，那些看了两个录像的被试比那些只看了催眠会谈录像的被试更容易意识到在催眠过程中的卷入和情感状态。当催眠被用于诊断时，催眠师对被催眠的被试的情感的觉察是一个特殊的重要因素。而且这些结果将暗示 EAT 在诊断分析中是非常有用的。

进一步研究表明，当观察仅仅是基于催眠过程的时候，有知识和经验的临床医生在说明受术者体验到的问题的时候，也并不比没有受过训练的学生做得好。

但是运用EAT可以帮他们将受术者的卷入水平说明得更细致，而且能指出受术者在催眠中经历的特殊的问题。

四、体验分析技术应用举例

为了使读者更好地了解EAT的操作方法，下面将澳大利亚心理学家希恩和麦康基在《催眠与体验》一书中报告的一次应用体验分析技术的完整过程抄录如下。

催眠诱导语：

催眠师：我希望你在椅子上以最舒适的姿态坐好，完全地放松，尝试着把你所有的事情都抛到脑后，只听我所说的话以及我需要你关注的事情。我希望你专注于你身体的那种放松的感觉。尽力去放松，体验那些我刚刚告诉你去关注的事情。为了研究工作的需要，整个催眠过程将要被录像。

我希望你看着这些钥匙，我希望你近距离地看着他们，而且我将从1数到10，当我数数的时候，你继续盯着看那些钥匙，你的眼睛感觉越来越疲倦。现在专心地看并集中于我告诉你关注的那些事情，1，2，你感觉现在越来越放松。你继续看着那些钥匙，3，你以前见过它们的，4，越来越放松，集中于那些我要你关注的事情，感觉现在更加的放松，5，越来越放松，感觉你沉浸在那种放松的感觉中。你的双眼变得非常的疲倦，马上就要闭上了，6，7，8，随着你放松的感觉不断地增加，你的双眼变得很重很重，当你的双眼准备好闭上的时候，你就让它们闭上吧。现在双眼已经闭上了，眼睛闭上了，越来越放松，进入更深更深的舒适、愉快和放松的境界。当我数到10，你将完全进入催眠状态，9，10，现在更深更深，集中于完全放松的感觉。你将能进入到比现在更深的催眠状态。

我希望你去想象你自己在一个梯子上，正一步一步地往下走，直到你走到最下面，你的脚步将越陷越深，进入这种深深的放松和催眠的状态，1，现在继续往下走，越下越深，2，现在越下越深，越来越放松，越来越放松，你继续往下走。随着你听着我所说的，你开始注意我要你关注的事情，3，4，现在继续往下走，5，现在你已经到达了最底部，感觉深深地放松，深深地被催眠。

联想实验：

催眠师：我希望你向上举起你的右侧的胳膊和手。保持住这个姿势然后注意你的右胳膊和手的感觉。我希望你想想自己正在举着一个很重的东西而且当你想着这个东西时，你的手感觉到越来越重，更重，更重，越来越重。当你想着那个很重的物体，它开始向下压你的手臂，越来越低，越来越重，现在变得非常重。你的整个手臂变得越来越重。那个重物将你的手臂压得更低，越来越低，越来越低，越来越重，越来越重。现在可以了，放松你的手臂让它舒适地放到你的腿上休息。你的胳膊和手再也不那么重了，再也不用举着那个重物了。你的胳膊和手臂，回到了原来正常的状态，非常的安静和放松。

现在我将要唤醒你，带你重新回到梯子，当你向上爬到梯子的最顶端，你将会醒来，感觉焕然一新。但是在我要你醒来之前，我想让你看一下那些钥匙。你看到它们了吗？每当你看到那些钥匙的时候，你将会很快很容易地回到你现在所处的这种催眠状态。现在醒来吧，顺着梯子一步一步地往上爬，1，醒来吧，2，3，马上就要到最顶端了，4，5，现在睁开眼睛吧，感觉焕然一新。现在睁开眼睛。你的感觉如何呢？

受术者：很好。

在这次催眠过程中，受术者做出了期待中的反应行为。与她高水平的催眠感受性一致的是，她能很快做出反应进入感应程序。她能快速地闭上眼睛，坐在椅子上进入舒适的状态。在念动暗示的反应方面，她举起她的右胳膊和手臂，然后根据催眠师的指导语，感觉手臂很重，慢慢地往下放。最后，随着唤醒的过程，受术者很容易地睁开眼睛，随后数到 5 的时候，暗示她此时感觉非常好。

体验分析：

下面是对此次催眠体验分析的全过程：

询问者：就像咨询师先前告诉你的那样，你刚刚完成的催眠过程已经被录在了录像带上。我们已经拿到了录像带，现在我们为你重放一遍录像，收集你的反馈。提供录像的一个原因是帮助你回忆，当你重新经历催眠会谈的过程，你很可能会对正在经历的事情有许多的想法和感觉，但是你没有机会去谈论它们。而且，当时你可能有一些模糊的感觉，现在你将有机会去说出你的想法和感受。当你看到录像，那些想法、感觉还有印象，不管它们是什么，都将重新回来，因为你正在看一个正在上演的刚刚发生的事情的影像。

我希望你完全地放松，在你回忆起任何一件事情时停止录像，并和我谈论它，不管它是如何重要或者如何微小的事情。不论你认为那是重要的或者不重要的，去感受完全的放松，你可以在任何时候停止录像，并且评论它。我将会问你一些问题，而且我们会一起讨论它，或者做些别的什么。你觉得这样做对你有意义吗？

受术者：是的，那听起来很有意思。

【开始播放催眠录像】

第一次停顿：停顿在当催眠师让受术者凝视那些钥匙尝试引入催眠的时候。

受术者：当他拿那些钥匙给我看的时候，我想，“不，这不可能；在开着灯的情况下看着那些钥匙，我今天不可能被催眠了。”那将不会有任何意义的，我想，“不，这不会有效的。”

询问者：那么一开始，你的观念是这样做不会让你进入催眠。

受术者：对，是这样的。

询问者：这里有什么你想对催眠师说的话吗？

受术者：可能没有。我仅仅是觉得内心在笑；我想整件事情实在是太好笑了，我仅仅是想，“用所有的灯光和这些东西是不会起作用的，你知道的。”

询问者：是的，尽管如此，它的确起作用了。

受术者：是的，在结束的时候它是起作用了，我想。

【开始继续播放】

询问者：好的，很好，也许我们能在哪一点提取一些东西。

第二次停顿：停止在催眠师从一数到十接近尾声的时候。

受术者：就是在数到9的时候，我事实上开始觉得放松。之前我一直不能放松。每一件事情仍然让我觉得奇怪，你知道的。

询问者：是的，对你来说，通常都要花这么长的时间吗？

受术者：不，我想不是的。我通常开始会感觉到某种放松，但是这一次却没有。尽管如此，你知道的，数到9的时候发生了一些事情。我很惊奇的是，我的眼睛开始觉得很重，然后闭上眼，我觉得我很放松，但是这种感觉来得非常的慢，当它发生的时候，几乎到了9到10之间。

询问者：放松的感觉慢慢来了的事实是如何影响你的呢？

受术者：没有影响，这件事没有什么与众不同。

询问者：它没有影响，那你对于那件事感觉开心吗？

受术者：是的。

询问者：在那时，你有什么想跟催眠师说的话吗？

受术者：就是我并没有真正地放松。

询问者：你没有真正地放松。

受术者：现在还没有。

询问者：“现在还没有”，“还需要一些时间”，是类似于这样的想法吗？

受术者：是类似于这样的一些想法。

询问者：好的。

受术者：我觉得一开始测试，我就真的不能像我希望的那样放松了；但是我会有一种它将要来了的感觉。

询问者：那一刻，催眠师意识到你的想法和感觉了吗？

受术者：我对这感到怀疑。

询问者：你对此感到很怀疑。你作为受术者来到这里的时候，你是怎么思考的呢？

受术者：当我事实上并不放松的时候，也许他认为我是放松的。

询问者：因此，他对你的想法就是你感觉非常的放松，你和他的引导保持一致。但是你告诉我的是不，你没有。你希望有更多的时间。

受术者：是的。

询问者：你期望你自己能够变得更放松吗?

受术者：我能感觉到它，我能感觉到我自己变得越来越放松，10 看起来来得太快了，我还没有真正地放松。

【开始继续播放】

第三次停顿：停止在催眠师试图让受术者用下梯子的想象加深催眠的时候。

受术者：这很糟糕，这很可怕！你知道的。我讨厌梯子，我觉得上梯子是非常可怕的，而且他说我在梯子上向下走。他以前从没这样做过，而我感觉自己每一步都非常紧张，他却说我将变得更加放松。我能感觉到我自己变得紧张。

询问者：你说你清晰地看见自己在梯子上。

受术者：我是在梯子上，他把我放在那里了，我就在那里，但是我不能，我真的不想，因为我不能忍受站在梯子上。

询问者：你能对他说什么呢?

受术者：我想说，“不，你知道的，我不想这样；快把我弄下来，我不想站在梯子上。”

询问者：是什么阻止你说出那些了呢?

受术者：我不知道，我就是，他把我放到那里，你知道的。他说你将要下去，那就是我做的。

询问者：好的，我明白了，让我想想。他把你放到梯子上，那是一个非常糟糕的经历，极其糟糕，然而你没有对他说任何事，因为他想让你在那里。

受术者：我想，我想说，但是我，我没说。我不知道为什么我没有说，我觉得好像要更进一步或者说停止。我不知道我是否真的做了什么，但是随着他带我走下梯子，我觉得我自己变得非常紧张。

询问者：越往下走，越紧张。

受术者：是的。

询问者：当你到达底部的时候发生了什么?

受术者：我感觉一下子轻松了。

【开始继续播放】

第四次停顿：停止在催眠师告诉受术者她正举着某个重物的时候。

受术者：我的手中确实没有任何东西，我不能想象一个东西，也感觉不到它。我的手臂仅仅觉得非常重，每次他说那个东西很重的时候，我就觉得很重很僵硬，很重很僵硬，但是我真的没有举着任何东西。

询问者：这种情况是怎样影响你的? 催眠师暗示说那里有一个物体，但你没有?

受术者：我没有那个物体。

询问者：那并没有，并没有影响到你。

受术者：是的，没有。

询问者：我猜想，在这种情况下你正在寻找某些让你感兴趣的事情。在这种情况下，你听到催眠师说，“看，你并没有拿着那个重物。”然而，就像先前他说爬上梯子，你就照着做了。

受术者：是这样的。

询问者：对此，你有什么解释吗？

受术者：我只是觉得手臂变重了，因此我猜我不需要一个真实的重物。

询问者：好的，我明白了。

受术者：那个东西实在是太重、太坚硬了，我都不相信我能在想象中举起那个重物。我认为我的手臂需要更灵活才能举起那个重物。

询问者：好的，那么，你做得非常好了，以至于你不需要额外的东西了。

受术者：是的，也许就是这样。

询问者：这就是你所说的吗？

受术者：也许是的。当他说“举起那个东西”的时候，我觉得它非常的重而且很坚硬。我想，“好吧，我并不认为我能举起任何东西，那个东西让我的手臂觉得太重了。”

询问者：我明白了。所以，你并不需要做得非常好，你只是不能在脑海中构思你举着一个物体的图像，因为你的手臂是在那种情况下。

受术者：是的，它太重太硬了，我举不起任何东西。

询问者：啊哈，你认为催眠师意识到了你的想法和感受吗？

受术者：我认为没有。

询问者：那么，你认为你是怎样了解到他的想法的呢？你有什么想法吗？

受术者：没有。

询问者：没有，不论如何也没有吗？如果你必须去猜猜看呢，他如何看待你正在做的事情呢？

受术者：他可能会想，“好，你的手臂已经很明显地向下移动了，你不能把它举起来了。”所以他将会认为我的手臂感觉很重。

询问者：啊哈，很好。

受术者：可以了吗？

【开始继续播放】

第五次停顿：停止在催眠师开始唤醒受术者，带她回到梯子上，开始向上走的时候。

受术者：看我的呼吸，我开始紧张了，那真是太可怕了！我现在都能感觉到我的呼吸。那，那真是太可怕了，我没有意识到他还在继续着同样的事，把我带回梯子上，往上走，这一切都更糟糕了。

询问者：比向下的时候更糟糕吗？

受术者：是的，这吓到了我，我的心怦怦直跳。

询问者：这影响了你的身体，你看着它发生。

受术者：我看到了，我的心脏开始怦怦直跳，因为我要上梯子，这并不是我想做的。

询问者：但是你做了，这是怎样发生的呢？

受术者：是的，我知道，那太可怕了，我觉得我就要滑下来了。

询问者：怎样发生的呢？

受术者：我告诉我自己，“不要，不要，不要把我带到梯子上，不要，不要。”他一步一步地带我向上爬得很高很高。我都能听到我内心的声音，要喊出来了，“不要！不要！”

询问者：我很好奇的是，事实上这对你来说是一件可怕的事，但是你却为了他做了这件事。

受术者：是的，他是，他就是要做这件事，他把我带到这里。

询问者：好的，我们也许可以结束了。回看我们所做的，你对你在录像中看到的自己的表现满意吗？

受术者：这有点让我震惊，因为所有这些情感在继续，而且我喊出来了，“不要这样做！不要这样做！”然而我看到自己很镇静地坐在那里，就好像什么都没有发生一样。我真的有点不知道该如何理解这件事。

询问者：好的，因为你内在发生了许多的变化。

受术者：没有！我脑子一片空白。我就坐在那里，好像所有的事情都是那么美好，但事实上不是。

询问者：好的，是的。我在这里停止磁带，因为我们到了结束的时候。我想，问你这些问题是一件有趣的事。所以，希望我们把这些美好都留在这里。

案例讨论：

从上面的体验分析中，我们可以了解到受术者在催眠过程中的许多真实反应以及她所敏感和恐惧的事物，许多信息是在催眠过程中无法得到的。如让受术者在想象中下梯子，以此进入深度的催眠状态。在这个过程中，受术者既没有报告也没有表现出任何的害怕，但是在 EAT 会谈中，她提到在体验这段暗示时感觉非常焦虑不安。在她与询问者的谈话中，当录像带放到催眠师暗示她爬梯子的时候，她报告这种经历一点都不舒服，因为她讨厌梯子，而且她的确被吓到了。

本书作者在一次集体催眠后的座谈中，也发现一位对沙滩和海浪的暗示感到不舒服的受术者。这种特殊的反应，就是我们在以后对该受术者实施催眠时要注意的，同时，也为进一步的心理治疗提供了线索和方向。

因此，我们既要从观察和分析催眠过程本身获得资料，也要通过 EAT 询问受术者的体验获得更多的信息。这些 EAT 得出的资料强调了受术者反应的特殊性，这种体验分析技术充分揭示了催眠现象的复杂性。

第三节 体验分析技术的变式

一、常规体验分析技术的局限及变通

上一节介绍的是标准的或称常规的体验分析技术，主要应用在实验室研究中。借助于录像带回放催眠过程的体验分析技术，对于了解受术者在催眠过程中的真实感受，揭示催眠现象的本质，可以得到很多重要的、有意义的信息。

在临床的催眠治疗工作中，应用常规体验分析技术会遇到以下两个问题：

一是有些受术者的问题涉及隐私，不愿被录像；

二是另一位询问者的介入，有时会干扰催眠师的治疗工作。

研究者将常规体验分析技术加以改造，开发了既可用于实验室研究，又可用于临床背景的体验分析技术的变通方法，可以得到许多与治疗经历相关的信息。

体验分析技术的变式与常规体验分析技术的不同，主要表现在以下两个方面：

一是在催眠师诱导下，受术者用想象的屏幕代替真实的录像回放催眠过程，解决了没有录像设备或受术者不愿被录像的难题；

二是催眠师本人既是治疗者又是询问者，不需要第三者对受术者在催眠中的行为和感受加以询问。

以上两点改变刚好可以弥补常规体验分析技术的不足。

受术者对这种变通的体验分析技术的反应也是个体化的，有很大个别差异。例如，萨尔兹曼（Salzman，1982）在研究报告中提到，有一位受术者，在她的第一轮会话中报告说自己无法想象电视屏幕，所以就用言语回顾会话；然而在后续的场合中她又能够用视觉想象会话。有意思的是，当想象电视屏幕上的会话时，有些人报告说看见自己坐在椅子上并且治疗师就在他的办公桌前，也有人说只看见了自己，还有人说只看见了治疗师。受术者对他们自己、治疗师、自己与治疗师互动程度的报告不尽相同，这种差异可能正反映了他们不同的催眠感受性，而这些随后就被反映在他们迥异的意象描述中。

二、体验分析技术变式的方法及优点

具体而言，体验分析技术变式的实施方法是，在催眠治疗会话之后但在清醒之前，催眠师引导受术者想象面前有一个电视屏幕，在屏幕上看到并回顾他（她）刚刚进行的催眠会话。此外他们还被告知，如果催眠师说了什么或者他们自己的某些想法使其陷入焦虑（无论是会话中讨论事情引发的结果，还是源自可

能意外发生的其他想法），又或者会话中出现尚未完成的事情，他们都可以举起右手的食指。倘若受术者在回顾催眠治疗会话的过程中，通过举起自己的右手食指来做出反应，问题就能得以讨论，而且合适的治疗步骤也随后会被应用进来，以便解决困难。接下来，受术者会被引导着在前面的问题讨论完后，继续回顾会话。当受术者报告说已经回顾完了整个会话全程，他（她）就会被唤醒。

此种方法利用的是幻觉或虚构的而不是真实的对催眠会话事件的录像回放。在这里，催眠师（治疗者）担任询问者，而处于恍惚状态中的受术者被暗示，他们看到的是催眠会话事件幻觉的回放，因为它出现在他们的想象中。接受治疗者被指示要持续看屏幕，并在他们想评论的时候停止观看，同时让治疗师知道他们何时会做评论，以便治疗师随后能进入询问者的角色。

这种体验分析技术主要有以下优点：

首先，通过观看幻觉回放能够为被治疗者提供机会，使他们可以对治疗过程中发生的事件给予公正评论，这一经过临床调整后的体验分析技术作为一种手段，可用来探查来访者在临床催眠过程中存在的焦虑或某种压力，这样就可以发现并避免一些与治疗中自我阻抗有关的风险（Gur & Sackeim，1978）。

更重要的是，治疗者和询问者角色的结合，可能会引导治疗师朝着需要澄清的问题或深入治疗的方向前进。这一调整后的体验分析技术的主要作用是，能提供一些关于被催眠者对临床干预的主观反应的信息，例如，受术者高频率的反应，暗示着治疗的许多方面出了问题。因为无论何时做出反应，都预示着一个在催眠治疗会话中没被明确讨论的问题，并且有时候对这些问题的讨论，会对受术者的幸福感有实质性的影响。因此，这就使催眠治疗师能不断改进完善自己的治疗策略及方法。

例如，萨尔兹曼（Salzman，1982）报告称，有一位受术者在幻觉回放当中，示意她常常腿抽筋，这使她在步行的时候寸步难移，并且在催眠的时候她还深受其扰。尽管这位患者已经接受了大约两年的医疗护理，由于神经质的问题，她在这整个过程中都没有提过痉挛绞痛。在对这个问题的后续讨论中，一个血管问题得以诊断与治疗。总之，在催眠中，受术者显然拥有探索多样事物的认知潜力。

三、体验分析技术变式的诱导语

在变通的体验分析技术会话的开始环节，下面的诱导语可供临床催眠师——询问者参考：

现在，你已经再次深度放松并被深度催眠了，我要求你仔细倾听我所说的。在你的催眠会话过程中，你可能会感觉到并想到许多之前自己没有出声说的事情。思想通常比嗓音运转得更快，因此，有时候可能就会出现你没有时间说完所有你想说的事的情况。并且，可能你仅仅就是不想提起一些早期经历的事情，也有可能是你有一些模糊的想法不能进入当时的会话。

等一会儿，我将带你去看看你脑海里自己的催眠会话。你可以很容易地就看到它发生的全过程，就像一场电影，并且当你在脑海里观看这场电影时，你会发现许多想法与感觉会重新浮现在眼前。无论何时你回忆起了一些关于这场电影的事，你将发现你能够停止它并告诉我你的感受。

我想让你现在就想一想，从我刚刚告诉你闭上眼睛进入催眠状态，直到我告诉你醒过来的全过程里你都做了什么。我希望你能在脑海里进行生动的想象，回想从始至终的会话全过程。就让它像电影般地呈现在脑海里，如同一部影片向你展示整场催眠会话。

我希望你能在任何想评论自己经历的时候停下来，无论何时，随时都可以停止。这样做很容易，你只需要举起右手的食指就可以了。如此就可以停下来了，同时也能让我知道你即将评论自己回忆起来的某段经历。无论何时你想要进行评论，你都可以停止影片放映。

你听明白了吗？那么现在就让影片播放，正如催眠过程中发生的那样。无论什么时候你想说些什么，你只需举起你的手指。让我们现在开始吧，让影片播放吧。

四、体验分析技术变式的实验研究

为了进一步检验幻觉回放对体验分析技术的作用及本质，澳大利亚心理学家希恩雇佣了真正的、易感的被试和假装的、非易感的被试，这些被试都是昆士兰大学的心理学研究生。研究者采用准实验设计，将上述被试分为被催眠组和未被催眠组。

（一）实验设计

50个真实被催眠的、易感的被试（42位女生，8位男生），平均年龄21.06岁（SD=5.36）及50个假装被催眠的、非易感的被试（23位女生，27位男生），平均年龄25.02岁（SD=1.10）。所有被试均经过了前测，材料为有12个项目的哈佛团体催眠感受性量表A式（HGSHS-A），真正的易感被试的平均得分为9.70（SD=0.86），假装的非易感被试的平均得分为1.82（SD=1.10）。

实验开始时，被试会被主试告知要由催眠师对其进行催眠，这位催眠师并不知道被试的分组情况（即哪些是真实被催眠，哪些是假装被催眠）。开始时主试简要地与易感被试讨论他们之前的催眠体验，但是并没有给他们具体的指示，没有告诉他们应该在催眠过程中有哪些类型的行为。而那些非易感的被试则被告知，不管催眠师使用何种方法，都要让催眠师相信他们已经被深度催眠了，而催眠师并不知道那些被试是假装的，这些被试要一直假装自己被催眠了，直到他们回到最开始的实验主试那里。

当被试会见催眠师时，他们要执行一系列的催眠测试项目，然后被指引着通过本次催眠事件的幻觉回放来回顾自己的催眠经历，告诉被试他们将会在脑中像看电影一样回顾自己的催眠过程，并且当他们想要发表任何看法的时候他们都可以随时暂停这部电影。无论何时被试停止幻觉回放表达自己对催眠事件的回忆，催眠师都会利用前面提到的询问技术来探索他们催眠体验的本质，这些询问调查鼓励被试在他们体验的基础上描述他们的感觉和个体反应。

（二）定量分析

每个被试在幻觉回放时的评论将会被逐字记录，这些记录会根据被试停止回放报告他们的催眠体验的次数和他们在评论这件事中所说的单词的数量来评分。每一个所研究的催眠现象的这两项指数的结果分别地列在了表 7－2 和表 7－3 中。在被试停止他们的幻觉回放的次数方面，被催眠组被试明显比假装被催眠组被试在负性幻视项目中多，($t(98)=1.80$, $p<0.05$(单尾))，这点在总体上也表现相同，($t(98)=1.94$, $p<0.05$(单尾))。相对于被试在催眠经历中发表评论的单词数量而言，被催眠组被试在双手分开($t(98)=1.89$, $p<0.05$(单尾))，蚊子幻觉($t(98)=1.89$, $p<0.05$(单尾))，负性幻视($t(98)=2.08$, $p<0.05$)，色彩幻觉($t(98)=2.62$, $p<0.05$)等项目中及总体($t(98)=2.80$, $p<0.05$)上，表达出更多的词汇。数据表明，在催眠的幻觉回放中，被催眠的易感被试比假装催眠的非易感被试会更多地停放录像并且说更多的话，尽管不是在所有的项目上都是如此。

表 7－2　催眠组和假装组被试在回忆催眠时的平均停顿次数

催眠事件	被试组	
	催眠组（$n=50$）	假装组（$n=50$）
催眠介绍	0.22（0.42）	0.18（0.44）
双手分开	0.34（0.48）	0.18（0.39）
蚊子幻觉	0.24（0.43）	0.16（0.37）
上肢僵硬	0.18（0.39）	0.16（0.37）
梦境	0.18（0.39）	0.16（0.42）
上肢固定	0.10（0.30）	0.14（0.34）
负性幻视	0.34（0.48）	0.16（0.37）
返童	0.32（0.47）	0.32（0.47）
色彩幻觉	0.60（0.49）	0.44（0.50）
同一性混乱	0.56（0.58）	0.44（0.50）
总体	3.10（2.00）	2.36（1.72）

注：括号中数字为标准差

表 7－3　催眠组和假装组被试在回忆催眠时的平均语词数量

催眠事件	被试组	
	催眠组（$n=50$）	假装组（$n=50$）
催眠介绍	10.78（24.40）	5.80（15.35）
双手分开	15.68（35.68）	4.95（17.29）
蚊子幻觉	5.84（13.96）	2.14（5.52）
上肢僵硬	7.16（17.78）	4.14（11.95）
梦境	7.74（21.36）	8.28（34.95）
上肢固定	4.08（15.20）	4.44（17.59）
负性幻视	12.60（22.56）	3.00（8.09）
返童	19.16（37.08）	10.30（20.77）
色彩幻觉	49.16（74.43）	18.68（33.07）
同一性混乱	33.62（55.05）	18.84（40.90）
总体	164.56（166.17）	80.78（127.81）

注：括号中数字为标准差

统计数据表明，这些被试在自愿停止幻觉回放来对他们的体验进行评论时表现出明显的差异。

表 7－4 列出了在每一项催眠事件中都发表了评论的催眠组和假装组被试的数量；表 7－5 和 7－6 分别表明了这些被试停止次数的平均数和评论字数的平均数。根据停止次数，催眠组的和假装组的被试并没有显著的差别；大多数被试在每一项催眠事件中只评论一次。在评论的字数方面，催眠组被试在返童现象（$t(28)=2.12$，$p<0.05$），色彩幻觉（$t(51)=1.94$，$p<0.05$）和总体（$t(86)=2.32$，$p<0.05$）上显著地多于假装组被试。然而，在大多数催眠项目中，这些催眠组的和假装组的被试评论的字数没有显著的差别。

表 7－4　在催眠事件中发表评论的催眠组和假装组被试数量

催眠事件	被试组	
	催眠组	假装组
催眠介绍	11	8
双手分开	17	9
蚊子幻觉	12	9
上肢僵硬	9	8
梦境	9	7
上肢固定	6	7

（续表）

催眠事件	被试组	
	催眠组	假装组
负性幻视	18	8
返童	16	16
色彩幻觉	31	22
同一性混乱	26	22
总体	47	41

表 7－5　催眠组和假装组被试在评论催眠事件时的平均停顿次数

催眠事件	被试组	
	催眠组	假装组
催眠介绍	1.00（0.00）	1.13（0.35）
双手分开	1.00（0.00）	1.00（0.00）
蚊子幻觉	1.00（0.00）	1.00（0.00）
上肢僵硬	1.00（0.00）	1.00（0.00）
梦境	1.00（0.00）	1.14（0.38）
上肢固定	1.00（0.00）	1.00（0.00）
负性幻视	1.00（0.00）	1.00（0.00）
返童	1.00（0.00）	1.00（0.00）
色彩幻觉	1.00（0.00）	1.00（0.00）
同一性混乱	1.08（0.27）	1.00（0.00）
总体	3.30（1.90）	2.88（1.45）

注：括号中数字为标准差

表 7－6　催眠组和假装组被试在评论催眠事件时的平均语词数量

催眠事件	被试组	
	催眠组	假装组
催眠介绍	49.00（29.30）	36.25（19.70）
双手分开	46.12（49.06）	27.56（33.63）
蚊子幻觉	22.83（20.21）	12.67（6.93）
上肢僵硬	39.78（21.86）	25.88（17.23）
梦境	43.00（32.98）	59.14（80.41）
上肢固定	39.67（29.02）	31.57（38.94）

（续表）

催眠事件	被试组	
	催眠组	假装组
负性幻视	35.00（25.26）	18.75（10.96）
返童	59.88（43.47）	32.19（25.64）
色彩幻觉	79.29（81.12）	42.45（38.67）
同一性混乱	64.65（62.07）	42.82（53.18）
总体	175.06（165.94）	98.51（134.98）

注：括号中数字为标准差

由于被试的回忆材料与被试报告的体验和他们对特定催眠测试项目的反应的本质有关，因此这些被试的回忆材料被拿来进行评定，指出催眠组和非催眠组被试间所发生的重要不同。

请甲乙两位不知道被试是真被催眠还是假装被催眠的评估者，根据以下两点为这些材料进行评定：第一，被试表现出的是具有个体独特性的催眠反应，还是一个紧随催眠师指令的程式化反应；第二，被试是较为集中地描述体验，还是更多地描述他们的行为。

每个评估者对这100名被试的这两个判定标准都进行了综合评定；为了表示评分者内的可信性，评估者甲重新为10个随机选取的被试打分。对于84%的被试在独特性和程式性反应方面、85%的被试在描述体验和描述行为方面，两位评估者的评定是一致的。评估者甲自己对90%的被试前后两次评定是一致的。

表7－7显示了催眠组和假装组被试的回忆被鉴定为独特反应和程式化反应的数量，对这些数据的卡方检验表明两组差异显著，$\chi^2(1)=3.53$，$p<0.05$（单尾）。然而催眠组被试的回忆对于暗示事件既有独特性特征，又有程式化特征；假装组被试的回忆则主要呈现出程式化特征。假装组被试没有报告出自己独特的体验，是因为他们不能以真实的感觉经历催眠事件。此数据进一步表明，对催眠的高易感被试比低易感被试在催眠体验方面呈现了更多的多元化特征。

表7－7　催眠组和假装组被试的回忆被鉴定为独特反应和程式化反应的数量

被试组	催眠反应的鉴定	
	独特性的	程式化的
催眠组	21（15）	29（35）
假装组	10（6）	40（44）

注：括号中为评估者乙的评价。两位评估者对84%的个案的评估是一致的。

尽管催眠组的被试可能表现出相似的行为，但是各种各样不同的可知觉的现象都有可能成为他们行为的基础。因此，研究者调查了催眠组和非催眠组被试对他们催眠过程中体验或者行为的评论。表 7－8 列出了催眠组和假装组被试的回忆被评定为描述体验或描述行为的数量，这些数据的卡方检验也呈现出差异显著，$\chi^2(1)=13.09$，$p<0.01$。催眠组的被试更注重描述他们的催眠体验，而假装组的被试则更注重描述他们在催眠测试中所展现出的行为。

表 7－8　催眠组和假装组被试的回忆被评定为描述体验或描述行为的数量

被试组	描述的评定	
	体验	行为
催眠组	32（28）	18（22）
假装组	13（8）	37（42）

注：括号中为评估者乙的评价。两位评估者对 85% 的个案评估是一致的。

（三）质性分析

通过催眠后的调查询问所得到的资料，可以验证上述定量分析的结果。

1．催眠感应

一位被催眠者叙述说："当你说我的脖子和胸口变得沉重时，我能感觉到我的脖子比我的其他部分变得更沉重，而且我感觉到我好像要翻倒过去。"在一个有些类似的案例中，另一位被催眠者评述说："当你从 1 数到 20 时，我的整个身体都充满着一种感觉，似乎我正身处于一个我经常做的噩梦当中。我感觉好像我的全身都在膨胀，数数结束之后，这种感觉才稍稍消失。"这些被试在催眠感应过程中都经历了非暗示的、个人化的影响，然而却都没有干扰或促进感应过程。

而假装被催眠的被试们对感应过程的评述则十分简单，如有人说："我只是觉得又累又困"，或是"我的眼皮非常重，我感觉非常无聊。"也就是说，假装被试们的报告凸显了催眠师先前已说明的指令中的预期结果。

2．意动反应

在意动项目中，被催眠者的经验报告中往往会有无意识状态或目标指向的幻觉的证据出现。例如，一位催眠被试评价双手分开项目时说："当我的手臂都笔直向前掌心相对时，我并没有期望它们要彼此分开，而当他们真的分开时我感觉非常奇怪。"这位受术者也认为这是因为她的双手就好像是有意愿一样自己分开了。那么，"催眠一定起作用了"。在另一位被催眠者的评述报告中，无意识也同样作为了证据："当我的手心相对时，感觉非常奇怪，好想是磁性相斥。我能感觉到它，并且当我努力想要将双手贴到一起时，它们却分得更开了。"类似的，另一位被催眠者指出："当我的手臂笔直向前时，一种力量强行将它们分开，我根本无法控制它们，它们就这样分开了。"而且，一些被催眠者报告了积极的想象和目标指向的幻想对于促进受暗示体验的作用，例如，一位被试报告说她"想象着她手的每一面都有一个南北磁极”。

而假装被试们通常报告说有“一种看不见的力把手推开”，或者说“他们的手开始渐渐分开”。也就是说，假装者更多基于催眠师所提供的指导语中对事件的描述，并且没有很多证据表明积极想象的参与。

3. 同一性混乱

同一性混乱的暗示要使被试卷入一个假想的熟悉的身份中。被催眠者对于这种暗示的反应突出体现了他们在催眠测试中卷入个人感受的程度。从这个意义上来讲，这与返童记忆的体验有相似之处。例如，一位被催眠者说她假想自己成为几个月之前意外去世的丈夫，她说：“当你让我假想一个身份时，我非常地痛苦。因为我的丈夫在去年因为一场车祸去世了，我一直很难接受这一事实，直到此刻仍然是这样。”另一位被催眠者假想变成了一位她很害怕的人：“变成那个人，那张脸让我十分害怕。我有一种被困在他体内的感觉，那感觉实在太可怕了。”也有一些被催眠者声称假想成他们喜爱或尊敬的人，并且认为这一体验是一种个人十分值得的经历。例如，一位假想成他一位朋友的被催眠者说道：“她是我喜欢并且希望她也喜欢我的人。我感觉好像正坐在她身边，感受到一种和她一样的信任的气息。”

在假装被催眠的被试中，没有人报告说假想成为一个对他有个人意义的人，并且一般情况表明，他们假想的人是对他们而言比较熟悉的人。

4. 返童记忆

相似的过程在被试的返童记忆体验中也很明显，在此过程中，被催眠者对其催眠体验的个性化程度是很明显的。一些被催眠者报告的对过去事件的体验表现出高度的个人特点，而不是逐字地按照催眠师的建议体验五年级时的事情。例如，一位被催眠者说道：“我尝试去想一些五年级时的事情，但我却选择了六年级。”被催眠者有时看到了自己在退行体验中的反常，并且如此评述道：“当我再次回到五年级时，我觉得很搞笑，我是那么的畏缩。但不知怎么的我好像一直没法达到目标。我感到自己很渺小，但我知道其实我并不是。”

一般说来，假装催眠者仅仅报告说他们在学校参加一项他们老师所布置的任务。例如，一位假装者报告说他在学校背诵法语单词；另一位则简单地说她在学校里写她的名字。

5. 催眠梦

对于催眠梦的体验，一位被催眠者报告了一种消极的反应，那就是她变得“头昏眼花，并且梦到她在不停地转来转去，并且感到这种旋转停不下来”。另一位被催眠者报告说：“我觉得我的梦很好笑。我看到台上的催眠师，我感到很愤怒，同时也觉得很好笑。我为他对我们所做的事感到很愤怒。”这位被催眠者的梦很明显是与催眠师的暗示一致的，但他也为他看到的那种以娱乐为目的的不恰当的催眠的使用加入了个人的解释。

假装被催眠的被试在他们的催眠梦的报告中又一次表现出更多的拘束。例如，一位被催眠者说道："当进入梦境中时，我梦到我正在被催眠，而且椅子是如此的温暖。那张椅子的温暖在整个梦境中是最主要的事情。"

6. 幻觉

个性化的特点在被催眠者对蚊子幻觉测试的描述中同样明显。例如，一位被催眠者这样说道："我没有感觉到蚊子在我的手上，它在我的手臂上，而且很令人讨厌。我也因为它停在了错误的地方而感到很烦。"有些类似的是，被催眠者对于催眠暗示的部分回应，在一名被催眠者的报告中得到突出体现："当你提到蚊子的时候，我看不到那只蚊子，并且当你告诉我它停在我的手上时，我并没有感觉到它，但我开始能听到它的声音。它好像就在空中，我能听到它的嗡嗡声。"被催眠者对于蚊子幻觉测试的反应同样证明了无意识状态的存在。例如，一位被催眠者报告说他"正在努力试着听到蚊子的声音，但是不能完全听到，当他的手对蚊子做出反应时他感到很惊讶"。

假装被催眠者的报告则同催眠师给的暗示原文一致得多，有些人这样说："那只蚊子叮了我的手。""那只蚊子停在这了，但它没有咬我。""有一只蚊子停在我手上了，它想要叮我，所以我把它挥跑了。""蚊子停在了我的手上，但是我还没抓到它它就飞走了。"

总之，研究者在被催眠者和假装催眠者身上进行了基于经验分析法的幻觉重现，这一应用为对不同的催眠和未被催眠者群体采取干预手段提供了信息。结果清楚地表明，使用对催眠事件的幻觉重现，而不是录像带的方式，这种对体验分析法所做的改进在临床上十分有用，它为有关回溯体验的案例研究以及真催眠与假催眠者的重要区分提供了有意义的信息。

五、结构化研究与非结构化研究

长期以来，在对催眠现象的研究中，存在着结构化与非结构化研究孰优孰劣的争论。一些临床医生和研究者出于对催眠中具体事件次数关注的特殊需要，喜欢使用更具结构性的技术，但也有学者对此种方法提出了批评。我们现在来讨论在这两种探寻方法所提供的数据下隐含的逻辑。

体验分析法基本的关注点在于，检验可被催眠的受术者对催眠现象反应的个别差异。一些研究者将体验分析法发展成为一种相对非结构性、非指向性的探寻方法，目的是使被催眠者能最少地受实验者提供的线索影响，而能够更好地表达出自我。这一方式的逻辑是基于这样一种认识：被催眠者只有在他们被实验者问到一个直接的问题时才能够表达，而这个问题很可能包含了实验者所希望的内容，却不能引导出那些对于理解真正起作用的现象和过程有用的信息。也就是说，当被催眠者仅仅回答指示性的问题，可能会得到一些相关的有用信息。然而，不得不承认的是，当被催眠者被允许自由报告时，也会出现大量不相关的无用信息。但是，当被催眠者被允许进行自由的报告，实验者也许就能得到从长远看来是无穷无尽且更有价值的信息。

例如，不是所有的受术者都会为催眠测试自愿提供自己的主观经验和认知过程的每一个方面。因此，可以说在一个结构性的模式中，一些情境中的被催眠者应该被有系统地提问。劳伦斯（Laurence）在一次对高度易感被试进行认知模式的细节分析中，使用了下面一种改良的体验分析法。

具体说来，劳伦斯对体验分析法进行了一种结构性的调整，以此为基础，用一种指令性的探寻方法来了解一小部分高度敏感者的催眠经历。被试都接受了一系列困难的催眠项目，并遵循催眠会话的要求，一位单独的实验者使用结构性的体验分析技术对被试进行询问。在观察到特定的催眠事件时，询问者会控制录像带的重放，并且直接向受术者提问从而保持结构性。通过这种方式，有可能获得催眠测试各个方面的标准化的访谈数据，而这些数据都与研究中的问题有关。用这种体验分析法会得到一个分数，从而了解受术者是利用认知来回答还是无意识地回答。

劳伦斯的受术者通常会指出，在评述相关的材料时受到了询问者的限制，在这种情况下，相关并且重要的信息很可能就丢失了。

劳伦斯发现大部分复杂的被催眠者的经历之所以流失是因为结构性的询问，这一方法限制了对有关特定维度的问题的分析。也就是说，尽管使用大量因素来解释高易感受术者的回答，当体验分析技术使用一种结构性的范式时，其中的许多影响因子还是会流失，因为此时关注点仅仅在于获得与研究者兴趣有直接关系的维度中的完整数据。

总体来说，劳伦斯在结构适当的体验分析法运用中得出的数据表明了催眠高度易感受术者的体验的丰富性和多样性。询问会话中强加的结构多少对受术者将要报告的自我体验有某种程度的约束作用。如果只靠所谓标准化的结构性研究，那么许多现有的发现都会被忽视。

当然，关注行为表现的结构性的评估模式确实对受术者的催眠反应提供了重要信息。实际上，严谨、系统的询问技术的应用对受术者的个人经验的探寻是很敏锐的，这种应用将会为更好地解释催眠现象提供精确的数据资料。不管怎么样，劳伦斯得到的数据与严格审查之下的概念直接相关，并且表明只要认识到这种方法的局限性，结构性探寻还是很有价值的。

六、体验分析技术变式应用举例

（一）案例一

在现实环境与催眠师提供的联想事件相冲突的时候，为了探索受术者的体验以及冲突解决的方式，希恩用常规EAT的变式作为工具去探索受术者在其经历联想时对不同真实情景和暗示事件的现实意识。

特别需要指出的是，研究者选择的受术者都是催眠感受性比较高的。被试先被希恩诱导进入催眠状态，然后做联想暗示。

实验程序如下：

在催眠师对受术者下指令时，有两个其他人员在实验房间。一个叫凯文（Kevin）的人正在操作放在受术者面前的摄像机，另一个人叫肯恩（Ken），坐在受术者前面右边的椅子上。很重要的是受术者与凯文相熟（在其他催眠环节中曾与她在一起），但是她与肯恩是第一次见面，而且允许肯恩观察自己的催眠实验。特别的联想暗示是当她睁开眼睛的时候她可以看到肯恩操作摄像机，凯文坐在椅子上面。然后要求她描述哪个人是凯文，哪个人是肯恩。催眠指导语和联想实验的细节记录如下。

催眠诱导语：

催眠师：请看这些钥匙，你曾经见过它们。你看着它们并且很专注，持续看它们，看着它们。在你看着它们的时候你的眼睛渐渐地觉得累，它们将会很累并且闭住，就像它们很累一样，让放松的感觉遍布你的全身。当我开始数数的时候你的眼睛变得疲惫；你的眼睛将会很疲惫，很累，它们将要闭住。看这些钥匙，当你累的时候请闭住你的眼睛；1，2，越来越疲惫，3，越来越疲惫。所有的疲惫和放松遍布你的全身，让你进入到非常放松的状态；4，5，现在很好，很舒服。现在你去想象你在一块地毯上面，向前或向后地移动着，这是一个愉快的体验，这是一个享受的体验。你在地毯上面，向前或向后地移动着，随着我从1数到10，你将会进入到很深的放松状态，向前或向后地移动着，很愉快，很舒适，向前或向后地移动着，越来越放松。放松将会延续到你的手，你的腿，你的身体，越来越放松，越来越放松。6，向前或向后地移动着，越来越放松。7，8，越来越放松。马上你会被催眠，在数到10的时候会沉沉地进入催眠，9，10，现在深深地催眠。请注意听我说什么，把你的注意力放在我让你联想的事物上面。在沉沉的放松的状态下，你将会体验很多事情。当我要求你睁开眼睛时，你将会看到、听到和体验到我让你体验的事物。

联想实验：

催眠师：一会儿我将让你睁开你的眼睛，而且我会让你看到一个相机。你将会看到某人站在那里，那个人是肯恩，你刚才看见的。在左边操作相机的是肯恩，你刚才看见过他。在右边椅子上面坐着的是另外一个人凯文，你对他很熟悉。肯恩在左边操作相机，凯文在右边坐在椅子上。当我让你睁开眼睛时，你将会看到肯恩在操作相机，凯文坐在椅子上。现在我让你告诉我你看到了什么以及你的体会，当你看到他们的时候，睁开你的眼睛，看向前方（受术者睁开眼睛并且看向前面的相机)。谁在操作相机?

受术者：你好！肯恩。

催眠师：谁坐在椅子上?（受术者将她的眼睛移动到右边的椅子上)

受术者：凯文。

催眠师：那是凯文。你想问他什么问题吗?你有什么事情要跟他说，或者是继续放松?

受术者：不要忘记手表。

催眠师：不要忘记手表?为什么他不要忘记手表?

受术者：他知道，那正是我现在需要的手表。

催眠师：你之前让他给你带手表?

受术者：恩（点头)。

催眠师：你想让他记住?

受术者：恩（点头)。

催眠师：这很好。现在闭上你的眼睛并且放松。一会儿，我将会要求你再次睁开眼睛。当你这样做的时候，我让你看你前面的人，左边的人和右边的人。我将会要求你看凯文在右边，肯恩在左边。你之前看见过他们，他们依然在那里。然而你知道，凯文实际上是在左边，肯恩实际上是在右边。你不用其他的方式看见他们。让我们看看你是否看见凯文在右边，肯恩在左边，像之前一样，现在你知道的确有另一种方式。现在让我们看看，睁开你的眼睛，然后告诉我，你看到了什么。(受术者睁开眼睛并把眼睛移动到右边的椅子上。)

受术者：凯文。

催眠师：凯文，在哪?（受术者指向右边的椅子)。那么肯恩呢?（受术者将眼睛移动到相机前并且点头)。那是他们应该在的位置吗?

受术者：不是（笑)。

催眠师：不是?你能说得更详细一些吗?

受术者：就是那样的，肯恩在那里（指向相机)，但是凯文也在那里（继续看向相机)。

催眠师：你认为发生了什么?

受术者：(把眼睛移动到椅子上）不，那是凯文。

体验分析：

在变化受术者对现实内容的联想暗示实验中，研究者选择一种变化的 EAT 方法去探索受术者的催眠体验。详细的 EAT 过程和被试的报告如下。

催眠师：好，现在闭住你的眼睛，重新进入催眠状态。现在催眠。我想你为我做一些事情。你现在想我们刚才做过的事情，从我进入屋子让你看我的钥匙开始，一直想到现在。用你生动的想象，在你眼睛中看到整个画面，从开始到结束。像电影一样放映，就像电影一样。任何时候你想评论你的体验的时候，就可以停止电影。举起你的手指或者手去停止，让我知道你想要评论，然后我们可以交谈。你现在明白了吗？当我说“开始”，就让电影开始放映，就像真实发生一样，从开始到结束。当你想说的时候举起你的手指或者手。现在开始，让电影放映。

（被试举起手指）现在开始评论，发生了什么？

受术者：肯恩和我之前想象的不一样。

催眠师：那时你想什么？

受术者：我那时感到一个惊喜。他比我想的更好。

催眠师：其他的你想的事情呢？

受术者：只是那样也十分好，我不必担心。

催眠师：很好，你想让电影继续放映吗？（受术者点头）

受术者：（举起手指）你数得太快，我想我无法在地毯上移动，但是我做到了。

催眠师：你做到了，没有问题？

受术者：没有问题。

催眠师：当你移动的时候你想到什么？

受术者：（笑）。

催眠师：你想让什么事情发生吗？

受术者：不，我在惊讶你对我所说的。我体验我们正在做的，然后我就开始移动。在地毯上移动。有一会儿我听不到你的声音，我不知道你在说什么。

催眠师：你在那时的感觉是什么？

受术者：我不记得了。

催眠师：很好，你想让电影继续吗？（受术者点头）

受术者：（举手指）我有一点困惑。

催眠师：为什么有困惑？

受术者：一会儿他在左边，一会儿在右边，他不是真实的在那儿，当他不在那儿的时候，我不知道你最后说的是什么。我困惑了。

催眠师：当时你想什么？

受术者：我想“我的天啊，我不知道，谁应该在右边谁应该在左边”。

催眠师：你想我的要求是什么？

受术者：我不知道你在说什么。都在左边和右边，一些人在那儿，我也困惑，我不知道我看见什么，当我睁开眼睛的时候。

催眠师：你看到了什么？

受术者：我看到肯恩在右边，然后我看到凯文，他在那儿，那是对的。但是，肯恩真的是在操作相机吗？但是凯文在他后面，那儿有两个人。但是有一个坐在椅子上，那是凯文，我看到凯文。

催眠师：你看到这样的两个场景想到什么？

受术者：很有趣。

催眠师：让你觉得不同寻常？

受术者：不，我仅仅觉得有趣的是那儿有两个人，那儿有两个人。

催眠师：你觉得有趣的意思是什么？

受术者：（笑）有趣有趣。

催眠师：你的其他想法呢？

受术者：没有了。我想告诉凯文不要忘了手表。我之前忘了而且也许还会忘记。所以当你让我与他说话时，这件事情第一个冲进我的大脑。

催眠师：他将不会忘记。在那时你还有其他想说的吗？

受术者：不，我忘记了。

催眠师：你想让电影继续吗？（受术者点头）好，现在放映。

受术者：（举起手指）我非常的不容易，不容易。

催眠师：你想告诉我什么？

受术者：你没有把东西放回。

催眠师：你的意思是什么？没有把东西放回？我应该放回什么？

受术者：两个人，两个人。你应该把他们放回。我说放回他们，放回他们，但是你不听，那太可怕了。

催眠师：你认为我是忘记了吗？

受术者：为什么你不听我的？这是错的。

催眠师：为什么你在那时对我感到生气？

受术者：不知道，仅仅是觉得可怕。

催眠师：在那时你还有其他想法吗？

受术者：在地毯上快速地来回走，我不再喜欢。我想慢一点，但是这太快了。我不喜欢，我想跳下去。

催眠师：你必须跳下地毯，那让你担忧？

受术者：不，我喜欢，但是我一直在不停地说，放回去，但是你没有，你没有听。

催眠师：那让你很惊奇？

受术者：不。

催眠师：你想电影继续吗？或者你想告诉我更多的感受？

受术者：不，想让你听，我觉得很不容易。

催眠师：你想让电影继续吗？（受术者点头）好，现在放映。

受术者：(举起手指) 我现在觉得很好，我觉得很好，我的心不再跳得那么快了，我觉得很好。

催眠师：你现在觉得很好？还有其他的事情你想告诉我吗？

受术者：当我跳下地毯的时候，事情依然没有变对。

催眠师：你想我把他们放对？

受术者：事情依然很可笑。

催眠师：事情依然可笑，是吗？(受术者点头) 你想让我把他们放正确是吗？(受术者点头)。好，结束电影放映。让我把事情放正确。你回到地毯上面。回到地毯上面。前后移动。现在放松。我将会把地毯带到地上，你可以下来，轻轻地，舒适地，不用着急。前后移动。现在当我要求你睁开眼睛时，我想你看见凯文回到相机那里，事实是凯文在相机那里，肯恩依然坐在右手边。现在他们正常了。不再有困惑。回到正常。凯文在操作相机，肯恩在右边的椅子上坐着。睁开你的眼睛，凯文 (受术者看向前面的相机然后微笑) 在那里，肯恩 (受术者看向右边的椅子然后微笑) 在那里。闭上你的眼睛，在我将你叫醒之前，我将会从10数到1，地毯会降落。现在降落，10，9，现在降落，事情将会回到地毯在地上的时候，8，7，6，5，4，降落，就在那里，3，2，1。睁开你的眼睛，清醒了，动一动。现在你有什么感觉？

受术者：很好。

催眠师：你觉得放错了吗？

受术者：没有。

催眠师：有没有你不想说的事情，或者你对于今天我们所做的有什么评论？

受术者：恩，没有。

催眠师：没有？

受术者：没有。

催眠师：那是一个犹豫的没有 (受术者笑)。

受术者：我不知道。(受术者从前看到后，从左看到右) 在一些时候，事情看起来很不同，但是他们现在正确了。(笑)

催眠师：现在一切都对了？

受术者：是的 (笑)，一些时候我看见肯恩在那里 (指相机)，我想你大概是让他们变换，我看见肯恩在那里，但是凯文也在那里，在同一时间。

催眠师：你看见他们两个的原因？

受术者：我看见，我看见他们都在那里。我看见凯文 (指椅子) 在那里，我想，但是"我不知道"。

催眠师：现在所有的事情都好了吗？

受术者：是的。

催眠师：你还有其他想说的吗？

受术者：嗯，一些时候，我不知道什么时候，我感觉我的心跳，像疯了一样，我不知道什么时候，有一些时候。

催眠师：现在好了吗？

受术者：是的。

催眠师：很好。

案例讨论：

这个案例表现了受术者在不同联想暗示下的反应。在实验中，催眠师促进了受术者对于环境的现实意识，结果说明了受术者体验的个体化特征。对于这个受术者，尽管现实信息修改了，并且改动了她的体验的特征，但是没有过度地影响她的报告。例如，在对现实环境变换了之后，受术者看见联想的个体与现实换了一个模式，而且暗示的人同时出现在同一地点。受术者将现实信息合并进入了所有的刺激情境，并且通过认知加工去保持成功的催眠报告。

关于现实意识的研究很明确地阐明了，尽管有现实信息的影响，大多数催眠易感被试还是很主动地并且积极地去回答催眠师，他们认为这是应当的。

研究资料还说明，在催眠过程中，当受术者的现实意识与催眠师所给的暗示有冲突的时候，催眠意识的变化和认知的转移可以以个性化的方式发生。关于认知变化的研究显然是复杂的，这里不做详细讨论。

（二）案例二

在下面的案例中，研究者将体验分析技术中的幻觉回放作为观察返童现象中影响主观性和客观性反应的重要潜在因素的一种手段。

在进入深度催眠后，催眠师诱导受术者年龄回溯，以下是在返童现象中催眠师与受术者的对话，以及运用幻觉回放做体验分析的逐字记录。

催眠师：现在我想让你回想过去，过去，正好回到你5岁的时候，回想你正好5岁，再回想，回想你是一个很小的女孩子，并且回到你5岁，告诉我你看到的场景，现在是什么样的？

受术者：哦，我现在在幼儿园里，我带着我的洋娃娃——她穿着一件蓝色的裙子。

催眠师：你的洋娃娃叫什么名字？

受术者：她没有名字，她是我从姑妈家里拿来的。

催眠师：你姑姑叫什么名字？

受术者：哈兹尔，我想那是她给我从巴黎带过来的。

催眠师：她是你最喜欢的娃娃吗？

受术者：是呀，我把她带到幼儿园，因为他们告诉我，我可以带着一个娃娃。

催眠师：其他孩子都带着娃娃吗？

受术者：我不知道。

催眠师：你上幼儿园多久了？

受术者：从今年开始的。

催眠师：你从今年开始上学的。

受术者：是呀。

催眠师：这是哪一年？

受术者：我不是很清楚。

催眠师：你不清楚，好的，那你幼儿园放学后都去干什么了？

受术者：有时候和我妈妈去商店。

催眠师：你在商店买什么呢？

受术者：肉，我们在房子的后面玩耍，那里有一个大衣架。

催眠师：你和谁玩？

受术者：这个房子里其他的孩子，我和我的兄弟们住在二楼。

催眠师：他们叫什么名字？

受术者：维尼和尤瑟夫。

催眠师：他们都比你大吗？

受术者：不是的，他们比我小，我有时候把尤瑟夫放在小推车里，推着他四处走。

催眠师：谁是你最好的朋友？

受术者：在楼下住着一个女孩，她叫玛瑞尔，她比我大，但是我们经常一起玩，她有很多玩具，也有很多动画片。

催眠师：好了，现在回到更加小的时候，回到过去，回到你1岁的时候，现在你1岁了，告诉我你看到了什么？

受术者：嗯，这里没有任何人，只有我和妈妈，我们不是住在……我们住在一个特别的房子里，我不知道它看起来像什么。

催眠师：你和妈妈在干什么？

受术者：哦，没干什么。

催眠师：她和你说话了吗？

受术者：没有，我不知道。

催眠师：你能听见吗？

受术者：不能，我听不见，我可以看见她的脸，看见她，但是听不见她说什么。

催眠师：你现在多大了？

受术者：我不知道，我现在很小，我看见那个放着我的小推车了。

催眠师：小推车？

受术者：是呀，他们带我出来，把我放在小推车里，推着我四处转。

催眠师：你喜欢那个小推车吗？

受术者：喜欢。

催眠师：你现在知道吗，你不是 1 岁，事实是你现在在读大学，你知道吗？

受术者：嗯，知道。

催眠师：你多大了？

受术者：嗯，22。

催眠师：你还能看见那个小推车吗？

受术者：嗯嗯，我想还在那里。

催眠师：你宁愿在那里？

受术者：这需要一个很长的过程。

催眠师：你可以同时处于两个环境中。

受术者：当我在这里的时候我可以看到那里的场景。

催眠师：好的，现在回到那里，回到小推车里，回到你 1 岁的时候，你回去了吗？

受术者：嗯嗯。

催眠师：好的，享受一下，现在我想让你快快长大回来，回到 22 岁，回到大学，现在你多大了？

受术者：嗯，22。

催眠师：嗯，好的，现在仔细听，你要高度地放松，深深地催眠，我想让你帮我做点事，我想让你回想我们所做的一切，一切我们所做的事情，去看它重新发生一遍，观察你头脑中发生的一切，让所有的部分在你头脑中扫过，就像看一部电影一样，在观看过程中，可以在你想评论你的经历的任何地方停止，让这部电影迅速穿过你的头脑，然后告诉我任何你想告诉我的事情，当你想停下电影时，只要将你的右手食指竖起来就行了。好的，现在让这些场景滚动开始吧。

受术者：当你说让我变得更小的时候，我好像陷得很深，我能感觉到。

催眠师：当你变得越来越小的时候，陷得越来越深的时候，你是什么感觉呢？

受术者：哦，就像我去了某个地方，去了一个我不知道的地方，去了一个我不知道的地方，只是走着，感觉一种身体陷在里面的感觉。

催眠师：你有没有觉得是你自己独自在那里呢？

受术者：我想让你一直和我交谈，这样我就不是孤单单地在那里了。

催眠师：好的，知道了。现在让记忆滚动吧。

受术者：我想回到我 5 岁的时候，因为那个时候的事情我记得比较多。

催眠师：是在幼儿园的时候。

受术者：嗯，在后花园玩呢。

催眠师：你想告诉我什么，那里有什么其他的东西吗？

受术者：我可以看到一座房子，可以看到它的样子，我，妈妈，还有其他的孩子在游泳。

催眠师：好的，让电影滚动起来。

受术者：现在有一个大的跨度，从5岁到1岁，我只是有点一跃从5岁到1岁，在这中间我没什么可以连接的东西，就像3岁时，我从那里想不到任何东西，在5岁之前，我得不到任何清晰的图像。

催眠师：好的，现在让这部电影缓慢地从你脑海中划过。

受术者：我看不到任何东西，我看不到任何清晰的图像，从我5岁那时候得到的也一样，甚至看不到他们，真的不是很好。

催眠师：在你1岁的时候，有什么想法闪过你的头脑呢？

受术者：我一直在想我的妈妈，一直在看着她。

催眠师：你能听见她说什么吗？

受术者：没有，她没说什么，然后我不得不又回到这里，变大，其实这很难，我努力挣扎着并且试着走开，因为我感觉自己好像还在那里，但是我不得不告诉你，啊，我现在多大，但是我的一部分还留在那里呢。

催眠师：当你的其他部分回来的时候，你感觉怎么样呢？

受术者：那感觉起来不像真的，我的意思是，我知道我的年纪，我也知道我坐在这个房间内，但是我不能想到这个大学，或者关于我现在这个年龄的任何东西。仅仅是我很少的一部分回来了，告诉你，你知道的，我22岁，并且知道我回来了。

催眠师：这部分想回到其他部分，1岁的时候？

受术者：是呀！在第二次我回来的时候，我留下了所有的事情，并且回来了，你知道的，我全部都刚回来了。

催眠师：第一次关于你的部分回来了，第二次全部的你都回来了，这两者有什么区别吗？

受术者：好的，第一次，我仍然会有关于过去的一些图像，并且我可以看到它们，感觉我好像就在那里，但是第二次，我只是有点留下了，很快就忘记了，我想的是我现在坐在这里。

催眠师：是不是我说的话让这两次不同呢？

受术者：第二次，我可以慢慢地回来，还可以想想，但是第一次，我不得不思维跳跃地回来。

催眠师：所以第一次你不得不很快地回答我的问题了。

受术者：是的。

催眠师：第二次，你可以慢慢地回来。

受术者：是的。

催眠师：好的，让影片在你头脑中更快地滚动起来吧。

受术者：我看不到任何东西，所有的都结束了。

催眠师：结束了，好的，完全地放松，放松，完全地放松，电影现在结束了。

案例讨论：

该个案体验分析的资料显示出这个催眠感受性很高的受术者的催眠反应的微妙影响因素。在这个例子中，通过幻觉回放的体验分析，受术者的意识的混合水平得到了证实。当催眠师要求受术者回溯童年经历时，这种过去与现实的混合认知似乎特别活跃。这些都说明了在研究对象的返童经历中，受术者对于现实影响的高度敏感性。该案例再次证明，在返童经历中，受术者的情感参与程度，以及她与催眠师保持协调的水平，都对她的返童现象中形成对催眠师指示的反应有重要的影响。

第四节　一个催眠研究案例

澳大利亚心理学家希恩和麦康基（1996）在《催眠与体验：现象与过程探讨》（*Hypnosis and Experience*：*The Exploration of Phenomena and Process*）一书中报告了他们对一个具有高催眠感受性的女被试所做研究的详细过程。这个案例研究证实了特殊和非凡的想象力天赋在催眠中的作用。

一、被试 F 的几次催眠体验

在希恩举办的一次催眠工作坊中，被试 F 受邀请，志愿做催眠演示的受术者。做催眠示范的是一位短期访问的催眠师，催眠师首先对她进行了一系列常规催眠测试，包括手臂漂浮、手臂僵硬、年龄回溯和记忆丧失。催眠的引导是从常规的放松——眼皮闭合开始的，之后，催眠师边数数，边让被试想象宁静、放松的场景，把她带入深度催眠。在这一阶段的催眠中，被试显示了她的高感受性。她可以成功地对所有催眠测试任务给予明显的反应，而且做出这些反应毫无困难。例如，她证实了催眠理论中非常典型的年龄回溯反应。当退回到童年时，她一下就进入德语状态。她小时候生长在德国，年龄回溯后她说着流利的德语，同时能很好地理解催眠师用英语所做的指示和提出的问题。

后来，F 又参加了另一个工作坊。案例的故事起始于在参加了第一个工作坊后 14 个月时，被试 F 来见希恩。她很担心催眠的后果或者是后遗症，因此想完整地描述一下她的感受。当时，她对参加第二个工作坊的催眠引导产生的反应有一些困惑，第二个工作坊距她参加第一个工作坊已经有好几个月了，在第二个工作坊中她参加的是痛觉缺失实验。

她这次来找希恩谈她的感受完全是自发的、主动的。希恩也弄不清楚哪儿出了问题，在被试对自己体验的描述中，是什么引人入胜的因素导致了她的持久性反应。在听完被试的叙述之后，希恩请求被试F将自己的体验尽可能详细地写下来，这给进一步研究被试的持久性反应打下了良好的基础。下面是被试对催眠反应的详细描述。

我的第一次催眠体验是有一天，我在心理学院看到一个“招募催眠实验被试”的通知。我的好奇心被唤醒了，我决定去看个究竟，但是，我去得晚了，错过了对催眠感受性测试的 HGSHS 磁带的介绍。由于对催眠的误解，我决定抵抗暗示。然而，这并不是件易事。我经常发现，自己一听到那个声音，就会难以抵抗。就像是我自己身体的一部分被那个声音带走了，并且想任其发展，按照那个声音的指示去做。我必须时刻提醒自己“我不会被催眠，我要抵抗”。到最后，我就困惑了，我被催眠了吗？我如何报告呢？我判定我没有被催眠，可实际上完全相反！令我吃惊的是，我后来被告知，我在 12 分满分的 HGSHS 测试里得了 9 分。

我后来的一次体验是在将近四年以后了。当时，我是无意中被你们的催眠工作坊邀请做催眠演示的。这次，我决定配合催眠师，任其发展。与上次相似的是，我又被催眠师的声音带走了，不同的是，这次我没有抵抗，而是在脑海中不断重复催眠师的话。他把我带到一片沙滩上，距离水有 20 级台阶，我们边数数，边往下走。我可以清楚地看到画面，就像我真的到了那儿一样。我喜欢待在那儿，那儿温暖、祥和，但是，我没有注意到，他是什么时候把我从沙滩带走，并把我带到我的校园生活的。回到童年时是很有趣的，就像是在观看一部快速播放的电影，年轮流过，我其实看不清楚任何画面。但是只要他说停下来，就可以停下来。

之后，催眠师告诉我，他将会和观众说话，但这并不会影响到我。结果真是那样。我意识到他和观众在谈论我，但我感觉自己与他们完全隔离，他们的谈论并没有影响到我。

我感到非常轻松，并且非常享受这一过程。因此，当催眠师说他准备数数，并带我回来时，我感到很沮丧，我真的不想回来。我记得我当时在想：这太不公平了，他本来说的是要做 30 分钟左右，可是才几分钟，他就要结束催眠了。他只是在简单地数数，我感到很不满意。我内心的一切在向他喊：“不，你不能那么做，你必须把我带到沙滩上。”随着他的数数，我变得越来越焦虑，我想要再次走到沙滩的台阶上。我不停地在想：为什么不把我带回沙滩和台阶上？我内心剧烈翻腾着。然而，我后来看到录像后非常震惊，我当时一点也没有表现出内心的抗争，我看到我静静地坐在那儿。

在那一次后的几周内，我脑海中会毫无缘由地闪现沙滩的画面，我内心有一种强烈的愿望想回到台阶上，虽然那种感觉和画面只会停留几秒，但却非常强烈。甚至在一年多后，我仍然有渴望回到台阶上的感觉。现在，这种感觉没有那么频繁，也没那么强烈了，而且我可以从理智上消除它，但是，它确实一直存在着。我曾经尝试走上那段阶梯，并且真的能非常成功，但是下次想象时，我总是还待在台阶底部！

八个月之后，我参加了另一个催眠工作坊。在这里，参加者是分小组体验痛觉缺失技术的。经过一个基础测试、一段简单导引和一次特殊技术处理后，一个人的胳膊放进一个装有冰水的木桶里，通过自我体验，给自己评估，在1—10分中自己的痛苦程度和承受度是多少。给我做催眠的人用简短的放松引导和痛觉缺失暗示将我催眠。这次，我没有像上次那样感觉与大家隔离开，我能意识到一切。实际上，我记得我当时在想：我绝对忍受不了那么冷的冰水，那会伤害我的。而后，我的胳膊变得麻木了，随着每一次的敲击，我感到胳膊越来越麻木。后来，我几乎感觉不到他的手碰我了。当他把我的胳膊放进水中时，我在想：天啊，开始了，我肯定会受不了的。但是，让我吃惊的是，我没有任何不适，后来，过了一小会儿，我感到手有点疼，但是胳膊一点也不疼，或许只是我感觉不到。而后，据我所记，催眠师简单地告诉我让我醒过来。我有点不知所措。我知道我清醒了，但是，总感觉哪里不对，我的胳膊还是感觉麻木。我记得我说："你对我的胳膊做了什么？它怎么还麻木着。"经过一次简短的小组讨论后，我决定让催眠者再次将我催眠，并且取消暗示。催眠者让我放松，我再次被催眠了，催眠师说当我再次醒来时，胳膊就会恢复正常。

但是，首先，我觉得我第二次根本没有被催眠，我感觉时间太短了。其次，他这次并没有碰我的胳膊。他只是简单地说，我的胳膊会恢复正常。但是，当他引导我进入麻木状态时，他边说，边敲我的胳膊，我的胳膊就会变得越来越麻木。不管什么原因，当我睁开眼睛时，胳膊仍然感觉麻木。虽然不严重，但是的确能感觉麻木。因为不想太生气，便想，或许是因为冰水让我的胳膊麻木的，我决定不再说什么，在后来的工作坊休息时，我一直在搓胳膊，想着：这会麻多久啊，冰水导致麻木的话，现在应该好了吧。

第二天，我感觉稍微好点了，但麻木的感觉仍然在困扰我，就像是我体内有一个声音在提醒我，"我的胳膊麻了"，而后，我就真的麻了一样。在经过36小时后，我的胳膊仍然麻着。我开始真的苦恼了。我试图理智地说服自己，比如"你疯了吧，你的胳膊感觉不到麻木，你知道的，你太敏感了。他只不过是敲了几下，怎么能让你的胳膊麻了呢？你只是在幻想，这都是你脑子里想的而已。"有趣的是，我很赞同这一点，并且可以明白这种逻辑，但我的胳膊还是觉得麻。

就像是我身体的一部分负责麻木感，它注意不到我的推理，或者根本不想听我的。

48小时后，我仍在和自己斗争。甚至在开车的时候都这样——我想把胳膊放在车窗上，让它休息一下，因为我觉得胳膊抓着方向盘又麻、又重——我觉得我受够了。不管是幻觉还是现实，我都不会再忍了。然而，我不想让自己看起来很傻，于是直接去找工作坊的负责人，并向他吐露秘密，他答应帮我消除麻木。在经过一段引导后，他把我带到了上次参加工作坊的那一天，并且暗示说，那儿有两个桶，一个是冰水桶，一个是装着温暖、有镇静作用的水的桶。然后，他告诉我，他将会把我的胳膊从冰水中拿出来，然后放到另外一只桶里，当我放进去后，温暖的水会让我恢复感觉，我的胳膊会感到温暖、舒适，就像我平常所感觉的那样。这次体验非常真实，我可以看清房间和里面的人，可以感觉到温暖的水，麻木的感觉从胳膊消失。当我把胳膊从桶里取出来时，我感觉很好，我的胳膊再也不麻了。催眠者倒数着数把我唤醒。这时，发生了一件不可思议的事情，我"看到"房间和房间里的人们的影像都叠映在墙上，我无法相信我的双眼，使劲儿眨了眨，但是图像还在。我能清楚地看到白色的瓷砖，我知道我在哪儿，我是清醒的，但是，我能看到工作坊的房间和人们就在那个墙上。就像是我，至少是我的一部分仍在那个屋里。这是最神奇的。当我告诉催眠者后，他又再一次将我带入催眠状态，他告诉我，我正在离开工作坊的房间，当我睁开眼睛后，所有的一切都恢复了正常，影像消失了，那儿只有一面白墙。

我很高兴，一切都顺利解决了，但是自从那天后，还有一些额外的东西一直伴随着我。当我想到，自己回到那间工作坊时，我知道那儿只有一只桶——冰水桶。而当我把那天的情景可视化了之后，我能"看到"两只桶——一只冰水桶，一只温水桶。在某种程度上，我知道真正发生了什么，而在某种程度上，我不知道。我身体的一部分被蒙蔽了，我有种感觉，我没法接触这部分，身体的两部分无法合一了。

二、对被试F催眠体验的分析

很明显，被试F对催眠有着非常高的感受性，第一次给她做催眠敏感度测试的小组远远低估了她接受催眠的能力和潜力。她完整的报告更强有力地论证了想象过程和催眠的特殊相关性。虽然我们不知道被试的想象力是否在催眠状态和清醒状态都起作用，然而，可以确信的是，这种催眠环境以一种独特的方式整合了她所有的能力。

应该说，一开始，被视F就对心理学比较了解，并且对催眠反应行为有一些特殊的期待和先入为主的概念，这些很可能影响了她在催眠表现中的细节。然而，她并不知道催眠暗示效果的持久性，并且在催眠相关书籍中也没有记载。在这种意义上，我们可以将她的催眠体验视为一种与预期截然相反的现象（Evans，1968）。

被视F的催眠反应特征，有很多都不是来自催眠师的引导，尽管她表现出来的特征与催眠师要求她执行的任务并不冲突。例如，在被试F清晰的报告中，虽然没经过催眠师暗示，她仍表现出了一些在催眠中极其罕见的特征，并且通常在催眠高敏感度被试中也属于特异反应（Orne，1959；Sheehan，1977）。然而，这个被试最独特的行为反应特征是暗示效果的持久性。催眠师指引她下台阶去体验更深层的催眠，体验痛觉缺失，她都在催眠结束后持续了很长时间。在上述的两个工作坊中，虽然催眠师按通常可以去除暗示效果的方法引导了被试F，但她的催眠的暗示影响还是保持了很久。催眠师引起了被试的想象和幻觉，并且使结果持续很久。为了应对和去除暗示效果，催眠师就需要知道到底在催眠中，被试发生了什么事情。

最开始那位催眠师用一种常规的方式唤醒了被试F，但是没有把她带回到台阶上。希恩在14个月后再次催眠了她，并且在想象中把她带回原来的台阶，并且上来了。之前，她自己已经下去过，她渴望能够从台阶的底部上去。这次的催眠引导没有留下任何后遗症，当被试F从台阶上上来后，她感到非常舒服，非常放松。被试的紧张感消失了，暗示效果的后遗症也不再持续。

催眠体验的传统调查方法，并不能探析到更深层的与被试的个体反应特征有显著相关的信息。在第二个工作坊的小组讨论中，被试F对更深层的催眠做出了反应，在这其中，出现了异乎寻常的催眠持久性事件。但是催眠师并没有意识到这些特点，这时就出现了明显的冲突。当意识到这种矛盾的存在时，人们对于问题产生的原因就会产生极大的困惑。

EAT技术的应用解释了这种困惑，并且为被试正在经历的窘境提供了可能的解决方案。EAT在这一方面的程序区别于传统的方法，解决了同时存在于催眠师和被试的一个特殊的窘境。

在第二个工作坊中，为了制作一个催眠的录像带，对F的整个催眠过程被录了下来。通过催眠体验分析发现，催眠师无意中传达了一个关于催眠反应的特殊信息，这种无意中的暗示是，除非被试F看到了催眠师的催眠要点，否则她就不会被催眠。然而催眠师并没有意识到他给了被试这个暗示。而且，个案经历解决这一问题是基于这样一个事实：即使被试自己希望被催眠，她也不会被其他催眠师催眠。事件的记录使我们不得不承认：被试有着很好的催眠天赋，然而，如果不给她适当的暗示，并且消除先前暗示的影响，这一天赋就不会起作用。

问题产生于一个催眠阶段，这一阶段包括两个标准催眠项目的实施。诱发催眠的引导语是常规的，诱导的信号是被试瞥见了催眠师的指令要点，这一刺激在之前的其他场合（结合其他的一些刺激）被用于诱发催眠，对于被试F来说又快又简单。紧跟诱导，催眠师对她进行了胳膊下降和幻觉测验，在把她叫醒之前，催眠师给了她这样一个暗示：当她看到任何的催眠指示要点后，她都不会被催眠，即她不会被任何简单地想催眠她的人催眠。这一指示，是为了向被试传达一个信息：对于任何想要催眠她的人，要变得谨慎一点。然而，被试F把这一暗示理解为，除非她看到了催眠师的催眠要点，而且除非是这个催眠师本人才行。被试的反应是刻板的，而且误解了催眠师所传递的信息。催眠师也带着一个错误的信念结束了催眠，他认为，所有的暗示效应都被消除了，这一阶段发生的所有事情都没有对被试造成影响。通过后来的事件来看，这显然是错误的。

两周之后，被试F又参加了一个工作坊的催眠。在那儿，分别由不同催眠师尝试着对她进行了两次催眠。两次诱导都完全失败了，被试F开始关注到她无法体验催眠的事实；更严重的是，她无法理解自己突然丧失反应的原因。在这个工作坊里，对她进行的所有的催眠尝试都没能成功。被试知道肯定是哪里不对劲了，她向希恩表达了她的担忧。在这个阶段，我们无法提供任何解释，对于被试在催眠中表现的无能，我们也很困惑，而在此之前，她展示了在催眠上惊人的天赋和能力。

然而，她对上次那个催眠师最后是如何去除暗示，并且给她提示，让她对催眠要小心谨慎，她不知不觉中全忘了。对于最后那一部分的完全失忆，显然是未经触动的，被试F自己并没有意识到催眠师在最后进行的暗示。这就使得她对目前的体验感到困惑了。同时，她参加了一次谈话，她说希恩在一次报告中提到，易受催眠影响的人容易入睡。可她开始发现自己有了睡眠问题了——而这一难题她从未经历过。而后，她进一步说，自从上次催眠后，她入睡变得困难了。

此时，希恩作为研究者通过让她观看之前的录像，来探索她的反应。通过这种方法，她应该能够觉察到在催眠师的最后暗示之前发生的事件，这样来帮助研究者寻找她体验的压力的原因到底在哪儿。

从前面阶段的录像中，研究者首次获得了被试F的反应资料。让被试F回忆在催眠师最后暗示之前发生的事情非常有用，这将会刺激她对已经忘记的材料的记忆。这次，被试F变得不安。在工作坊的两次催眠引导都失败了，而且，她不能体验到自我催眠了。她说，她现在第一次知道了催眠和没有催眠的区别，也开始明白了被催眠和放松的区别。

当播放录像时，研究者明白了催眠师的指导语与被试经历的困惑之间的显著关系，当指导语第一次呈现在屏幕上时，她感到与她在工作坊同样的感受——心神不宁和焦虑，当催眠师开始说的时候（录像里），并且他把指导语拿走后，不安的感觉开始消失了。第二次，当被试F看到催眠师在叫醒她之前的指导语时，她说感觉不安。在录像结束后，被试F表示惊讶，然后问："就这些吗？这就是全过程？"她显然仍旧没有想起来最后一次的暗示是：当催眠师检查了所有的暗示都消除了，并最后一次呈现了他的指导语后，暗示她应该小心任何试图催眠她的人。

这时，希恩试图再次去催眠被试 F，就像之前在其他场合所做的那样。希恩用了标准的眼皮闭合技术，但是失败了。另外两个催眠师用别的方法所做的进一步尝试也失败了。被试报告说，催眠师越谈论催眠，她越觉得焦虑和不安。考虑到过去，希恩曾将被试催眠到最深水平，她现在对进入催眠的无能感到震惊。研究者先后尝试了六种以上不同的方法，其中两个是其他催眠师做的，有几个是被试自我催眠。另外三个是希恩亲自做的。所有这些尝试都没有成功。

催眠师问被试，问题是否与指导语有关时，她回答说："指导语？和这个有什么关系？"希恩拿出他的指导语，要求被试盯着看，催眠马上发生了。被试对指导语的快速反应验证了这个假设，即被试在上次催眠的最后，把催眠师的指令误解为，只有当催眠师亲自用指导语引导她进入催眠时，她才会被催眠。这一无意的暗示制造出了这么大的效应，且对其他方式的诱导都造成了持续性障碍。

然而，造成个体焦虑的原因还是不明确，于是研究者引进 EAT 技术来澄清这一难题。为了实验目的，希恩采用了一项经过改进的 EAT 技术，请求被试回想上次的重要事件，并且告诉了她关于 EAT 的技术，目的是为了澄清为什么被试对上次催眠的最后发生的事件选择了遗忘。引起幻觉的 EAT 揭示了问题的实质。在催眠的最后，催眠师创建了一个暗示，这是一个积极的幻觉，包括了被试的一个朋友。催眠的取消是催眠师要求被试睁开双眼，并报告，她看见她的朋友不坐在椅子上了。她照做了，然后催眠师就暗示说，此时所有暗示不再有效。

然后，催眠师抓紧机会，明确地暗示被试，只要她愿意，她可以被其他催眠师催眠。所有关于指导语的那部分都被省略掉了，重点是被试只要想被催眠，在未来的任何时候、任何地点，她都会被催眠。

这个案例以一种非常戏剧性的方式说明，催眠反应中没有被暗示的特征，也可以出现在催眠过程中。对于被试 F 来说，幻觉的影响仍有一部分在起作用。结果，被试制造的冲突被她自己无意中解决了，通过她自发的失忆，帮助她缓解了焦虑，由于她不得不承认她朋友在那儿，而实际上她并不在。但是同时，也阻碍了被试去解决冲突，因为后来的事件就源于这种失忆。由于一个无意中的暗示，即只有第一位催眠师可以催眠被试，且必须用一种特殊的方式，这个暗示还在持续地起作用，使情况变得复杂。

希恩对幻觉 EAT 在分离出问题和提出解决方法上的效果进行了两次有效性检验。首先，紧随这一阶段，把被试 F 介绍给第二位研究者麦康基。麦康基用了一个标准的催眠方法——眼皮闭合技术，来诱导被试进入催眠。此时，由于是冲突解决后的第一次催眠，诱导非常容易，被试进入了深度催眠状态。其次，在四天之后，被试 F 主动报告，她会比以前更早睡觉。研究者故意没有做任何尝试来解决这个问题，只解释说，这是冲突的残留后果，如果那个冲突能够成功解决，睡眠问题将会消失。后来，被试报告说，她的睡眠恢复正常，她在数月以来，第一次感到轻松、舒适。从那以后，她再也没有报告过睡眠问题。被试在经历了多次催眠障碍后能够重新进入催眠了，在经历了长期的失眠困扰之后能够安稳入睡了。

这个案例戏剧性地论证了无意中暗示的影响，和出乎意料的暗示效应的持久性。

在测试不同任务的条件和场合下，她的暗示效应持久性地表现出了一致。虽然被试的敏感性在某种意义上是明显的特异反应，并且不能被当成催眠行为中的普通案例，或者当成标准等级评估中的一种反应模式。

该项研究表明，那些具有高催眠敏感度的被试会采用非常复杂的方式对接受到的指示进行加工，这种暗示的效应仅限于一些高敏感度被试（Perry，1977）。在三个阶段中的每一步，那位催眠师都没有期望被试有任何持续的暗示效应。而且，催眠师采用的也都是一些通常被解释为所有可能的暗示效果都应该消除的指导语。事实是，没有任何明显的线索表明，催眠师以任何方式期待了被试的特异反应。

EAT 技术显示出自身在解释催眠现象上的独特优越性，并且能够促进对催眠反应和体验的全面理解。

【建议参考资料】

1. HAMMER A G，WALKER W L，DIMENT A D. A nonsuggested effect of trance induction［M］//FRANKEL F H，ZAMANSKY H S. Hypnosis at its bicentennial：Selected papers. New York：Plenum Publishing Corporation，1978.

2. CREBOLDER R J. A study of the utility of the experiential analysis technique as a subjective method of inquiry into hypnosis［M］//Unpublished honors thesis. Brisbane：University of Queensland，1980.

3. SALZMAN L K. A clinical modification of the experiential analysis technique［J］. Australian Journal of Clinical and Experimental Hypnosis，1982.

4. FROMM E，NASH M R. Contemporary hypnosis research［M］. New York：Guilford Press，1992.

5. SHEEHAN P W，MCCONKEY K M. Hypnosis and experience：The exploration of phenomena and process［M］. New York：Brunner/Mazel Publishers，1996.

6. HEAP M，BROWN R，OAKLEY D A. The highly hypnotizable person：Theoretical，experimental，and clinical issues［M］. London：Brunner-Routledge，2004.

7. BARABASZ A F，OLNESS K，BOLAND R，KAHN S. Medical hypnosis primer：Clinical and research evidence［M］. New York：Routledge/Taylor & Francis Group，2010.

8. ENEA V，DAFINOIU I. Flexibility in processing visual information：Effects of mood and hyp-

nosis [J]. International Journal of Clinical and Experimental Hypnosis, 2013, 61 (1): 55 - 70.

【问题与思考】

1. 催眠的传统研究方法是什么？它们有哪些优点和缺点？

2. 什么是体验分析技术？

3. 体验分析技术的实施步骤是怎样的？

4. 在对催眠现象的研究中，结构化研究与非结构化研究各有哪些优缺点？

5. 根据受术者不同认知风格类型，分析说明如果自己是一名受术者，将会有哪一种认知风格。

第八章 催眠师的职业素质与操守

【本章提要】

在心理治疗中何时使用催眠治疗？使用催眠治疗的目的何在？怎样通过催眠治疗达成治疗的目的？对于这些问题的思考和回答体现了一个催眠治疗师的专业素养和职业素质，这对于催眠治疗的效果至关重要。本章详细介绍了对催眠师的专业素质、人格素质的要求，并专门介绍了如何选择催眠师。有很多人从媒体看过或听他人说过催眠师利用受术者在催眠状态下对其进行伤害，这也是人们惧怕、排斥催眠，觉得催眠神秘的原因之一，同时这也提出了催眠治疗的道德和伦理问题。严格、明确的道德规范是保证催眠治疗效果的基础，它不仅有益于受术者，同样也有益于催眠师。本章第二节就重点介绍了催眠师的职业操守，详细解读了为什么必须尊重受术者的需要和价值观、遵守职业道德和相关法律以及如何规避催眠师的职业风险。

【学习重点】

1. 催眠师的专业素质
2. 催眠师的人格素质
3. 如何选择催眠师
4. 尊重受术者的需要和价值观
5. 遵守职业道德和相关法律
6. 如何规避催眠师的职业风险

【重要术语】

职业素质　道德规范　职业风险

第一节 催眠师的素质要求

根据我们在上一章探讨的体验分析技术的应用案例，受术者对催眠的易感性水平通常不足以解释他们在报告催眠体验时我们观察到的那些不同，察觉到这一点是很重要的。催眠师的水平和感染力最终也是催眠效果的一个重要的影响因素。研究表明，无论在年龄回溯还是幻觉反应中，受术者的情感卷入程度可能扮演重要角色，而受术者的情感卷入程度同他（她）与催眠师的关系密切程度有直接关系。后者又同催眠师的资质和能力密不可分。

在2012年10月26日第十一届全国人民代表大会常务委员会第二十九次会议通过的《中华人民共和国精神卫生法》第二十三条中明确指出，心理咨询人员应当提高业务素质，遵守执业规范，为社会公众提供专业化的心理咨询服务。

一、催眠师的专业素质

催眠师的专业水平、临床经验及人格特点、服务精神等都会影响催眠治疗的效果。

在发达国家，从事临床催眠工作的通常是下面几类专业人员：心理治疗师、咨询师，精神科医生，受过训练的护士、社工，牙科、妇产科医生（止痛、麻醉）。

相关的法律规定，没有受过系统催眠专业训练，没有通过专业机构认证并取得相应资格的人是不能做催眠工作的。

心理学、精神病学，特别是心理咨询与心理治疗的理论与方法，都是催眠师的必修课。

催眠既是一门学问，也是一门艺术。仅通过单纯的催眠理论学习并不能真正掌握催眠的技术，没有任何理论方法的学习可以取代实践练习。和其他任何技能一样，要实现有效催眠交流，必须经过严格训练。

要成为一名合格的催眠师，必须经常参加催眠培训，不断学习新理论，掌握新方法。

要通过自我催眠和他人催眠体验各种各样的催眠感受，接触各种各样的催眠现象。

可以组织催眠探索团队或小组，招募志愿者或让亲属朋友做受术者，也可以对着镜子或想象一个受术者坐在面前体验催眠交流过程（这是艾瑞克森用过的一种方法），反复练习，反复实践。

要经常与同事交流催眠经验，切磋催眠方法和感受，还要经常接受专家督导或同行相互督导，以不断自我探索，提高自己的专业水平。

二、催眠师的人格素质

催眠师的人格素质对催眠效果具有不可低估的影响，所有国内外的催眠大师无不具有超凡脱俗的人格魅力，艾瑞克森便是其中的杰出代表。无论艾瑞克森的患者、学生还是朋友均对艾瑞克森给予极高评价。美国著名学者萨尔瓦多·米钮钦（Salvador Minuchin）在给艾瑞克森的一封信中说："与你会晤的经验令人回味无穷。这一生当中，我只见过少数不平凡的人物　　而你绝对名列其中。"

催眠，是催眠师与被催眠者共同完成的一段身心灵探索之旅。来访者一般不愿或无法对那些冷漠、专制、矫揉做作、犹豫不决、紧张或缺乏自信的催眠师做出积极的回应。对催眠师的喜爱、尊敬以及催眠师的声望均有助催眠；害怕、生气、激动、不信任、怨恨，均不利于催眠。如果催眠师的言行风格没有吸引力（如讲话干巴巴，很单调乏味），受术者就会通过内心对话不断地质疑，因而就不可能集中注意于催眠师的指令，当然也就不可能产生相应的催眠体验。

自信是人格的核心，也是成功之本。一个缺乏自信的人是很难成为一个杰出催眠师的。

催眠师必须流露出自信和对受术者的尊重，既要相信自己具有催眠交流的能力，也要相信受术者具有改变的潜能。自信会导致一种良性循环，即自信可以增强治疗效果，治疗效果又反过来提升自信心。

自信并不意味着不会失败。许多年轻催眠师在应用某项具体催眠技术时，会过分担心受术者能否对这种技术做出反应。由于催眠师急切地抱着成功的期望，所以呼吸变急了，节奏也打乱了，给治疗造成了极大障碍。其实，即使催眠的初学者也会有 40% 的成功率，有经验后几乎能做到百分之百的成功。

按照艾瑞克森学派的观点，受术者的任何反应都是正常的，不存在“成功”与“失败”的问题，他们感兴趣的是合作而不是控制，不要求受术者必须出现某种反应，甚至认为 90% 的暗示都不会引起深层的催眠体验，因为受术者会倾向于选择那些对自己最有意义的暗示做出体验性回应。我们无法知道哪些暗示与受术者关系最为密切，所以也就不能准确预言受术者会做出何种反应。然而，有一点我们可以确信，只要对受术者的反应抱着更加包容的态度，即使受术者对大部分暗示都没有产生我们所期望的反应，但最终总会对某些暗示做出有利于治疗的反应。

三、如何选择催眠师

（一）何为好的催眠师

作为一个求助者或来访者，可以从以下十个方面考察一位催眠师是否称职：

1. 催眠师有专业执照或资格证书。
2. 催眠师的工作室让你觉得舒服自在。
3. 与催眠师相处你感到轻松。
4. 催眠师尊重你。
5. 催眠师对你的问题感兴趣，试图认真搞清你的需求。
6. 当你说话时催眠师专心倾听。
7. 催眠师对你提出的问题能耐心回答。
8. 催眠师性格开朗乐观，让你充满希望。

9. 催眠师没有抽烟、喝酒的习惯。

10. 催眠师有好的职业操守。

（二）不要轻信的催眠师

催眠师若有以下几种表现，就不但不要轻易相信他，最好还要远离他：

1. 催眠中不允许亲友陪伴。
2. 催眠过程不允许录音。
3. 从不教来访者自我催眠。
4. 夸大催眠效能或保证几次催眠病就会好。
5. 对来访者问题简单归因。
6. 在无其他人在场的情况下接触异性受术者身体。
7. 语言轻佻下流。
8. 经常做神秘催眠秀哗众取宠。
9. 在应得的治疗费用外索取钱物。
10. 与来访者建立和发展工作之外的其他关系。

第二节　催眠师的职业操守

除必须遵守国家相关法律法规外，催眠治疗师还要恪守职业道德。中国心理学会制定的《中国心理学会临床与咨询心理学工作伦理守则》对心理治疗师和咨询师的要求同样适用于催眠师，必须严格遵守。

一、必须尊重受术者的需要和价值观

催眠受术者并非受骗者，一般不会跟随与自己价值观不一致的指令。强迫受术者做他们不愿做的事情往往会将他们带出催眠状态。一般说来，这种企图会使受术者不再信任治疗师，并对治疗师感到愤怒，不但会严重破坏治疗关系，也是职业道德所不允许的。

当代催眠大师艾瑞克森反复强调对来访者和病人的尊重，绝不可以为了个人需要或自己的利益而操纵和控制受术者。他曾明确指出：

受术者需要时刻作为拥有权利和隐私的个体而受到保护，而且还要意识到他们已经被置于催眠情境中一个看似脆弱的位置上。

不管受术者多么聪明博学，总会有个一般性的疑问（无论被意识到与否），即在催眠中会发生什么，或者什么可以说、可以做，什么不可以说、不可以做。即使那些已经打消所有顾虑，并能够对催眠师自由表达的受术者也都表示需要保护自我，在缺点暴露之后，无论当时多么自如，都希望尽快离开。

无论在清醒状态还是催眠状态，都应该给予受术者这种保护。清醒状态里最好用间接的方式，而在催眠状态下则可以更为直接一些。

剥夺受术者的这种权利就意味着失败，就是没有将他当作一个有自觉力的人来看待。这种失败会影响催眠治疗的效果，因为受术者可能会感觉到他的努力没有得到赞赏，而且可能会导致合作能力的下降。(Rossi, 1980)

这里，关于操纵问题有必要做进一步讨论。我们的行为总是会影响别人，从这个意义上说，所有的催眠和治疗行为都是在操纵。因为我们与受术者交流的目的，就是要改变他的行为。这里的关键在于是否一切从来访者的福祉出发，是否你所做的一切都有助于来访者的健康成长。

二、必须遵守职业道德和相关法律

在国内外利用催眠术骗人钱财或实施性侵犯的案例时有发生，败坏了整个催眠行业的信誉。催眠师必须要受到法律制裁。

在催眠之前要征得来访者同意，必要时请来访者签署知情同意书。这里引用我国台湾张芝华老师“催眠咨询个人基本资料与同意书”模式，供读者参考。

催眠咨询个人基本资料与同意书

日期：________年____月____日

姓名：____________ 生日：________年____月____日 性别：□男 □女

联络电话：家庭__________ 办公室__________ 手机______________

身份证号：______________ E-MAIL：______________

学历：________ □博士 □硕士 □学士 □高中 □初中 □小学 □无

现在职业：____________ 职位与职务内容：______________________

婚姻状况：□未婚 □已婚__年 □离婚：结婚__年，离婚__年

孩子：□无 □有__男__女 被催眠经验：□无 □有，催眠师：________

对催眠的认知是什么：______________________________________

宗教信仰：____________ 家中排行：________ 童年满意度：________

静坐：□无 □有，____年 打坐/冥想/气功/瑜珈：□无 □有，____年

曾经学过催眠：□无 □有 超感官经验：□无 □有，描述：________

最近有无服用药物：□无 □有（药名）____________ 原因：________

有无看过精神科或神经内科医师：□无 □有，____年____________症

最近有无看过医生：□无 □有，____年____________症 家庭医师__________

是否有家族性的疾病或遗传疾病？有的话，请回答患的是什么疾病。

____

家人的病史，包含曾经或现在患过的疾病或经常患的生理或心理疾病：

____

身体状况

有没有下列情形：

□抽筋或麻木	□肾脏问题	□高血压	□眼睛功能	□失眠
□心脏问题	□肝功能	□糖尿病	□风湿热	□痉挛
□气喘	□耳朵问题	□肺结核	□血液问题	□皮肤问题

头部有没有受过伤，或意外伤害过？________________

咨询项目

□舒解压力	□戒除烟瘾	□美容催眠	□减重塑身	□焦虑惊惶
□睡眠困难	□克服恐惧	□增强自信	□情绪平衡	□运动表现
□潜能开发	□人际关系	□亲子关系	□两性关系	□优生催眠
□内在小孩	□年龄回溯	□前世回溯	□生离死别	□催眠助产
□牙医恐惧	□生理机能	□疼痛控制	□脉轮调息	□手术前后
□催眠律动	□改变习惯	□艺术治疗	□创造能力	□记忆衰退
□尿床	□不专心	□咬指甲	□口吃	□自我实现
□厌食	□暴食	□躁郁	□忧郁	□增强动机
□推拖拉	□癌症	□健胸	□怪僻	□迎指导灵

我，________（姓名），自愿完全同意接受催眠咨询，并同意咨询过程中可能的同步录音或录像存查；并见证在本催眠咨询过程中，无任何不当事情发生。

(未成年) 监护人：__________　签章：__________　证人：________

《中华人民共和国精神卫生法》第二十三条中还指出，心理咨询人员应当尊重接受咨询人员的隐私，并为其保守秘密。保护来访者和当事人的隐私，是所有助人行业的共同行为准则。除非来访者有危害社会、伤害他人或自杀、自残行为，或司法工作需要（依照相关法律执行），否则不得泄露来访者个人秘密和有关信息。在讲课、著书或写文章引用案例时必须经过技术处理，以防暴露当事人身份。

催眠师不要有门户之见，要认识到，没有任何一种方法是万能的，没有任何一种技术可以包打天下。单纯依赖催眠并不能保证长久的治疗效果，一定要与其他各种治疗方法相互配合、相互补充。对其他治疗方法和不同催眠学派不要有门户之见，不要抬高自己，否定别人。

三、如何规避催眠师的职业风险

有时，医师或心理治疗师可能被一些寡廉鲜耻或别有用心的人诬告性骚扰，特别是催眠治疗师更容易遭受这方面的危机而被勒索。为了避免这种麻烦，不要轻易地碰触来访者的身体，除非他们知道并且同意你这样做。最好备用一个录音机，当发现来访者对催眠师产生移情或性侵害的幻想时，立刻打开录音机，告诉来访者为了日后查询必须要录音。若受术者在催眠中表现出性反应，可用缓和的语气说“保持冷静、放松、安宁、平和”。在受术者安静下来之前，不要给予任何催眠建议。若问题依然不能解决，必须请其他人（最好是受术者的亲人）在场，或转介给其他治疗师。

为了减少风险，催眠前要了解来访者的病史，对于有心脏病或高血压的患者，一定要避免突然宣告令人震惊的事（如某人死亡或重伤等）。年龄回溯常会带出很多情绪的爆发，因此使用时必须要谨慎小心。绝不要在催眠中突然激发或改变受术者的情绪，有些舞台催眠师为了娱乐观众而让人忽悲忽喜，可能造成对受术者心理的伤害。

若发现癔病（歇斯底里症）患者在催眠中头开始慢慢地、有韵律地转圈子，或突然莫名其妙地笑，或不能控制地哭，必须立刻处理。可轻轻拍打头部，碰触前额，让其“安静、放松”。若头部转动停止，可继续完成当次的催眠。若头又开始转动，再使其平静，然后唤醒，别再催眠。

另外，在催眠过程中还要防止对受术者的身体造成伤害。必须认识到，在清醒时会造成伤害的，在催眠状态也是一样。千万不要相信催眠时可以不怕强热、火焰或重压，催眠无法使人增加身体的能力。

当然，最大的风险还是来自于不称职的治疗师。心理治疗师必须受过系统的专业训练，只受过催眠基础训练者，应避免去处理情绪创伤的问题或治疗有严重身体或心理疾病的患者。催眠治疗师必须有自知之明，了解自己擅长的领域，以及自己能力的局限。

在西方国家，催眠师在注册取得专业资格时，通常要宣誓遵守催眠师的道德规范。下面列出一段常见誓词作为本书的结束语。

催眠师誓词

我×××谨以至诚，郑重宣誓：我决心认真学习催眠，助人助己，绝对不用来从事不道德与犯罪行为，永远以求助者的利益为第一考虑，不为个人谋取私利。我一定努力训练自省的能力，随时观照自己的言行，随时修正自己，发现自己的问题就努力处理，把自我人格修整得光明澄澈。我要努力提高洞察真相的能力，帮助人看清内心缠绕的葛藤，运用积极的语言和各种正能量，引导人与人互动顺畅，使内心更阳光，使生活更幸福，使社会更和谐。

【建议参考资料】

1. ERICKSON M H. Innovative hypnotherapy [M]. New York: Irvington Publishers, distribu-

ted by Halsted Press, 1980.

2. ENEA V, DAFINOIU I. Ethical principles and standards in the practice of hypnosis [J]. Revista Romana de Bioetica, 2013, 9 (3): 110 - 116.

3. 傅荣，吴雅文，徐雅玲. 实用催眠治疗手册［M］. 南昌：江西科学技术出版社，2002.

4.《中华人民共和国精神卫生法》.

5.《中国心理学会临床与咨询心理学工作伦理守则》.

【问题与思考】

1. 如何才能成为一名专业的催眠师？
2. 成为催眠师需要具备怎样的人格素质？
3. 我们可以从哪些方面考察一位催眠师是否称职？
4. 在哪些情况下，不能轻信催眠师？
5. 催眠治疗师必须恪守的职业道德有哪些？
6. 如何规避催眠师的职业风险？
7. 当你学习完本章后，请你谈谈对催眠师这个职业的认识和理解。

附录1　中华人民共和国精神卫生法

（2012年10月26日第十一届全国人民代表大会常务委员会第二十九次会议通过）

目　录

第一章　总　则

第一条　为了发展精神卫生事业，规范精神卫生服务，维护精神障碍患者的合法权益，制定本法。

第二条　在中华人民共和国境内开展维护和增进公民心理健康、预防和治疗精神障碍、促进精神障碍患者康复的活动，适用本法。

第三条　精神卫生工作实行预防为主的方针，坚持预防、治疗和康复相结合的原则。

第四条　精神障碍患者的人格尊严、人身和财产安全不受侵犯。

精神障碍患者的教育、劳动、医疗以及从国家和社会获得物质帮助等方面的合法权益受法律保护。

有关单位和个人应当对精神障碍患者的姓名、肖像、住址、工作单位、病历资料以及其他可能推断出其身份的信息予以保密；但是，依法履行职责需要公开的除外。

第五条　全社会应当尊重、理解、关爱精神障碍患者。

任何组织或者个人不得歧视、侮辱、虐待精神障碍患者，不得非法限制精神障碍患者的人身自由。

新闻报道和文学艺术作品等不得含有歧视、侮辱精神障碍患者的内容。

第六条　精神卫生工作实行政府组织领导、部门各负其责、家庭和单位尽力尽责、全社会共同参与的综合管理机制。

第七条　县级以上人民政府领导精神卫生工作，将其纳入国民经济和社会发展规划，建设和完善精神障碍的预防、治疗和康复服务体系，建立健全精神卫生工作协调机制和工作责任制，对有关部门承担的精神卫生工作进行考核、监督。

乡镇人民政府和街道办事处根据本地区的实际情况，组织开展预防精神障碍发生、促进精神障碍患者康复等工作。

第八条　国务院卫生行政部门主管全国的精神卫生工作。县级以上地方人民政府卫生行政部门主管本行政区域的精神卫生工作。

县级以上人民政府司法行政、民政、公安、教育、人力资源社会保障等部门在各自职责范围内负责有关的精神卫生工作。

第九条　精神障碍患者的监护人应当履行监护职责，维护精神障碍患者的合法权益。

禁止对精神障碍患者实施家庭暴力，禁止遗弃精神障碍患者。

第十条　中国残疾人联合会及其地方组织依照法律、法规或者接受政府委托，动员社会力量，开展精神卫生工作。

村民委员会、居民委员会依照本法的规定开展精神卫生工作，并对所在地人民政府开展的精神卫生工作予以协助。

国家鼓励和支持工会、共产主义青年团、妇女联合会、红十字会、科学技术协会等团体依法开展精神卫生工作。

第十一条　国家鼓励和支持开展精神卫生专门人才的培养，维护精神卫生工作人员的合法权益，加强精神卫生专业队伍建设。

国家鼓励和支持开展精神卫生科学技术研究，发展现代医学、我国传统医学、心理学，提高精神障碍预防、诊断、治疗、康复的科学技术水平。

国家鼓励和支持开展精神卫生领域的国际交流与合作。

第十二条　各级人民政府和县级以上人民政府有关部门应当采取措施，鼓励和支持组织、个人提供精神卫生志愿服务，捐助精神卫生事业，兴建精神卫生公益设施。

对在精神卫生工作中作出突出贡献的组织、个人，按照国家有关规定给予表彰、奖励。

第二章　心理健康促进和精神障碍预防

第十三条　各级人民政府和县级以上人民政府有关部门应当采取措施，加强心理健康促进和精神障碍预防工作，提高公众心理健康水平。

第十四条　各级人民政府和县级以上人民政府有关部门制定的突发事件应急预案，应当包括心理援助的内容。发生突发事件，履行统一领导职责或者组织处置突发事件的人民政府应当根据突发事件的具体情况，按照应急预案的规定，组织开展心理援助工作。

第十五条　用人单位应当创造有益于职工身心健康的工作环境，关注职工的心理健康；对处于职业发展特定时期或者在特殊岗位工作的职工，应当有针对性地开展心理健康教育。

第十六条　各级各类学校应当对学生进行精神卫生知识教育；配备或者聘请心理健康教育教师、辅导人员，并可以设立心理健康辅导室，对学生进行心理健康教育。学前教育机构应当对幼儿开展符合其特点的心理健康教育。

发生自然灾害、意外伤害、公共安全事件等可能影响学生心理健康的事件，学校应当及时组织专业人员对学生进行心理援助。

教师应当学习和了解相关的精神卫生知识，关注学生心理健康状况，正确引导、激励学生。地方各级人民政府教育行政部门和学校应当重视教师心理健康。

学校和教师应当与学生父母或者其他监护人、近亲属沟通学生心理健康情况。

第十七条　医务人员开展疾病诊疗服务，应当按照诊断标准和治疗规范的要求，对就诊者进行心理健康指导；发现就诊者可能患有精神障碍的，应当建议其到符合本法规定的医疗机构就诊。

第十八条　监狱、看守所、拘留所、强制隔离戒毒所等场所，应当对服刑人员，被依法拘留、逮捕、强制隔离戒毒的人员等，开展精神卫生知识宣传，关注其心理健康状况，必要时提供心理咨询和心理辅导。

第十九条　县级以上地方人民政府人力资源社会保障、教育、卫生、司法行政、公安等部门应当在各自职责范围内分别对本法第十五条至第十八条规定的单位履行精神障碍预防义务的情况进行督促和指导。

第二十条　村民委员会、居民委员会应当协助所在地人民政府及其有关部门开展社区心理健康指导、精神卫生知识宣传教育活动，创建有益于居民身心健康的社区环境。

乡镇卫生院或者社区卫生服务机构应当为村民委员会、居民委员会开展社区心理健康指导、精神卫生知识宣传教育活动提供技术指导。

第二十一条　家庭成员之间应当相互关爱，创造良好、和睦的家庭环境，提高精神障碍预防意识；发现家庭成员可能患有精神障碍的，应当帮助其及时就诊，照顾其生活，做好看护管理。

第二十二条　国家鼓励和支持新闻媒体、社会组织开展精神卫生的公益性宣传，普及精神卫生知识，引导公众关注心理健康，预防精神障碍的发生。

第二十三条　心理咨询人员应当提高业务素质，遵守执业规范，为社会公众提供专业化的心理咨询服务。

心理咨询人员不得从事心理治疗或者精神障碍的诊断、治疗。

心理咨询人员发现接受咨询的人员可能患有精神障碍的，应当建议其到符合本法规定的医疗机构就诊。

心理咨询人员应当尊重接受咨询人员的隐私，并为其保守秘密。

第二十四条 国务院卫生行政部门建立精神卫生监测网络，实行严重精神障碍发病报告制度，组织开展精神障碍发生状况、发展趋势等的监测和专题调查工作。精神卫生监测和严重精神障碍发病报告管理办法，由国务院卫生行政部门制定。

国务院卫生行政部门应当会同有关部门、组织，建立精神卫生工作信息共享机制，实现信息互联互通、交流共享。

第三章 精神障碍的诊断和治疗

第二十五条 开展精神障碍诊断、治疗活动，应当具备下列条件，并依照医疗机构的管理规定办理有关手续：

（一）有与从事的精神障碍诊断、治疗相适应的精神科执业医师、护士；

（二）有满足开展精神障碍诊断、治疗需要的设施和设备；

（三）有完善的精神障碍诊断、治疗管理制度和质量监控制度。

从事精神障碍诊断、治疗的专科医疗机构还应当配备从事心理治疗的人员。

第二十六条 精神障碍的诊断、治疗，应当遵循维护患者合法权益、尊重患者人格尊严的原则，保障患者在现有条件下获得良好的精神卫生服务。

精神障碍分类、诊断标准和治疗规范，由国务院卫生行政部门组织制定。

第二十七条 精神障碍的诊断应当以精神健康状况为依据。

除法律另有规定外，不得违背本人意志进行确定其是否患有精神障碍的医学检查。

第二十八条 除个人自行到医疗机构进行精神障碍诊断外，疑似精神障碍患者的近亲属可以将其送往医疗机构进行精神障碍诊断。对查找不到近亲属的流浪乞讨疑似精神障碍患者，由当地民政等有关部门按照职责分工，帮助送往医疗机构进行精神障碍诊断。

疑似精神障碍患者发生伤害自身、危害他人安全的行为，或者有伤害自身、危害他人安全的危险的，其近亲属、所在单位、当地公安机关应当立即采取措施予以制止，并将其送往医疗机构进行精神障碍诊断。

医疗机构接到送诊的疑似精神障碍患者，不得拒绝为其作出诊断。

第二十九条 精神障碍的诊断应当由精神科执业医师作出。

医疗机构接到依照本法第二十八条第二款规定送诊的疑似精神障碍患者，应当将其留院，立即指派精神科执业医师进行诊断，并及时出具诊断结论。

第三十条 精神障碍的住院治疗实行自愿原则。

诊断结论、病情评估表明，就诊者为严重精神障碍患者并有下列情形之一的，应当对其实施住院治疗：

（一）已经发生伤害自身的行为，或者有伤害自身的危险的；

（二）已经发生危害他人安全的行为，或者有危害他人安全的危险的。

第三十一条　精神障碍患者有本法第三十条第二款第一项情形的，经其监护人同意，医疗机构应当对患者实施住院治疗；监护人不同意的，医疗机构不得对患者实施住院治疗。监护人应当对在家居住的患者做好看护管理。

第三十二条　精神障碍患者有本法第三十条第二款第二项情形，患者或者其监护人对需要住院治疗的诊断结论有异议，不同意对患者实施住院治疗的，可以要求再次诊断和鉴定。

依照前款规定要求再次诊断的，应当自收到诊断结论之日起三日内向原医疗机构或者其他具有合法资质的医疗机构提出。承担再次诊断的医疗机构应当在接到再次诊断要求后指派二名初次诊断医师以外的精神科执业医师进行再次诊断，并及时出具再次诊断结论。承担再次诊断的执业医师应当到收治患者的医疗机构面见、询问患者，该医疗机构应当予以配合。

对再次诊断结论有异议的，可以自主委托依法取得执业资质的鉴定机构进行精神障碍医学鉴定；医疗机构应当公示经公告的鉴定机构名单和联系方式。接受委托的鉴定机构应当指定本机构具有该鉴定事项执业资格的二名以上鉴定人共同进行鉴定，并及时出具鉴定报告。

第三十三条　鉴定人应当到收治精神障碍患者的医疗机构面见、询问患者，该医疗机构应当予以配合。

鉴定人本人或者其近亲属与鉴定事项有利害关系，可能影响其独立、客观、公正进行鉴定的，应当回避。

第三十四条　鉴定机构、鉴定人应当遵守有关法律、法规、规章的规定，尊重科学，恪守职业道德，按照精神障碍鉴定的实施程序、技术方法和操作规范，依法独立进行鉴定，出具客观、公正的鉴定报告。

鉴定人应当对鉴定过程进行实时记录并签名。记录的内容应当真实、客观、准确、完整，记录的文本或者声像载体应当妥善保存。

第三十五条　再次诊断结论或者鉴定报告表明，不能确定就诊者为严重精神障碍患者，或者患者不需要住院治疗的，医疗机构不得对其实施住院治疗。

再次诊断结论或者鉴定报告表明，精神障碍患者有本法第三十条第二款第二项情形的，其监护人应当同意对患者实施住院治疗。监护人阻碍实施住院治疗或者患者擅自脱离住院治疗的，可以由公安机关协助医疗机构采取措施对患者实施住院治疗。

在相关机构出具再次诊断结论、鉴定报告前，收治精神障碍患者的医疗机构应当按照诊疗规范的要求对患者实施住院治疗。

第三十六条 诊断结论表明需要住院治疗的精神障碍患者，本人没有能力办理住院手续的，由其监护人办理住院手续；患者属于查找不到监护人的流浪乞讨人员的，由送诊的有关部门办理住院手续。

精神障碍患者有本法第三十条第二款第二项情形，其监护人不办理住院手续的，由患者所在单位、村民委员会或者居民委员会办理住院手续，并由医疗机构在患者病历中予以记录。

第三十七条 医疗机构及其医务人员应当将精神障碍患者在诊断、治疗过程中享有的权利，告知患者或者其监护人。

第三十八条 医疗机构应当配备适宜的设施、设备，保护就诊和住院治疗的精神障碍患者的人身安全，防止其受到伤害，并为住院患者创造尽可能接近正常生活的环境和条件。

第三十九条 医疗机构及其医务人员应当遵循精神障碍诊断标准和治疗规范，制定治疗方案，并向精神障碍患者或者其监护人告知治疗方案和治疗方法、目的以及可能产生的后果。

第四十条 精神障碍患者在医疗机构内发生或者将要发生伤害自身、危害他人安全、扰乱医疗秩序的行为，医疗机构及其医务人员在没有其他可替代措施的情况下，可以实施约束、隔离等保护性医疗措施。实施保护性医疗措施应当遵循诊断标准和治疗规范，并在实施后告知患者的监护人。

禁止利用约束、隔离等保护性医疗措施惩罚精神障碍患者。

第四十一条 对精神障碍患者使用药物，应当以诊断和治疗为目的，使用安全、有效的药物，不得为诊断或者治疗以外的目的使用药物。

医疗机构不得强迫精神障碍患者从事生产劳动。

第四十二条 禁止对依照本法第三十条第二款规定实施住院治疗的精神障碍患者实施以治疗精神障碍为目的的外科手术。

第四十三条 医疗机构对精神障碍患者实施下列治疗措施，应当向患者或者其监护人告知医疗风险、替代医疗方案等情况，并取得患者的书面同意；无法取得患者意见的，应当取得其监护人的书面同意，并经本医疗机构伦理委员会批准：

（一）导致人体器官丧失功能的外科手术；

（二）与精神障碍治疗有关的实验性临床医疗。

实施前款第一项治疗措施，因情况紧急查找不到监护人的，应当取得本医疗机构负责人和伦理委员会批准。

禁止对精神障碍患者实施与治疗其精神障碍无关的实验性临床医疗。

第四十四条 自愿住院治疗的精神障碍患者可以随时要求出院，医疗机构应当同意。

对有本法第三十条第二款第一项情形的精神障碍患者实施住院治疗的，监护人可以随时要求患者出院，医疗机构应当同意。

医疗机构认为前两款规定的精神障碍患者不宜出院的，应当告知不宜出院的理由；患者或者其监护人仍要求出院的，执业医师应当在病历资料中详细记录告知的过程，同时提出出院后的医学建议，患者或者其监护人应当签字确认。

对有本法第三十条第二款第二项情形的精神障碍患者实施住院治疗，医疗机构认为患者可以出院的，应当立即告知患者及其监护人。

医疗机构应当根据精神障碍患者病情，及时组织精神科执业医师对依照本法第三十条第二款规定实施住院治疗的患者进行检查评估。评估结果表明患者不需要继续住院治疗的，医疗机构应当立即通知患者及其监护人。

第四十五条　精神障碍患者出院，本人没有能力办理出院手续的，监护人应当为其办理出院手续。

第四十六条　医疗机构及其医务人员应当尊重住院精神障碍患者的通讯和会见探访者等权利。除在急性发病期或者为了避免妨碍治疗可以暂时性限制外，不得限制患者的通讯和会见探访者等权利。

第四十七条　医疗机构及其医务人员应当在病历资料中如实记录精神障碍患者的病情、治疗措施、用药情况、实施约束、隔离措施等内容，并如实告知患者或者其监护人。患者及其监护人可以查阅、复制病历资料；但是，患者查阅、复制病历资料可能对其治疗产生不利影响的除外。病历资料保存期限不得少于三十年。

第四十八条　医疗机构不得因就诊者是精神障碍患者，推诿或者拒绝为其治疗属于本医疗机构诊疗范围的其他疾病。

第四十九条　精神障碍患者的监护人应当妥善看护未住院治疗的患者，按照医嘱督促其按时服药、接受随访或者治疗。村民委员会、居民委员会、患者所在单位等应当依患者或者其监护人的请求，对监护人看护患者提供必要的帮助。

第五十条　县级以上地方人民政府卫生行政部门应当定期就下列事项对本行政区域内从事精神障碍诊断、治疗的医疗机构进行检查：

（一）相关人员、设施、设备是否符合本法要求；

（二）诊疗行为是否符合本法以及诊断标准、治疗规范的规定；

（三）对精神障碍患者实施住院治疗的程序是否符合本法规定；

（四）是否依法维护精神障碍患者的合法权益。

县级以上地方人民政府卫生行政部门进行前款规定的检查，应当听取精神障碍患者及其监护人的意见；发现存在违反本法行为的，应当立即制止或者责令改正，并依法作出处理。

第五十一条　心理治疗活动应当在医疗机构内开展。专门从事心理治疗的人员不得从事精神障碍的诊断，不得为精神障碍患者开具处方或者提供外科治疗。心理治疗的技术规范由国务院卫生行政部门制定。

第五十二条 监狱、强制隔离戒毒所等场所应当采取措施，保证患有精神障碍的服刑人员、强制隔离戒毒人员等获得治疗。

第五十三条 精神障碍患者违反治安管理处罚法或者触犯刑法的，依照有关法律的规定处理。

第四章 精神障碍的康复

第五十四条 社区康复机构应当为需要康复的精神障碍患者提供场所和条件，对患者进行生活自理能力和社会适应能力等方面的康复训练。

第五十五条 医疗机构应当为在家居住的严重精神障碍患者提供精神科基本药物维持治疗，并为社区康复机构提供有关精神障碍康复的技术指导和支持。

社区卫生服务机构、乡镇卫生院、村卫生室应当建立严重精神障碍患者的健康档案，对在家居住的严重精神障碍患者进行定期随访，指导患者服药和开展康复训练，并对患者的监护人进行精神卫生知识和看护知识的培训。县级人民政府卫生行政部门应当为社区卫生服务机构、乡镇卫生院、村卫生室开展上述工作给予指导和培训。

第五十六条 村民委员会、居民委员会应当为生活困难的精神障碍患者家庭提供帮助，并向所在地乡镇人民政府或者街道办事处以及县级人民政府有关部门反映患者及其家庭的情况和要求，帮助其解决实际困难，为患者融入社会创造条件。

第五十七条 残疾人组织或者残疾人康复机构应当根据精神障碍患者康复的需要，组织患者参加康复活动。

第五十八条 用人单位应当根据精神障碍患者的实际情况，安排患者从事力所能及的工作，保障患者享有同等待遇，安排患者参加必要的职业技能培训，提高患者的就业能力，为患者创造适宜的工作环境，对患者在工作中取得的成绩予以鼓励。

第五十九条 精神障碍患者的监护人应当协助患者进行生活自理能力和社会适应能力等方面的康复训练。

精神障碍患者的监护人在看护患者过程中需要技术指导的，社区卫生服务机构或者乡镇卫生院、村卫生室、社区康复机构应当提供。

第五章 保障措施

第六十条 县级以上人民政府卫生行政部门会同有关部门依据国民经济和社会发展规划的要求，制定精神卫生工作规划并组织实施。

精神卫生监测和专题调查结果应当作为制定精神卫生工作规划的依据。

第六十一条　省、自治区、直辖市人民政府根据本行政区域的实际情况，统筹规划，整合资源，建设和完善精神卫生服务体系，加强精神障碍预防、治疗和康复服务能力建设。

县级人民政府根据本行政区域的实际情况，统筹规划，建立精神障碍患者社区康复机构。

县级以上地方人民政府应当采取措施，鼓励和支持社会力量举办从事精神障碍诊断、治疗的医疗机构和精神障碍患者康复机构。

第六十二条　各级人民政府应当根据精神卫生工作需要，加大财政投入力度，保障精神卫生工作所需经费，将精神卫生工作经费列入本级财政预算。

第六十三条　国家加强基层精神卫生服务体系建设，扶持贫困地区、边远地区的精神卫生工作，保障城市社区、农村基层精神卫生工作所需经费。

第六十四条　医学院校应当加强精神医学的教学和研究，按照精神卫生工作的实际需要培养精神医学专门人才，为精神卫生工作提供人才保障。

第六十五条　综合性医疗机构应当按照国务院卫生行政部门的规定开设精神科门诊或者心理治疗门诊，提高精神障碍预防、诊断、治疗能力。

第六十六条　医疗机构应当组织医务人员学习精神卫生知识和相关法律、法规、政策。

从事精神障碍诊断、治疗、康复的机构应当定期组织医务人员、工作人员进行在岗培训，更新精神卫生知识。

县级以上人民政府卫生行政部门应当组织医务人员进行精神卫生知识培训，提高其识别精神障碍的能力。

第六十七条　师范院校应当为学生开设精神卫生课程；医学院校应当为非精神医学专业的学生开设精神卫生课程。

县级以上人民政府教育行政部门对教师进行上岗前和在岗培训，应当有精神卫生的内容，并定期组织心理健康教育教师、辅导人员进行专业培训。

第六十八条　县级以上人民政府卫生行政部门应当组织医疗机构为严重精神障碍患者免费提供基本公共卫生服务。

精神障碍患者的医疗费用按照国家有关社会保险的规定由基本医疗保险基金支付。医疗保险经办机构应当按照国家有关规定将精神障碍患者纳入城镇职工基本医疗保险、城镇居民基本医疗保险或者新型农村合作医疗的保障范围。县级人民政府应当按照国家有关规定对家庭经济困难的严重精神障碍患者参加基本医疗保险给予资助。人力资源社会保障、卫生、民政、财政等部门应当加强协调，简化程序，实现属于基本医疗保险基金支付的医疗费用由医疗机构与医疗保险经办机构直接结算。

精神障碍患者通过基本医疗保险支付医疗费用后仍有困难，或者不能通过基本医疗保险支付医疗费用的，民政部门应当优先给予医疗救助。

第六十九条 对符合城乡最低生活保障条件的严重精神障碍患者，民政部门应当会同有关部门及时将其纳入最低生活保障。

对属于农村五保供养对象的严重精神障碍患者，以及城市中无劳动能力、无生活来源且无法定赡养、抚养、扶养义务人，或者其法定赡养、抚养、扶养义务人无赡养、抚养、扶养能力的严重精神障碍患者，民政部门应当按照国家有关规定予以供养、救助。

前两款规定以外的严重精神障碍患者确有困难的，民政部门可以采取临时救助等措施，帮助其解决生活困难。

第七十条 县级以上地方人民政府及其有关部门应当采取有效措施，保证患有精神障碍的适龄儿童、少年接受义务教育，扶持有劳动能力的精神障碍患者从事力所能及的劳动，并为已经康复的人员提供就业服务。

国家对安排精神障碍患者就业的用人单位依法给予税收优惠，并在生产、经营、技术、资金、物资、场地等方面给予扶持。

第七十一条 精神卫生工作人员的人格尊严、人身安全不受侵犯，精神卫生工作人员依法履行职责受法律保护。全社会应当尊重精神卫生工作人员。

县级以上人民政府及其有关部门、医疗机构、康复机构应当采取措施，加强对精神卫生工作人员的职业保护，提高精神卫生工作人员的待遇水平，并按照规定给予适当的津贴。精神卫生工作人员因工致伤、致残、死亡的，其工伤待遇以及抚恤按照国家有关规定执行。

第六章 法律责任

第七十二条 县级以上人民政府卫生行政部门和其他有关部门未依照本法规定履行精神卫生工作职责，或者滥用职权、玩忽职守、徇私舞弊的，由本级人民政府或者上一级人民政府有关部门责令改正，通报批评，对直接负责的主管人员和其他直接责任人员依法给予警告、记过或者记大过的处分；造成严重后果的，给予降级、撤职或者开除的处分。

第七十三条 不符合本法规定条件的医疗机构擅自从事精神障碍诊断、治疗的，由县级以上人民政府卫生行政部门责令停止相关诊疗活动，给予警告，并处五千元以上一万元以下罚款，有违法所得的，没收违法所得；对直接负责的主管人员和其他直接责任人员依法给予或者责令给予降低岗位等级或者撤职、开除的处分；对有关医务人员，吊销其执业证书。

第七十四条 医疗机构及其工作人员有下列行为之一的，由县级以上人民政府卫生行政部门责令改正，给予警告；情节严重的，对直接负责的主管人员和其他直接责任人员依法给予或者责令给予降低岗位等级或者撤职、开除的处分，并可以责令有关医务人员暂停一个月以上六个月以下执业活动：

（一）拒绝对送诊的疑似精神障碍患者作出诊断的；

（二）对依照本法第三十条第二款规定实施住院治疗的患者未及时进行检查评估或者未根据评估结果作出处理的。

第七十五条　医疗机构及其工作人员有下列行为之一的，由县级以上人民政府卫生行政部门责令改正，对直接负责的主管人员和其他直接责任人员依法给予或者责令给予降低岗位等级或者撤职的处分；对有关医务人员，暂停六个月以上一年以下执业活动；情节严重的，给予或者责令给予开除的处分，并吊销有关医务人员的执业证书：

（一）违反本法规定实施约束、隔离等保护性医疗措施的；

（二）违反本法规定，强迫精神障碍患者劳动的；

（三）违反本法规定对精神障碍患者实施外科手术或者实验性临床医疗的；

（四）违反本法规定，侵害精神障碍患者的通讯和会见探访者等权利的；

（五）违反精神障碍诊断标准，将非精神障碍患者诊断为精神障碍患者的。

第七十六条　有下列情形之一的，由县级以上人民政府卫生行政部门、工商行政管理部门依据各自职责责令改正，给予警告，并处五千元以上一万元以下罚款，有违法所得的，没收违法所得；造成严重后果的，责令暂停六个月以上一年以下执业活动，直至吊销执业证书或者营业执照：

（一）心理咨询人员从事心理治疗或者精神障碍的诊断、治疗的；

（二）从事心理治疗的人员在医疗机构以外开展心理治疗活动的；

（三）专门从事心理治疗的人员从事精神障碍的诊断的；

（四）专门从事心理治疗的人员为精神障碍患者开具处方或者提供外科治疗的。

心理咨询人员、专门从事心理治疗的人员在心理咨询、心理治疗活动中造成他人人身、财产或者其他损害的，依法承担民事责任。

第七十七条　有关单位和个人违反本法第四条第三款规定，给精神障碍患者造成损害的，依法承担赔偿责任；对单位直接负责的主管人员和其他直接责任人员，还应当依法给予处分。

第七十八条　违反本法规定，有下列情形之一，给精神障碍患者或者其他公民造成人身、财产或者其他损害的，依法承担赔偿责任：

（一）将非精神障碍患者故意作为精神障碍患者送入医疗机构治疗的；

（二）精神障碍患者的监护人遗弃患者，或者有不履行监护职责的其他情形的；

（三）歧视、侮辱、虐待精神障碍患者，侵害患者的人格尊严、人身安全的；

（四）非法限制精神障碍患者人身自由的；

（五）其他侵害精神障碍患者合法权益的情形。

第七十九条 医疗机构出具的诊断结论表明精神障碍患者应当住院治疗而其监护人拒绝，致使患者造成他人人身、财产损害的，或者患者有其他造成他人人身、财产损害情形的，其监护人依法承担民事责任。

第八十条 在精神障碍的诊断、治疗、鉴定过程中，寻衅滋事，阻挠有关工作人员依照本法的规定履行职责，扰乱医疗机构、鉴定机构工作秩序的，依法给予治安管理处罚。

违反本法规定，有其他构成违反治安管理行为的，依法给予治安管理处罚。

第八十一条 违反本法规定，构成犯罪的，依法追究刑事责任。

第八十二条 精神障碍患者或者其监护人、近亲属认为行政机关、医疗机构或者其他有关单位和个人违反本法规定侵害患者合法权益的，可以依法提起诉讼。

第七章 附 则

第八十三条 本法所称精神障碍，是指由各种原因引起的感知、情感和思维等精神活动的紊乱或者异常，导致患者明显的心理痛苦或者社会适应等功能损害。

本法所称严重精神障碍，是指疾病症状严重，导致患者社会适应等功能严重损害、对自身健康状况或者客观现实不能完整认识，或者不能处理自身事务的精神障碍。

本法所称精神障碍患者的监护人，是指依照民法通则的有关规定可以担任监护人的人。

第八十四条 军队的精神卫生工作，由国务院和中央军事委员会依据本法制定管理办法。

第八十五条 本法自2013年5月1日起施行。

附录2　中国心理学会临床与咨询心理学工作伦理守则

中国心理学会（以下简称“本学会”）制定的临床与咨询工作伦理守则（以下简称“本守则”），是本学会根据中华人民共和国民政部《社会团体登记管理条例》和其他国家相关法律、法规，授权中国心理学会临床与咨询心理学专业机构与专业人员注册标准制定工作组（以下简称“制定工作组”）在广泛征集有关专业人士的意见后制定的。制定本守则的目的是让心理师、寻求专业服务者以及广大民众了解心理治疗与心理咨询工作专业伦理的核心理念和专业责任，并藉此保证和提升心理治疗与心理咨询专业服务的水准，保障寻求专业服务者和心理师的权益，增进民众的心理健康、幸福和安宁，促进和谐社会的发展。本守则亦作为本学会临床与咨询心理学注册心理师的专业伦理规范以及本学会处理有关临床与咨询心理学专业伦理申诉的主要依据和工作基础。

总　则

善行：心理师工作目的是使寻求专业服务者从其提供的专业服务中获益。心理师应保障寻求专业服务者的权利，努力使其得到适当的服务并避免伤害。

责任：心理师在工作中应保持其专业服务的最高水准，对自己的行为承担责任。认清自己专业的、伦理及法律责任，维护专业信誉。

公正：心理师应公平、公正地对待自己的专业工作及其他人员。心理师应采取谨慎的态度防止自己潜在的偏见、能力局限、技术的限制等导致的不适当行为。

尊重：心理师应尊重每一个人，尊重个人的隐私权、保密性和自我决定的权利。

专业关系

心理师应尊重寻求专业服务者，按照专业的伦理规范与寻求专业服务者建立良好的专业工作关系，这种工作关系应以促进寻求服务者的成长和发展，从而增进其自身的利益和福祉为目的。

1.1 心理师不得因寻求专业服务者的年龄、性别、种族、性取向、宗教和政治信仰、文化、身体状况、社会经济状况等任何方面的因素歧视对方。

1.2 心理师应尊重寻求专业服务者的知情同意权。在临床服务工作开始时和工作过程中，心理师应首先让对方了解专业服务工作的目的、专业关系、相关技术、工作过程、专业工作可能的局限性、工作中可能涉及的第三方的权益、隐私权、可能的危害以及专业服务可能带来的利益等相关信息。

1.3 心理师应依照当地政府要求或本单位的规定恰当收取专业服务的费用。心理师在进入专业性工作关系之前，要对寻求专业服务者清楚地介绍和解释其服务收费的情况。不允许心理师以收受实物、获得劳务服务或其他方式作为其专业服务的回报，因为它们有引起冲突、剥削、破坏专业关系等潜在的危险。

1.4 心理师要明了自己对寻求专业服务者的影响力，尽可能防止损害信任和引起依赖的情况发生。

1.5 心理师应尊重寻求专业服务者的价值观，不代替对方做出重要决定，或强制其接受自己的价值观。

1.6 心理师应清楚地认识自身所处位置对寻求专业服务者的潜在影响，不得利用对方对自己的信任或依赖利用对方，或者借此为自己或第三方谋取利益。

1.7 心理师要清楚地了解双重关系（例如与寻求专业帮助者发展家庭的、社交的、经济的、商业的或者亲密的个人关系）对专业判断力的不利影响及其伤害寻求专业服务者的潜在危险性，避免与寻求专业服务者发生双重关系。在双重关系不可避免时，应采取一些专业上的预防措施，例如签署正式的知情同意书、寻求专业督导、做好相关文件的记录，以确保双重关系不会损害自己的判断并且不会对寻求专业帮助者造成危害。

1.8 心理师不得与当前寻求专业服务者发生任何形式的性和亲密关系，也不得给有过性和亲密关系的人做心理咨询或治疗。一旦业已建立的专业关系超越了专业界限（例如发展了性关系或恋爱关系），应立即终止专业关系并采取适当措施（例如寻求督导或同行的建议）。

1.9 心理师在与某个寻求专业服务者结束心理咨询或治疗关系后，至少三年内不得与该寻求专业服务者发生任何亲密或性关系。在三年后如果发生此类关系，要仔细考察关系的性质，确保此关系不存在任何剥削的可能性，同时要有合法的书面记录备案。

1.10 心理师在进行心理咨询与治疗工作中不得随意中断工作。在心理师出差、休假或临时离开工作地点外出时，要对已经开始的心理咨询或治疗工作进行适当的安排。

1.11 心理师认为自己已不适合对某个寻求专业服务者进行工作时，应向对方明确说明，并本着为对方负责的态度将其转介给另一位合适的心理师或医师。

1.12 在专业工作中，心理师应相互了解和相互尊重，应与同行建立一种积极合作的工作关系，以提高对寻求专业服务者的服务水平。

1.13 心理师应尊重其他专业人员，应与相关专业人员建立一种积极合作的工作关系，以提高对寻求专业服务者的服务水平。

隐私权与保密性

心理师有责任保护寻求专业服务者的隐私权，同时认识到隐私权在内容和范围上受到国家法律和专业伦理规范的保护和约束。

2.1 心理师在心理咨询与治疗工作中，有责任向寻求专业服务者说明工作的保密原则，以及这一原则应用的限度。在家庭治疗、团体咨询或治疗开始时，应首先在咨询或治疗团体中确立保密原则。

2.2 心理师应清楚地了解保密原则的应用有其限度，下列情况为保密原则的例外：（1）心理师发现寻求专业服务者有伤害自身或伤害他人的严重危险时。（2）寻求专业服务者有致命的传染性疾病等且可能危及他人时。（3）未成年人在受到性侵犯或虐待时。（4）法律规定需要披露时。

2.3 在遇到2.2中的（1）、（2）和（3）的情况时，心理师有向对方合法监护人或可确认的第三者预警的责任；在遇到2.2中（4）的情况时，心理师有遵循法律规定的义务，但须要求法庭及相关人员出示合法的书面要求，并要求法庭及相关人员确保此种披露不会对临床专业关系带来直接损害或潜在危害。

2.4 心理师只有在得到寻求专业服务者书面同意的情况下，才能对心理咨询或治疗过程进行录音、录像或演示。

2.5 心理师专业服务工作的有关信息包括个案记录、测验资料、信件、录音、录像和其他资料，均属于专业信息，应在严格保密的情况下进行保存，仅经过授权的心理师可以接触这类资料。

2.6 心理师因专业工作需要对心理咨询或治疗的案例进行讨论，或采用案例进行教学、科研、写作等工作时，应隐去那些可能会据此辨认出寻求专业服务者的有关信息（得到寻求专业服务者书面许可的情况例外）。

2.7 心理师在演示寻求专业服务者的录音或录像，或发表其完整的案例前，需得到对方的书面同意。

职业责任

心理师应遵守国家的法律法规，遵守专业伦理规范。同时，努力以开放、诚实和准确的沟通方式进行工作。心理师所从事的专业工作应基于科学的研究和发现，在专业界限和个人能力范围之内，以负责任的态度进行工作。心理师应不断更新并发展专业知识、积极参与自我保健的活动，促进个人在生理上、社会适应上和心理上的健康以更好地满足专业责任的需要。

3.1 心理师应在自己专业能力范围内，根据自己所接受的教育、培训和督导的经历和工作经验，为不同人群提供适宜而有效的专业服务。

3.2 心理师应充分认识到继续教育的意义，在专业工作领域内保持对当前学科和专业信息的了解，保持对所用技能的掌握和对新知识的开放态度。

3.3 心理师应保持对于自身职业能力的关注，在必要时采取适当步骤寻求专业督导的帮助。在缺乏专业督导时，应尽量寻求同行的专业帮助。

3.4 心理师应关注自我保健，当意识到个人的生理或心理问题可能会对寻求专业服务者造成伤害时，应寻求督导或其他专业人员的帮助。心理师应警惕自己的问题对服务对象造成伤害的可能性，必要时应限制、中断或终止临床专业服务。

3.5 心理师在工作中需要介绍自己情况时，应实事求是地说明自己的专业资历、学位、专业资格证书等情况，在需要进行广告宣传或描述其服务内容时，应以确切的方式表述其专业资格。心理师不得贬低其他专业人员，不得以虚假、误导、欺瞒的方式对自己或自己的工作部门进行宣传，更不能进行诈骗。

3.6 心理师不得利用专业地位获取私利，如个人或所属家庭成员的利益、性利益、不平等交易财物和服务等。也不得利用心理咨询与治疗、教学、培训、督导的关系为自己获取合理报酬之外的私利。

3.7 当心理师需要向第三方（例如法庭、保险公司等）报告自己的专业工作时，应采取诚实、客观的态度准确地描述自己的工作。

3.8 当心理师通过公众媒体（如讲座、演示、电台、电视、报纸、印刷物品、网络等）从事专业活动，或以专业身份提供劝导和评论时，应注意自己的言论要基于恰当的专业文献和实践，尊重事实，注意自己的言行应遵循专业伦理规范。

心理测量与评估

心理师应正确理解心理测量与评估手段在临床服务工作中的意义和作用，并恰当使用。心理师在使用心理测量与评估过程中应考虑被测量者或被评估者的个人和文化背景。心理师应通过发展和使用恰当的教育、心理和职业测量工具来促进寻求专业服务者的福祉。

4.1 心理测量与评估的目的在于促进寻求专业服务者的福祉，心理师不得滥用测量或评估手段以牟利。

4.2 心理师应在接受过心理测量的相关培训，对某特定测量和评估方法有适当的专业知识和技能之后，方可实施该测量或评估工作。

4.3 心理师应尊重寻求专业服务者对测量与评估结果进行了解和获得解释的权利，在实施测量或评估之后，应对测量或评估结果给予准确、客观、可以被对方理解的解释，努力避免其对测量或评估结果的误解。

4.4 心理师在利用某测验或使用测量工具进行记分、解释时，或使用评估技术、访谈或其他测量工具时，须采用已经建立并证实了信度、效度的测量工具，如果没有可靠的信度、效度数据，需要对测验结果及解释的说服力和局限性做出说明。心理师不能仅仅依据心理测量的结果做出心理诊断。

4.5 心理师有责任维护心理测验材料（指测验手册、测量工具、协议和测验项目）和其他测量工具的完整性和安全性，不得向非专业人员泄漏相关测验的内容。

4.6 心理师应运用科学程序与专业知识进行测验的编制、标准化、信度和效度检验，力求避免偏差，并提供完善的使用说明。

教学、培训和督导

心理师应努力发展有意义的和值得尊重的专业关系，对教学、培训和督导持真诚、认真、负责的态度。

5.1 心理师从事教学、培训和督导工作的目的是：促进学生、被培训者或被督导者的个人及专业的成长和发展，以增进其福祉。

5.2 从事教学、培训和督导工作的心理师应熟悉本专业的伦理规范，并提醒学生及被督导者注意自己应负的专业伦理责任。

5.3 负责教学及培训的心理师应在课程设置和计划上采取适当的措施，确保教学及培训能够提供适当的知识和实践训练，满足教学目标的要求或颁发合格证书等的要求。

5.4 担任督导师的心理师应向被督导者说明督导的目的、过程、评估方式及标准。告知督导过程中出现紧急情况、中断、终止督导关系等情况的处理方法。注意在督导过程中给予被督导者定期的反馈，避免因督导疏忽而出现被督导者伤害寻求专业服务者的情况。

5.5 任培训师、督导师的心理师对其培训的学生、被督导者进行专业能力评估时，应采取实事求是的态度，诚实、公平而公正地给出评估意见。

5.6 担任培训师、督导师的心理师应清楚地界定与自己的学生及被督导者的专业及伦理关系，不得与学生或被督导者卷入心理咨询或治疗关系，不得与其发生亲密关系或性关系。不得与有亲属关系或亲密关系的专业人员建立督导关系或心理咨询及治疗关系。

5.7 担任培训师、督导师的心理师应对自己与被督导者（或学生）的关系中存在的优势有清楚的认识，不得以工作之便利用对方为自己或第三方谋取私利。

研究和发表

提倡心理师进行专业研究以便对专业学科领域有所贡献，并促进对专业领域中相关现象的了解和改善。心理师在实施研究时应尊重参与者的尊严，并且关注参与者的福祉。遵守以人类为研究对象的科学研究规范和伦理准则。

6.1 心理师在从事研究工作时若以人作为研究对象，应尊重人的基本权益。遵守伦理、法律、服务机构的相关规定以及人类科学研究的标准。应对研究对象的安全负责，特别注意防范研究对象的权益受到损害。

6.2 心理师在从事研究工作时，应事先告知或征求研究对象的知情同意。应向研究对象（或其监护人）说明研究的性质、目的、过程、方法与技术的运用、可能遇到的困扰、保密原则及限制，以及研究者和研究对象双方的权利和义务等。

6.3 研究对象有拒绝或退出研究的权利，心理师不得以任何方式强制对方参与研究。只有当确信研究对参与者无害而又必须进行该项研究时，才能使用非自愿参与者。

6.4 心理师不得用隐瞒或欺骗手段对待研究对象，除非这种方法对预期的研究结果是必要的，且无其他方法可以代替，但事后必须向研究对象做出适当的说明。

6.5 当干预或实验研究需要控制组或对照组时，在研究结束后，应对控制组或对照组成员给予适当的处理。

6.6 心理师在撰写研究报告时，应将研究设计、研究过程、研究结果及研究的局限性等做客观和准确的说明和讨论，不得采用虚假不实的信息或资料，不得隐瞒与自己研究预期或理论观点不一致的结果，对研究结果的讨论应避免偏见或成见。

6.7 心理师在撰写研究报告时，应注意为研究对象的身份保密（除非得到研究对象的书面授权），同时注意对相关研究资料予以保密并妥善保管。

6.8 心理师在发表论文或著作时不能剽窃他人的成果。心理师在发表论文或著作中引用其他研究者或作者的言论或资料时，应注明原著者及资料的来源。

6.9 当研究工作由心理师与其他同事或同行一起完成时，发表论文或著作应以适当的方式注明其他作者，不得以自己个人的名义发表或出版。对所发表的研究论文或著作有特殊贡献者，应以适当的方式给予郑重而明确的声明。若所发表的文章或著作的主要内容来自于学生的研究报告或论文，该学生应列为主要作者之一。

伦理问题处理

心理师在专业工作中应遵守有关法律和伦理。心理师应努力解决伦理困境，和相关人员进行直接而开放的沟通，在必要时向同行及督导寻求建议或帮助。心理师应将伦理规范整合到他们的日常专业工作之中。

7.1 心理师可以从本学会、有关认证或注册机构获得本学会的伦理规范，缺乏相关知识或对伦理条款有误解都不能成为违反伦理规范的辩解理由。

7.2 心理师一旦觉察到自己在工作中有失职行为或对职责存在着误解，应采取合理的措施加以改正。

7.3 如果本学会的专业伦理规范与法律法规之间存在冲突，心理师必须让他人了解自己的行为是符合专业伦理的，并努力解决冲突。如果这种冲突无法解决，心理师应该以法律和法规作为其行动指南。

7.4 如果心理师所在机构的要求与本学会的伦理规范有矛盾之处，心理师需要澄清矛盾的实质，表明自己具有按照专业伦理规范行事的责任。应在坚持伦理规范的前提下，合理地解决伦理规范与机构要求的冲突。

7.5 心理师若发现同行或同事违反了伦理规范，应予以规劝。若规劝无效，应通过适当渠道反映其问题。如果对方违反伦理的行为非常明显，而且已经造成严重危害，或违反伦理的行为无合适的非正式的途径解决，或根本无法解决，心理师应当向本学会的伦理工作组或其他适合的权威机构举报，以维护行业声誉，保护寻求专业服务者的权益。如果心理师不能确定某种特定情形或特定的行为是否违反伦理规范，可向本学会的伦理工作组或其他合适的权威机构寻求建议。

7.6 心理师有责任配合本学会的伦理工作组对可能违反伦理规范的行为进行调查和采取行动。心理师应熟悉对违反伦理规范的处理进行申诉的相关程序和规定。

7.7 本伦理规范反对以不公正的态度或报复的方式提出有关伦理问题的申诉。

7.8 本学会设有伦理工作组，以贯彻执行伦理守则，接受伦理问题的申诉，提供与本伦理守则有关的解释，并处理违反专业伦理守则的案例，伦理投诉信箱：lunlitousu@ gmail. com。

附：本守则所包含的专业名词定义

临床心理学（clinical psychology）：是心理学的分支学科之一，它既提供心理学知识，也运用这些知识去理解和促进个体或群体的心理健康、身体健康和社会适应。临床心理学更注重对个体和群体心理问题的研究，以及严重心理障碍的治疗。

咨询心理学（counseling psychology）：是心理学的分支学科之一，它运用心理学的知识去理解和促进个体或群体的心理健康、身体健康和社会适应。咨询心理学更关注个体日常生活中的一般性问题，以增进个体良好的适应和应对。

心理师（clinical and counseling psychologist）：系统学习过临床或咨询心理学的专业知识、接受过系统的心理治疗与咨询专业技能培训和实践督导，正在从事心理咨询和心理治疗工作，且达到中国心理学会关于心理师的有关注册条件要求，并在中国心理学会有效注册，这些专业人员在本守则中统称为心理师。

心理师包括临床心理师（clinical psychologist）和咨询心理师（counseling psychologist）：对临床心理师或咨询心理师的界定依赖于申请者所接受的学位培养方案中的名称界定。

寻求专业服务者：即来访者（client）或心理障碍患者（patient），或其他需要心理咨询或心理治疗专业服务的求助者。

督导师（supervisor）：指正在从事临床与咨询心理学相关教学、培训、督导等心理师培养工作，且达到中国心理学会关于督导师的有关注册条件要求，并在中国心理学会有效注册的资深心理师。

心理咨询（counseling）：指在良好的咨询关系基础上，由经过专业训练的心理师运用咨询心理学的有关理论和技术，对有一般心理问题的求助者进行帮助的过程，以消除或缓解求助者的心理问题，促进其个体的良好适应和协调发展。

心理治疗（psychotherapy）：指在良好的治疗关系基础上，由经过专业训练的心理师运用临床心理学的有关理论和技术，对心理障碍患者进行帮助的过程，以消除或缓解患者的心理障碍或问题，促进其人格向健康、协调的方向发展。

剥削（exploitation）：在本守则中指个体或团体在违背他人意愿或不知情的情况下，无偿占有他人的劳动成果，或不当利用他人所拥有的各种物质的、经济的和心理上的资源谋取各种形式的利益或得到心理满足。

福祉（welfare）：在本守则中指寻求专业服务者的健康、心理成长和幸福。

双重关系（dual relationships）：心理师与寻求专业服务者之间除治疗关系之外，还存在或发展出其他具有利益和亲密情感等特点的人际关系的状况，称为双重关系。如果除专业关系以外，还存在两种或两种以上的社会关系，就称为多重关系（multiple relationships）。

图书在版编目(CIP)数据

催眠疗法/郑日昌，傅纳，朱仙桃主编. －北京：开明出版社，2015.1
ISBN 978－7－5131－0837－9

Ⅰ.①催… Ⅱ.①郑… ②傅… ③朱… Ⅲ.①催眠治疗 Ⅳ.①R749.057

中国版本图书馆 CIP 数据核字(2012)第 217895 号

责任编辑：吴晨紫　王成凤

书　名：催眠疗法
出品人：焦向英
出　版：开明出版社
　　　　(北京海淀区西三环北路 25 号 邮编 100089)
经　销：全国新华书店
印　刷：保定市中画美凯印刷有限公司
开　本：700×1000　1/16
印　张：14.125
字　数：188 千字
版　次：2015 年 1 月 北京第 1 版
印　次：2015 年 1 月 北京第 1 次印刷
定　价：36.00 元

印刷、装订质量问题，出版社负责调换货　联系电话：(010)88817647